高等师范院校系列教材
学前教育专业核心课教材

幼儿园课程

江 诚 主编
余南宁 副主编

Youeryuan Kecheng

北京师范大学出版集团
BEIJING NORMAL UNIVERSITY PUBLISHING GROUP
安 徽 大 学 出 版 社

图书在版编目(CIP)数据

幼儿园课程 / 江诚主编. 一合肥:安徽大学出版社,2012.8
ISBN 978-7-5664-0581-4

Ⅰ.①幼… Ⅱ.①江… Ⅲ.①幼儿园—课程—高等学校—教材 Ⅳ.①G613

中国版本图书馆 CIP 数据核字(2012)第 212413 号

幼儿园课程 江 诚 主编

出版发行:安 徽 大 学 出 版 社
(安徽省合肥市肥西路 3 号 邮编 230039)
www.ahupress.com.cn
印　　刷:中国科学技术大学印刷厂
经　　销:全国新华书店
开　　本:170mm×240mm
印　　张:14.25
字　　数:277 千字
版　　次:2012 年 8 月第 1 版
印　　次:2012 年 8 月第 1 次印刷
定　　价:26.00 元
ISBN 978-7-5664-0581-4

责任编辑:李海妹　装帧设计:李　军　责任印制:赵明炎

目录

前言

1994年笔者从华东师范大学幼儿教育专业毕业后，由于学校没有学前教育专业，一直未能好好进行过学前教育方面的学习和研究，但对幼儿教育的兴趣却一直没有淡去。直到2009年，学校教育系创办了学前教育专业，这种兴趣才真正在工作中得以满足。2011年的上半年，应出版社的邀请，欣然接受了本教材的编写工作，这也与笔者研究生阶段所学的课程与教学论专业，有了一个较为完美的结合。

笔者一直深信，幼儿阶段是人成长历程中最为重要的一个阶段，它会成为人一生成长的奠基石，在这一阶段所获得的经验、所形成的观念，会深深地影响人漫长的一生的发展。因此，对幼儿园课程的深入研究与理解，是学前教育工作者不可推卸的责任，也是学前教育专业本科学生必须修习的一门专业课。

在本教材的编写过程中，笔者遵循从理论到实践的逻辑顺序，首先，介绍了课程及幼儿园课程的一些基本理论，为读者全面深入地了解幼儿园课程打下基础。然后，又介绍了中外近现代一些有代表性的幼儿园课程理论与幼儿园课程模式，希望学生通过学习能了解中外幼儿教育专家的幼儿园课程思想。为了突出幼儿园课程的特殊性，笔者对幼儿园的游戏进行了专门的论述，以突出幼儿园学习的特点。从第四章开始，着重从实践出发，对幼儿园课程的活动领域、幼儿园课程的编制及幼儿园活动设计等进行了深入的介绍。最后，对当前幼儿园课程的改革与发展进行了专门的论述，以探索幼儿园课程的发展趋势。

从教材编写的意图来看，笔者更强调从实践的层面研究幼儿园课程，但又不忽视理论的学习，尽量做到理论与实践、案例相结合，帮助学生在对幼儿园课程进行实践分析的基础上进行理论学习，以避免单纯地从理论到理论、从概念到概念的学习方式。

本书由黄山学院教育系副教授江诚主持编写，参与编写的还有余南宁副教授、王永杰、高娃及王芳等教师。各章编写情况如下：第一章由江诚、王芳执笔，第二章由王芳执笔，第三章、第六章由高娃执笔，第四章及第七章由王永杰执笔，第五章由余南宁执笔。全书由江诚统稿、定稿。对于这些老师一直以来辛勤的工作，笔者在此表示深深的感谢。在此还要特别感谢黄山学院教育科学学院2008级小学教育专业的学生屠名将，在本书的编写过程中，他从学生的视角对本书的写作提出了很多宝贵的意见，为提高本书的实用性做出了很多的努力。

由于水平有限，编写时间也较为仓促，书中一定存在着不少疏漏与不足之处，恳请广大同仁、专家和读者谅解并不吝指正。

江诚

2012年3月于黄山

第一章
幼儿园课程概述

【内容提要】 本章主要介绍课程的基本概念及发展趋势，并阐述幼儿园课程的特点和本质，分析幼儿园课程的理论基础。

【学习目标】 了解课程的基本概念及发展趋势；掌握幼儿园课程的概念、特点及本质；理解幼儿园课程的心理学、社会学及哲学基础，为本课程的学习奠定理论基础。

幼儿园课程是幼儿园教育最核心的组成部分，是幼儿园教育中最重要的内容，也是幼儿教育思想和教育理论转化为实践的中介或桥梁。对幼儿园课程的研究是展开幼儿园教育实践，进行幼儿园改革的重要突破口。

第一节 课程概述

一、课程的概念

对于教育之核心的课程，众多的教育理论家和实践工作者都对其作出过阐释，可以说，课程是所有教育概念中被解释得最多的一个概念。事实上，“每一种课程定义都隐含着某种哲学假设和价值取向，隐含着某种意识形态以及对教育的某种信念，从而表明了这种课程最关注哪些方面”。①

---

① 施良方：《课程理论：课程的基础、原理与问题》，第 1 页，北京：教育科学出版社，1996。

(一)课程的词源

在我国,课程一词最早出现在唐朝。唐朝孔颖达最早使用"课程"一词,他为《诗经·小雅·小弁》中"奕奕寝庙,君子作之"一句注疏:"教护课程,必君子监之,乃得依法制也。"宋代学者朱熹在《朱子全书·论学》中多次运用"课程"一词,如"宽著期限,紧著课程"、"小立课程,大做工夫"等,他所谓的课程,指的是功课及其进程,其含义与当今人们对课程的理解已经相当接近。

有的学者认为,我国古代的课程实际上是"学程",只有教学内容的规范,没有教法的规定,而近代的"课程"则与"教程"相近,注重的是教学的范围与进程,而且这种范围与进程的规定,又是按照学科的逻辑体系展开的。此外,任何一门学科又都从属于学科系列,而这种学科系列又是由学校教育的性质来决定的。在这种情况下,学校课程只能是"教程"。鉴于目前课程过于"教程"化,其缺陷越来越明显,未来课程将再次向"学程"转化。①

在英语中,课程(curriculum)一词最早出现于英国教育家斯宾塞(H. Spencer)《什么知识最有价值》(1859)一文中。它来源于拉丁语"currere",其含义是"跑道"。根据这个词源,课程定义通常是指"学习的进程"(course of study),简称"学程"。课程的概念可以引出两种不同的含义:当运用 currere 名词形式"跑道"时,人们顺理成章地把课程理解为给学生设计的轨道,从而引出传统意义上的课程;而将其理解为动词形式"在跑道上奔跑"时,对课程的定义又更接近于学程。

(二)几种典型的课程定义

1.课程即教学科目

这是最古老,也是影响最大的课程定义。它把课程定义为学校里所教的学科科目。我国古代的课程有奴隶社会的"六艺",封建社会的"四书五经",欧洲有中世纪的"七艺"等,这些都采取了这样一种课程定义。斯宾塞在采用"课程"一词时,也是从指导人类活动的各门学科的角度,来探讨知识的价值的。这种观点认为,课程是指"实现各级各类学校培养目标而规定的全部教学科目及这些科目在教学计划中的地位和开设的总称"。②

这种定义的实质,是强调学校向学生传授学科的知识体系,是一种典型的"教程"。然而,只关注教学科目,往往容易忽视学生的心智发展、情感陶冶、创造性表现、个性培养以及师生互动等一些对学生成长有着重大影响的因素,也就是

① 陈桂生:《"课程"辩》,载《课程·教材·教法》,1994(1)。

② 李方:《课程与教学基本理论》,第2页,广州:广东高等教育出版社,2002。

说，把课程等同于教学科目是不周全的。

2. 课程即有计划的教学活动

课程即“教育计划”或“学习计划”。这一计划包含了教育教学的目标、内容、活动和评价等，甚至把教学方法和教学设计等都组合到一起去了。这种观点是20世纪50年代以来较为流行的观点，其主要代表人物有麦克唐纳（J. B. Macdonald）、比彻姆（G. A. Beachamp）、斯坦豪斯（L. Stenhouse）等。我国也有学者持这样的观点：“课程是指一定学科有目的的、有计划的教学进程。这个进程有量、质方面的联系，它也泛指各级各类学校某级学生所应学习的学科总和及其进程和安排。”①

这种课程定义强调了课程的计划性与目的性，而且也把所有有计划的教学活动组合在一起，力图对课程本身作一个全面的说明。但是，在对课程的计划性和目的性的理解上，会出现异义和偏差。另外，把有计划的教学活动安排作为课程的主要特征，往往会把重点放在可观察到的教学活动上，而不是放在学生实际的体验上。例如，把教师是否落实了某些教学活动作为评价的依据，往往会本末倒置，即把活动本身作为目的，从而忽视了进行这些活动所要达到的目的。事实上，我们应该注意到的是教学活动对学生学习过程的影响，而不是教学活动本身。

3. 课程即预期的学习结果

一些学者认为，课程应该直接关注预期的学习结果或目标，即要把重点从手段转向目的，因而教育教学目标的选择和制定就成为核心任务。这就要求设置课程前应事先确定一套有结构、有序列的学习目标，然后围绕预定的教育教学目标而选择、组织学习，实施教育教学活动，并进行教育教学评价。持这种课程观的有博比特（F. Bobbitt）、泰勒（R. W. Tyler）等。

然而，研究表明，预期会发生的事情与实际发生的事情之间总是存在着差异。在课程教学过程中，预期的学习目标是由课程决策者制定的，教师作为课程实施者，只能根据自己的理解来组织课堂教学活动。课程目标的制定与实施过程在客观上是分离的，两者不可能完全一致。因此，有人指出，目标制定与目标实施之间的差距，应该成为课程研究的焦点。

同时，把焦点放在预期的学习结果上，容易忽略非预期的学习结果，而研究表明，师生互动的性质、学校文化等隐性课程，对学生的成长有很大的影响。

即使从表面上看，学生都达到了预期的学习结果，但这种结果对不同学生来说可能具有不同的意义。

---

① 上海师范大学《教育学》组：《教育学》，第97页，北京：人民教育出版社，1999。

4.课程即学习经验

这种课程观认为,课程即学习经验,课程被视为学生在教育环境中与教师、材料等相互作用的所有经验。这种“经验”实际上包含了“活动”、“学习经验”和“学习活动”等内涵。而“经验”又可以分为两种情况:一是强调教育者有意识(有目的、有计划)提供的经验;二是泛指儿童习得的教育性经验,如“课程即儿童在学校之经验”等。①

从理论上讲,把课程定义为“学生个人的经验”似乎很有吸引力,但在实践中却很难实行。在实际教学情境中,一个教师如何同时满足全班学生的不同的个人生长需求?如何为每一个学生制定合适的课程计划?各级各类学校是否还要制定相对统一的标准?此外,这种课程定义也过于宽泛,它把学生的个人经验都包括进来,以至于对课程的研究无从入手。

二、课程内涵的发展趋势

进入20世纪70年代以后,课程的内涵发生了重要变化,呈现出以下发展趋势。

(一)强调课程是学习者实际经验与学科知识的有机整合,课程观念呈现出从以学科为中心到以人为本的转变

由于受到新的哲学思潮的启示,人们逐渐意识到,课程的内涵远远超越学科、科目或教学内容,为了真正有效地促进人的发展,必须充分肯定人的价值及人的需要在其中的合理地位,必须以学习者的实际经验为基础来整合学科知识。建构主义强调课程不是外在于人的客体,而是师生主动建构的意义世界,师生是课程开发的实践主体。② 而后现代课程理论主张,我们不应从内容或材料的角度着手,而应从学生的发展、对话、探究、转化的角度来界定课程。③

(二)强调课程是一个动态的、开放的、不断创新的过程

与过分强调课程的计划性与目的性不同,英国课程专家斯坦豪斯于20世纪70年代提出了课程开发的“过程模式”。他高度肯定了人的主体能动性与创造性,认为在教学过程中充分发挥师生主体能动性和创造性从而产生许多非预期的结果才是教育本身所追求的目标。因此,课程与教学目标不是可完全预设的,而是随着教学过程的演进而逐渐生成的。

---

① 钟启泉:《课程与教学概论》,第4页,上海:华东师范大学出版社,2004。

② 李方、刘晓玲:《教学中的建构主义:高校教学理念的转换》,载《高教探索》,2003(4)。

③ 谢登斌:《美国后现代课程理论探析》,载《广西高教研究》,2001(5)。

现在,人们逐渐认识到,课程不是完全预设的、固定的文本,文本只是课程的要素之一。课程的意义是由课程主体师生在与客体交互作用的过程中生成的。因此,课程本质上是动态的、开放的,是在实际的教学情境中,在师生的对话与协商等互动过程中、在学生的探究实践活动中不断生成的。

(三)强调师生的经验、教材、环境等因素整合的广阔的课程资源新视野

将课程等同于教学科目,自然地就会将课程等同于教材,而这样就会使课程变为僵化的文本,教学则进一步变为机械化的操作程序。20 世纪 70 年代以后,课程观念超越了课程等同于教材的狭隘视野并形成广阔的课程资源的新视野。①

(四)从只关注显性课程到强调显性课程与隐性课程并重

显性课程是指学校有计划地组织、实施的正式课程或官方课程。这一直是人们关注的焦点。隐性课程是指教育环境对人的潜移默化的影响,是学生在学习环境中无意识地获得的知识、情感、态度、价值观及规范等。随着教育的不断发展,人们逐渐认识到除了教师有计划、有组织实施的显性课程外,隐性课程也是影响学生发展的不可忽视的重要课程,教育工作者应注重和谋求显性课程与隐性课程的和谐统一。

第二节　幼儿园课程概述

一、幼儿园课程的概念

虽然说,从幼儿教育到高等教育,课程有共同之处,但是,由于幼儿教育的特殊性,幼儿园课程是有别于其他各级各类教育的课程的。“其最明显的差别表现在对教育对象的考虑方面,以幼儿为教育对象的幼儿园课程的决策,要求教育者更多地关注个体儿童的发展水平”。② 这样,幼儿园课程的含义就有着其特殊的一面。

(一)国内幼儿园课程的定义

“课程”一词从 20 世纪上半叶起,被我国幼教界学者普遍使用。1928 年 5

① 张晖:《新课程的教学改革(基础教育课程改革教师培训教材之二)》,第 94～98 页,北京:首都师范大学出版社,2001。

② 转引自朱家雄《幼儿园课程(第二版)》,第 8 页,上海:华东师范大学出版社,2011。

月在南京召开的全国第一次教育会议上，著名教育家陶行知先生针对当时国内幼儿园没有一个基本的课程标准，以及课程和教材是舶来品，不符合中国实际的情况，提出了一个《审查编辑幼稚园课程与教材案》的提案。提案出台后，当时的教育部聘请以陈鹤琴为首的有关专家拟定了《幼稚园课程标准》，并于1932年10月正式颁布。

从20世纪上半叶《幼稚园课程标准》使用"幼儿园课程"一词至今，我国关于幼儿园课程的定义，曾有几种典型的看法。

1.幼儿园课程即教学科目

这是新中国建立以来影响我国时间最长、范围最广的对幼儿园课程的定义与看法。1952年3月，教育部颁布了由苏联专家戈林娜等人指导，经过部分地区试验和修改而制定的《幼儿园课程暂行规程(草案)》和《幼儿园课程暂行教学纲要(草案)》，并在全国试行。《幼儿园课程暂行教学纲要(草案)》设置了6项教学活动项目:体育，语言，环境认识，图画手工，音乐和计算。可见，在这里，幼儿园课程是被视为一门教学科目的。

这种课程定义强调系统的知识教学，强调教师应该向幼儿传授那些必要的、有价值的知识。

2.幼儿课程即教育活动

这种课程观试图从宏观的、广义的角度来定义幼儿园课程。正如张宗麟明确指出:"幼儿园课程者，由广义说之，乃幼稚生在幼稚园一切之活动也。"[①]该定义认为，幼儿园课程是幼儿园教育活动的总和。它不再视幼儿园课程为狭义的教学科目，而把它泛化为对幼儿进行的一切教育活动，幼儿园课程不仅局限于教学活动，还包括其他任何类型的教育活动，如生活活动、游戏和运动等。

因此，在这种定义中，幼儿园课程是泛指为学前儿童设置的，并有别于其他教育机构的教育活动的系统。

3.幼儿课程即学习经验

这种定义的渊源可追溯到陈鹤琴先生，尽管他没有给幼儿园课程下一个明确的定义，但他一再强调，幼儿园应该给幼儿以充分的经验，这种经验的来源有两个:一是与实物的接触，二是与人的接触。应该把幼儿能够学而且应该学的东西有选择地组织成系统。应该以幼儿的两个环境——自然环境和社会环境为中心设置幼儿园课程。

(二)国外幼儿园课程的定义

在国外，"幼儿园课程"一词指的是学习计划、活动、学科科目、材料及学习的

---

① 张沪:《张宗麟幼儿教育论集》，第31页，长沙:湖南教育出版社，1985。

主题等，将课程定义为影响儿童的所有与学校有关的经验。[①] 全美幼教协会(National Association for the Education of Young Children，NAEYC)和美国国家教育部全美幼教专家协会(National Association of Early Childhood Specialist in State Department of Education，NAECS/SDE)将幼儿园课程定义为："一种有组织的框架，它描述了儿童应学习的内容、儿童达到规定课程目标的过程和为帮助儿童达到这一目标教师所担负的责任，以及教与学所发生的环境。"[②]国外的幼儿园课程定义主要从广义的课程观出发，强调注重幼儿的需要、兴趣和个体差异，强调教师在观察评估基础上为幼儿提供的相互联系的、有意义的学习经验。

我们借鉴幼儿课程理论专家及相关权威机构对幼儿园课程的理解，并在分析幼儿园课程性质的基础上将幼儿园课程定义为：教育者以一定的社会发展和培养人的目标为导向，针对处于幼儿园学习阶段的幼儿，根据其身心发展需要和社会性发展需要，充分利用幼儿园内外的教育情境，选择适合幼儿素质全面发展的学习内容，对幼儿的身心施加影响，使其获得有益于发展的全部活动。[③]

二、幼儿园课程的要素及特点

(一)幼儿园课程的要素

幼儿园课程要素是构成幼儿园课程的必要因素，当幼儿园课程是指一种静态的课程文本时，其要素包括课程理念、课程目标、课程内容和课程结构 4 个方面；当幼儿园课程是指课程的编制过程(即动态的生长过程)时，它包括课程设计、课程实施和课程评价 3 个要素。我们在这里主要考查课程文本的 4 个要素。[④]

1. 课程理念

课程理念是指编制幼儿园课程的基本指导思想，它往往反映出课程编写者的价值观、教育观，以及所持的课程价值取向。课程建立在实施者和管理者的教育哲学与课程理念的基础上，他们关于早期教育的基本思想决定了幼儿园课程的发展，不同的课程理念会产生不同的幼儿园课程。在一个幼儿园课程文本中，理念常常体现在课程文本的编写说明中，或隐含在课程文本的各个方面，课程理念必须具有可实践性，也就是说能在实践中被实施。

---

① Eve－Marie Arce. *Curriculum for young children*. Columbia：Delmar. 13.

② Eve－Marie Arce. *Curriculum for young children*. Columbia：Delmar. 20.

③ 陈文华：《幼儿园课程论》，第 5 页，北京：科学出版社，2011。

④ 田燕：《幼儿园课程的要素》，载《早期教育》，2000(17)。

表1—1内容是早期教育的基本思想,它们构成了幼儿园课程的基本理念。这些思想已得到普遍的认同,了解这些理念有助于更好地对课程进行规划。它体现了价值发展、教育教学和家庭重要性的理念,并且体现了注重个体差异、平衡课程及观察评估等重要思想。

表1—1 早期教育基本思想①

基本思想	解释
完人(whole person)的发展原则	幼儿的发展是建立在身体、社会、情感和认知领域相互影响的基础上的,而不是孤立地受到某一方面的影响
个体和年龄适应性	注重个体差异,承认年龄特征与幼儿实际发展水平之间的差异
家庭的参与	以尊重与敏感的态度理解和欣赏家庭及其文化
真挚接纳幼儿	注重让课程面向每一个幼儿
以观察和评估为基础	将观察和评估作为课程计划的基础
职业责任	不断反思以确保课程目标与教育原则相符合,并提供平衡的活动以满足幼儿的需要

2.课程目标

幼儿园课程目标是指幼儿园课程要实现的目标,从不同的角度对幼儿园课程目标进行划分,可以分为不同的类型。从时间上划分形成的时程性目标包括长期目标、中期目标、近期目标和即刻目标4种;从发展内容的角度划分,可形成德、智、体、美四育目标,或健康、社会、科学、语言、艺术等领域性目标。

幼儿期是儿童个性形成的奠基时期,幼儿园教育不以系统地知识学习为主要任务,因此,幼儿园课程应着眼于未来,立足于培养个性和谐发展的儿童。幼儿园课程各类或各层次目标的界定也都应以此为基点,与之相符合。

3.课程内容

幼儿园课程内容是指根据课程目标而选择的内容,它既包括系统知识,也包括一系列活动内容或一些经验。所以,从整体上来讲,幼儿园课程内容是动态的,但它同时又包含着相对静态的知识形式。根据课程目标选择相应内容时要注意以下几个方面的问题:第一,与目标的一致性,课程内容应有利于目标达成;第二,整体性,课程内容涉及范围的完整全面性和课程内容各部分间的融合、综合性;第三,适切性,课程内容既要适合幼儿的一般年龄特征,又要适合个别幼儿的发展水平。

4.课程结构

幼儿园课程结构是指上述课程要素之间的组合方式。这种组合方式往往隐

① 转引自高敬《幼儿园课程》,第11页,杭州:浙江教育出版社,2010。

含地表现在课程文本中。在上述要素中,产生变化最多的是课程内容。因此,课程结构的差异往往体现在课程内容的组织变化之中。

当前,我们在课程结构尤其是在课程内容的组织方面,提倡多样性,幼儿园可以根据自己的特点,形成适合本园幼儿特点的课程结构类型,突出教师的创造性。

每一个课程要素都是幼儿园课程中必不可少的组成部分,它们虽然可以被分别阐述,但在实际的教育过程中,各要素之间是紧密联系、协同发挥作用的。因此,我们必须用系统的观念去看待幼儿园课程的各要素。

(二)幼儿园课程的特点

1. 个体适宜性

“以幼儿为教育对象的幼儿园课程的决策,要求教育者更多地关注个体儿童的发展水平。”①因为在幼儿早期,他们学习的能力极大地依赖于其自身的发展,受制于幼儿身心发展的内在秩序和规律,以幼儿为教育对象的幼儿园课程,应该充分考虑每个幼儿的发展水平,考虑幼儿身心发展的特殊性。因此,幼儿园课程应适宜于幼儿个体的发展,注重幼儿个体身心发展的需要,而不是过多地强调社会需要和知识体系。

2. 综合性和整体性

幼儿生活是整体的,每个发展领域之间是相互联系、相互促进的,因此,幼儿园课程内容应是综合的,尽可能使不同的课程内容之间产生联系,以促进幼儿的学习迁移,让幼儿以完整的人的面貌面对完整的生活、有机的经验,不要用学科、领域这种人为划分知识的方式来划分幼儿的经验,不要以单一的经验作为幼儿活动的起点。

3. 实践性

幼儿园课程注重幼儿直接经验的获得,而不是间接知识的传授。幼儿的学习绝不可局限于书本,他们的学习是运用感官、通过生动的生活实践积累直接经验的过程。实践性是幼儿园课程的一大特点。例如幼儿对于小动物生活习性的知识和爱护小动物的道理,一般不是通过口头传授而习得的,往往是通过教师给幼儿提供照料小动物的机会,让幼儿在自己与小动物打交道的过程中学得的,他们对小动物的关爱也自然会体现在对小动物照料的行为中。

4. 特殊性和不可替代性

幼儿园是为处于人生发展初级阶段的幼儿特设的教育机构,幼儿园面对的

---

① 转引自朱家雄《幼儿园课程》,第 11 页,上海:华东师范大学出版社,2003。

是身心处于特定发展阶段的特定的对象，需要特殊的课程、特殊的方法和特殊的老师。幼儿教育的特殊性和不可替代性决定了幼儿园课程的特殊性和不可替代性。幼儿园课程要求的是一种多样性的、参与性的学习，而不是书面的、学科的学习。幼儿的学习和心理特点决定了幼儿的学习不同于其他年龄阶段孩子的学习，他们不可能从事系统的学科知识学习，而是通过多种类型的信息和途径进行学习。①

三、幼儿园课程的本质

幼儿园课程相对于普通中小学课程来说，有其特有的本质，它是针对 3～6 岁正处于迅速发展阶段的幼儿设置的。因此，它的本质表现在以下几个方面。②

（一）幼儿园课程的根基性与启蒙性

3～6 岁是人生的基础阶段，也是人发展最为迅速的一个时期。幼儿园教育在整个教育体系中具有奠基作用。幼儿园课程是幼儿教育的载体，它直接影响幼儿在这一阶段的发展，并为他们今后的发展奠定基础。3～6 岁的幼儿身心发展正处于关键期，因此，幼儿园课程具有根基性和启蒙性。这一阶段的经验和发展对幼儿一生的影响很大。

（二）幼儿园课程的活动性

瑞士的儿童认知发展专家皮亚杰认为：2～7 岁儿童的思维处于“前运算阶段”，这是儿童克服各种心理障碍逐渐向逻辑思维过渡的时期。这一阶段儿童主要运用表象性思维，思维的基本特点是相对具体、直观形象。因此，对于这一阶段的幼儿来说，只有在活动中的学习才是有意义的学习，他们必须借助于具体的情境和具体的事物，在活动中学习。幼儿园课程的实施，关键在于为幼儿创设适合他们身心发展的活动情境使他们在主动探究的过程中获得经验和发展。

（三）幼儿园课程的生活性

幼儿正处于身心发展的特殊时期，一些基本的生活卫生习惯、生活处理能力、与人相处的态度及基本的常识等都需要在这一阶段学习。进入幼儿园后，离开了家长的悉心照顾，幼儿需要在幼儿园中学习一些生活常识，这也就决定了幼儿园课程必须具有生活性，体现生活化原则。

---

① 虞永平：《学前教育学》，第 214 页，苏州：苏州大学出版社，2001。

② 陈文华：《幼儿园课程论》，第 4 页，北京：科学出版社，2011。

(四)幼儿园课程的全面性和整合性

幼儿身心发展的水平和学习特点决定了幼儿园的课程应该是全面的、高度整合的课程,这就要求必须以实现幼儿身体的、认知的、情感的、道德的、社会性等方面的和谐发展为目标,培养全面发展的幼儿。因此,幼儿园课程应涉及多个学科、多个领域,并使之相互联系、相互促进,从而构成一个有机的整体。

四、现代幼儿园课程概念的重建

随着课程概念的不断发展,幼儿园课程的本质也在被重新地审视与构建。

(一)自然即课程

卢梭曾经说过:"几根有叶子和果实的树枝,一个可以听到其中的颗粒发响的罂粟壳,一截既可以供他咂、又可以供他嚼的甘草。这些东西,同那些漂亮的小玩具,也能使他玩得挺高兴的,并且还没有使他一生下来就习于奢侈的弊害。"①

笔者认为,进入幼儿视阈中且对幼儿具有意义的周围自然环境,就是幼儿的课程。现代课程之所以陷入困境,就是因为课程与自然疏离。因此,自然应成为幼儿园课程的基本来源。幼儿园教育不应该舍近求远,而应该从幼儿身边的事物出发,充分利用幼儿所处的环境中的自然资源。

自然环境是人的发展资源,就人类的生存和发展来说,它对自然的依赖是永恒的,它们之间应该是一种和谐相处、相互"对话"的平等关系。人类是自然之子,人在自然环境中成长,并积极认识和改造自然。因此,教育必须直接面对自然,与自然融为一体,让受教育者有充分的机会与自然交往。对幼儿来说,自然具有不可比拟的魅力并能对其进行不可穷尽的探索,他们与自然有一种天生的亲近感。幼儿喜欢观察自然,一系列令他们好奇的自然景物促使他们进行思索,从而使他们养成观察自然、探究自然、抚爱自然的科学精神。

(二)生活即课程

幼儿的生活世界也是幼儿的课程。"生活世界"这一概念最早是由现象学大师胡塞尔提出的,在他看来,生活世界是一个直观的、奠基性的世界,生活世界是科学世界的根基,科学世界产生于生活世界。因此,幼儿园课程应贴近幼儿的生活,同幼儿的生活相联系,老师应该到幼儿的生活中去选择教育内容。但是,长

---

① (法)卢梭著,李平沤译:《爱弥尔(上卷)》,第61页,北京:人民教育出版社,1985。

期以来，幼儿园课程关注的是幼儿学业、知识和技能的获得，习惯于从文本中为幼儿选择教育内容，使课程远离幼儿的生活实际。

（三）自我即课程

陈鹤琴说过："一切课程是儿童自己的。"[①]杜威认为："儿童是起点，是中心，而且是目的。儿童的发展，儿童的成长，就是理想所在。""为了儿童"的课程应该是儿童"生动的和个人亲身的体验"。[②]

幼儿的思维是"自我中心"式的，其认识世界的规律是从自我到他人再到社会，自我认识是认识外界、走向社会的必经过程。因此，对幼儿来说，幼儿的自我知识、自我本能经验（体验）就是课程，它们是幼儿园课程的有机组成部分。幼儿园课程要尊重幼儿自我的体验，即使是接受既有文化知识，也只有经过幼儿自我知识的选择、经过自我直接体验，才能对他们的发展产生作用。"自我即课程"应做到课程是儿童"生动的和个人亲身的体验"。例如，要想让幼儿真正了解一种小动物的生活习性，最有效的办法就是让幼儿与小动物相处，让幼儿在与小动物相处的过程中获得相关经验，从而形成对小动物生活习性的知识储备。

因此，课程如果完全是由教师一个人决定、发起、延续和终结的，只把幼儿当作课程所传授的对象而将他们置于课程之外的话，它贯彻的只是教师的意图，实际上满足的是教师的需要，这样，课程与幼儿的真实兴趣之间是不相符的。幼儿实际上体验不到自我的存在，那么，对于幼儿来说，课程就变成一种外加于"我"的东西，而一切所谓理想的课程便完全失去了意义。

（四）文化即课程

学前儿童正处于人生发展的启蒙期，他们的自然生命正接受人类社会文化的熏陶，逐步地由自然人向社会人过渡。诗歌、小说等文学作品，各民族地区的风俗习惯，中华的传统文化及世界各国的富有特色的人文景观等，都是人类文化的重要组成部分，所以，欣赏文学作品，了解世界各地和各个民族的文化习俗等，也是幼儿园课程的重要内容。

---

① 陈鹤琴：《陈鹤琴教育文集（下）》，第 38 页，北京：北京出版社，1985。

② （美）杜威著，赵祥麟等译：《学校与社会·明日之学校》，第 128 页，北京：人民教育出版社，1994。

第三节 幼儿园课程的理论基础

一、心理学基础

“心理学为理解教的过程和学的过程提供了基础。而这两个过程对于课程工作者来说都是必要的，因为只有当学生学习并理解了课程，获得知识及其应用能力后，课程才具有真正的价值”。[①] 在教育领域，特别是在课程与教学领域，心理学一直对人们的思想和行动产生着重大影响，在当代甚至决定着课程与教学质量的高低。人们一直面对着一系列需要应用心理学知识与理论才能回答和解决的问题：人如何学习？心理学如何有助于课程的设计和传递？如何运用心理学知识以增加学生学习的可能性？为何学生会对教师的努力作出回应？学生的文化经验对学习有何影响？应当如何组织课程来提升学习？校园文化对学习有何影响？最适宜学生投入学习的不同课程内容水平是什么？如此等等。

（一）行为主义心理学

以桑代克、华生和斯金纳等为代表的行为主义心理学家认为，学习是刺激与反应的联结，学习的产生是由外部刺激引起的，学习的保持是强化的结果，学习的过程是循序渐进、积少成多的过程，学习的结果是可观察和可测量的外显行为。行为主义心理学派主张：课程与教学应强调具体的、分解的行为目标；课程内容应按照逻辑顺序由简至繁累积而成；开发教学技术，加强程序教学、视听教学和网络教学等；重点对学生的外显性行为进行评价；进行教学效能核定、成本一效应分析以及目标管理等。

行为主义心理学可以说是 20 世纪上半叶对西方学校课程影响最大的心理学流派。这主要表现在以下几个方面：(1)在课程与教学方面强调行为目标；(2)在课程内容方面强调由简至繁的累积；(3)强调基本技能的训练；(4)主张采用各种教学媒介进行个别教学；(5)提倡教学设计或系统设计的模式；(6)主张开发各种教学技术；(7)赞同教学绩效、成本、效应分析和目标管理等做法。[②]

但是，由于行为主义心理学过分依赖于对实验室学习的分析结果，它把人类的学习过程描述得过于简单和机械。以为只需要把课程内容分解成小的单元，然后按逻辑加以排列，通过指定的步骤，便能使学生达到课程目标。这可能过于

---

① 转引自黄甫全《现代课程与教学论学程》，第 71 页，北京：人民教育出版社，2006。

② 转引自施良方《课程理论：课程的基础、原理与问题》，第 31 页，北京：教育科学出版社，1996。

乐观了。而且,行为主义者所崇尚的“课程目标应该用行为的方式予以界定”的观点,现在已经遭到越来越多的人的质疑了。正如著名课程专家塔巴所说:“行为主义在受限制的实验情境里获得的比较‘科学的’观察结果,不能用来理解或指导以静制动的复杂的学习,如认知过程的发展或态度的形成等。”①

(二)认知主义心理学

由于不满于行为主义心理学将人类学习过程描述得过于简单与机械,以布鲁纳和奥苏伯尔为代表的认知主义心理学家认为,学习是学习者内部认知结构的形成和改组,心理学应该关注学习者内部认知结构的性质以及它们是如何变化的。认知心理学主张,课程目标要能促进学生认知结构的形成与发展;课程设计要依据学生的认知结构水平而定,尊重认知规律;教材编制要体现“结构”论的思想,每门学科要选择组织好的知识基本结构,并按一定的逻辑顺序予以呈现;在教学过程中应注意提供先行组织者,方便学生建立新旧知识与新旧经验之间的联系。

因此,认知心理学关注的不是学生学会对某种刺激作出某种反应,而是学生头脑中认知结构的重建或重组。因此,认知心理学家感兴趣的不是行为发生的频率,而是学生的思维过程和思维方式。正如布鲁纳所认为的,思维方式是各门学科所使用的方法的基础。他说:“对于一门学科来说,没有什么比它如何思考问题的方法更为重要的事情。”②

依据布鲁纳的观点,课程编制要让学生从一开始就学习学科的基本结构和基本概念,主张设计螺旋式的课程。这里,关键在于学科呈现的方式应该同儿童的思维方式相符合,使这些基本观念在以后的学习中不断扩展,再扩展。布鲁纳的观点促使人们去思考最佳的学科结构问题。学科结构的思想一度被广泛运用于课程设计,并把这种课程作为培养训练有素的未来科学家的途径。这种课程在实践中也碰到一些问题。正像布鲁纳等人所描述的,许多课程在设计时是这样,但在实施时常会失去最初的样子。

与布鲁纳不同,奥苏伯尔认为,在设计课程时,最重要的是要时刻记住:“影响学习的最重要的因素是学生已知的内容,然后据此进行相应的教学安排。”③

① 转引自施良方《课程理论:课程的基础、原理与问题》,第34页,北京:教育科学出版社,1996。

② 转引自施良方《课程理论:课程的基础、原理与问题》,第35页,北京:教育科学出版社,1996。

③ 转引自施良方《课程理论:课程的基础、原理与问题》,第35页,北京:教育科学出版社,1996。

所以,课程内容对学生具有潜在的意义,即课程内容是能够与学生已有的知识建立联系的,这是有意义学习的先决条件。奥苏伯尔用"同化"作为有意义学习的心理机制,学生能否习得新信息,主要取决于他们认知结构中已有的有关观念,以便把新知识"挂靠"在这些有关的观念上;有意义的学习是通过新信息与这些有关观念的相互作用才得以发生的,这种相互作用的结果,导致了新旧知识的意义同化。

这样,课程设计就需要符合同化理论,一个重要的任务就是对每一门学科的各种概念加以鉴别,按照其包摄性、概括性程度,组织成有层次的、相互关联的系统。先呈现最一般的、包括性最广的概念,然后逐渐呈现越来越具体的概念。目的是为了使前面学到的知识可以成为后面学习的知识的固定点,以便促成新旧知识的同化。这就是所谓的"逐渐分化"的原理。

但是,有时学科内容与学生已有的知识相矛盾,难以同化,有时课程内容无法按纵向的形式组织起来,这时便需要采用"整合协调"的原则,以使学生对自己认知结构中已有的要素重新加以组合,通过分析、比较、综合,使学生清晰地意识到有关概念的异同,清除可能引起的混乱。

晚近的认知加工理论对课程设计的影响也比较显著。

首先,从认知信息加工的角度来看,课程是由概念、命题和结构等组成的,并由课程工作者设计而成。但几乎可以肯定:任何课程内容在实施过程中都会发生变化,因为教师和学生都是根据各自长时记忆中的已有信息来加工课程内容的。其次,课程内容必须按照一定的结构来呈现,使前后呈现的内容有某种逻辑上的联系,同时,学生虽说通过反复操练也可以学会,但这种信息不可能与学生长时记忆中的有关信息建立有机联系,因而会成为孤立的信息,很容易被遗忘,或很难用来解决问题。最后,短时记忆加工信息的容量是有限的。当呈现的课程内容超过这个容量时,学生就得用额外加工来恢复短时记忆中的信息,即不断采用复核的办法,从而限制学生使用其他信息加工形式,导致学习受挫。

近年来信息加工理论研究表明,儿童在感觉登记的性质和操作、最初加工信息的速度、选择性注意的能力、信息编码的策略等方面,都与成年人有所不同。这又迫使课程工作者进一步去考虑皮亚杰的儿童认知发展阶段的问题,即什么样的课程内容最适合特定年龄阶段的学生。

不过,从理论上看,单从认知心理的角度来设计学校课程,把认知学习等同于学校教育,本身就犯了一个致命的错误,因为学校应该使学生各方面都得到发展,这也成为人本主义心理学攻击认知主义心理学的突破口。

(三)人本主义心理学

以马斯洛和罗杰斯等为代表的人本主义心理学,既不像行为主义心理学那样过分关注学生的学习结果，也不像认知主义心理学那样过分关注学生的认知过程，而是关注学生学习的情感、需要与信念等人格发展的问题，关注学生学习过程中认知和情感的统一，以培养完整的人格，关注学生潜能的发挥和自我实现。人本主义心理学主张：课程与教学的目标在于促进学生的自我实现；课程与教学设计要尊重学生，要为学生提供主动学习的情境，创造和谐的学习氛围；课程内容要与学生的基本需要及生活有密切关系，并对学生情感的丰富和理智的发展具有重要意义；课程形态包括"整合课程"、"意识课程"、"自我导向课程"等。其中最典型的是整合课程，体现了情感与理智的整合、个人与社会的整合、教材与学生生活的整合。

因此，对学校的课程进行改革就成为必不可少的环节。由于学校课程通常是以牺牲情感为代价来强调认知的，所以，课程改革的出发点不应该关注教育者历来关心的问题，如怎样为学生制定课程目标，怎样选择和组织课程内容，用什么方式实施课程以保证达到预定的课程目标等。而应该关注这样的问题：什么课程内容可能对学生最有意义，学生如何才能最有效地、情感投入地学习等。答案很明显，课程内容必须与学生所关心的事情联系起来，并允许学生探索自己所想、所关心的事情。

显而易见，在实践中，这种课程的设计和实施都会成为问题，作为一种折中方式，一些人本主义者提倡一种合成课程。这种课程强调情感与认知的整合，即通过把情感因素增添到常规课程中去，赋予课程内容个人意义。合成课程由下列要素构成：(1)师生共同参与，共同承担；(2)强调思维、情感与行动的融合；(3)课程内容与学生的基本需要及生活有密切关系，并对学生的情感和理智具有重要的意义；(4)自我是学习的法定对象；(5)课程的目标是要培养完整的人。①

（四）发展心理学

发展心理学关注个体的年龄特征，强调个体身心发展的阶段性。影响较大的研究成果有埃里克森提出的人格发展阶段说和哈维赫斯特提出的发展任务说。人格发展阶段说认为人格发展是一个有阶段的过程，每个阶段都需要解决一个特定的受文化制约的矛盾，如果个体在各阶段都能解决好矛盾，那么就会逐渐形成健康而成熟的人格，否则，就会产生心理一社会危机或出现情绪障碍，为后一阶段的发展带来阻力，并形成不健全的或病态的人格。发展任务说列出了个体为获得健康和令人满意的成长所要学习的一系列任务。发展心理学的研究成果，对学前教育、中小学教育、大学教育、成人终身教育的课程设计以及教学内

---

① （美）麦克尼尔著，施良方等译：《课程导论》，第9～10页，沈阳：辽宁教育出版社，1990。

容、方法的安排,均有十分重要的参考价值。

(五)多元智能理论

多元智能理论是由美国哈佛大学的心理学家加德纳提出来的。加德纳认为,人的智能是多元的,有以下9种:语言智能、逻辑一数学智能、视觉一空间智能、音乐一节奏智能、身体一运动智能、人际交往智能、自我反省智能、自然观察者智能和存在智能。其中,最后两种智能是分别于1998年和1999年被提出来的。[①] 加德纳认为,每个学生都在不同程度上存在上述9种基本智能,这些智能之间的不同组合,就体现出学生个体之间的智力差异,也代表了每个学生不同的潜能,这些潜能只有在适当的情境中才能充分地发挥。他还认为,智能结构的核心是解决实际生活中的问题和创造出社会所需要的有效的产品的能力,这是衡量智力水平高低的主要标准。因此,他对智力的解说是:个体解决实际问题的能力和生产出或创造出具有社会价值的有效的产品的能力。[②]

加德纳是通过设置"多元智能"课程来实践其理论的。多元智能理论的实施项目包括:在幼儿早期进行"多彩光谱式学习",目的在于发现幼儿的各种智能优势与强项;小学阶段实行重点实验学校,在小学除了要开设读、写、算课程外,还要开设计算机、体育、音乐等课程,激发每一个儿童的多元智能;初中阶段施行"实用技能",即把斯腾伯格的成功智力,特别是实践智力与加德纳的人际智能结合起来,使每个学生在学习上获得成功;在高中阶段,进行"艺术推行",开发艺术对学生发展的促进功能。实施"多元课程"的途径主要有两个:一是通过"专题作业"项目,即试图通过学生在解决真实问题学习中的智能尝试,来呈现学生的智能强项;二是"学徒制式"方法,即认为有智能特长的学生不适合到教室中跟班学习,可像大学教师带研究生那样进行"学徒制式"的学习。[③]

在教学上,加德纳主张以多种方式探讨概念、主题或学科。他认为,人们一旦做出决定对特定科目进行专门研究,就有可能对所研究科目的适当教学方法进行多方探讨。多元智能理论在教学中特别关注学习者个体智能的差异对教学的意义。在加德纳看来,"按照多元智能理论,智能既可以是教学的内容,又可以是教学内容沟通的手段或媒介。这个特点对于教学是很重要的"。在他的系列

---

① 钟启泉、崔允漷、张华:《基础教育课程改革纲要(试行)解读》,第237～239页,上海:华东师范大学出版社,2002。

② 钟启泉、崔允漷、张华:《基础教育课程改革纲要(试行)解读》,第239页,上海:华东师范大学出版社,2002。

③ 裴新宁、张桂春:《"多元智力":教育学的关注与理论》,载《全球教育展望》,2001(12)。

著作中，他再三阐述了学校教育的改革必须重视“学生个体的差异”。他指出，虽然人们目前口头上承认学生之间以及学生与教师之间存在着差异，但却很少有人进一步研究这些差异对于教学的意义。“个体之间的显著差异，使人有理由怀疑是否应该让所有的人学习相同的课程，即使是相同的课程，是否应该用相同的方法教授所有的学生？”既然有充分的科学研究已经证明每个学生都表现出不同的智能组合和特点，那么，“如果我们忽略这些差异，坚持要所有的学生都用同样的方法学习相同的内容，就破坏了多元智能理论的全部基础”。此外，在教学理念上，多元智能理论也认为在教学过程中学生具有主动性、生成性和建构性的特点，与建构主义教学有许多相同之处。

二、哲学基础

哲学方法论作为一种世界观、一种认识工具或一种思维方法，它对课程改革、教学创新起着重要的制约和指导作用。

西方公认的4种教育哲学是“永恒主义、要素主义、进步主义和改造主义，其中每一种都根源于4种主要哲学传统的一种或多种”。① 这4种教育哲学中的每一种都有丰富的内涵，也都具备思维品质的6个基本特征：“清晰”、“与事实一致”、“与经验一致”、“与其他信念一致”、“效用”、“简单”。②

永恒主义是最古老和最保守的教育哲学，充分吸收了实在论的原理，追求永恒的人性、普遍的真理和宝贵的社会价值，突出了永恒学科。虽然它兴起的时间很早，但是20世纪时美国还是不时地响起永恒主义令人震惊的声音，包括“派底亚宣言”、“重返自由艺术”等。

要素主义是在20世纪30年代与进步主义相对而生的，根植于观念论和实在论，要素主义主张课程必须注重基础的要素，并与永恒主义一样强调“教学返回基础课程”以及“重内容轻过程”等。

进步主义是在批判和反对永恒主义的过程中诞生的，直接来自实用主义哲学。进步主义假设学校是一个微型民主社会，学生在其中必须学习和实践民主生活所必需的技能、手段和经验。学习的技能和手段包括问题和科学探究的方法，学习的经验包括协作行为和自律，它们对民主生活来说是非常重要的。通过几乎贯穿美国整个20世纪的“进步教育”、“适切课程”、“人本主义课程”以及“激进学校改革”等运动，进步主义哲学已经成为美国学校教育及其课程与教学的“幽灵”！

改造主义虽然也源自于实用主义，但与存在主义的认识和教学观有着千丝

---

① 转引自黄甫全《现代课程与教学论学程》，第44页，北京：人民教育出版社，2006。

② 黄甫全：《现代课程与教学论学程》，第44页，北京：人民教育出版社，2006。

万缕的联系,因而反对进步主义过于注重以儿童为中心。改造主义具有培养国际主义者的教育目的,努力提倡国际课程,强调学生需要形成全球意识,掌握理解"世界体系"的工具,具有"国际主义者"的胸怀。有一批学者开辟了并维护着概念重构主义的立场,努力推动人们实现从专心创设课程转向努力理解课程;还有人努力推动社会平等观念在学校教育及其课程与教学中的广泛渗透,发起了持久的"教育机会均等"运动,不断推进学校种族歧视的消除和多元文化教育、特殊教育、更加有效的学校教育以及平权运动的发展。

在美国,永恒主义和要素主义一般被归类为传统教育哲学,而进步主义和改造主义则相对被归类为当代教育哲学。其实,各种哲学主张"都有一个共同希望,就是改善教育过程,提高学习者的成就,培养更好和更具生产能力的公民,并提升社会。但是,由于对实在、价值和知识的看法不同,所以,它们在如何达到这些结果方面很难达成一致"。[①]

(一)进步主义

进步主义源于19世纪末和20世纪初的进步主义精神,其应用于教育归功于约翰·杜威(John Dewey)的努力。进步主义强调把变化作为现实的本质,它将知识视为暂时的,认为知识也许可以恰当地解释当前的现实,但并不能保证永远真实。进步主义者认为世界的特征就是现实的不断变化。

进步主义者认为,一个受过教育的人的内在素质能不断地适应变化。杜威认为,解决科学问题的方式是思维的恰当方式,最有效的教学方法是科学的方法(Gutek,1997)。杜威反对当时正规教育的模式——以对抽象信息的记忆为特征。他认为,这种教学方法不恰当地把学校和社会现实分离开来(Gutek,1997)。

杜威和进步主义者强调,学校应该教会学生如何解决问题,如何对自然环境和社会环境进行探究。他们认为,教学方法应该首选实验室法或实验法,校外调研法也受到强烈推荐,以帮助青少年深入社区,将学习与社会、政治与经济问题联系起来(Gutek,1997)。

进步主义者反对强制灌输大量的永恒真理的观点。他们认为,有价值的知识能帮助人们思考并对与自己适应变化需要相关的问题作出反应。进步主义观点应用于学校教学就意味着给予学习者一定的学习内容和方式上的选择权。进步主义一贯坚持的教育原则包括如下内容:在环境中产生的直接经验是学习的最好动力;依赖于权威的教材和教学方法并不适用于对自由人的教育;教师应该

---

① 转引自黄甫全《现代课程与教学论学程》,第45页,北京:人民教育出版社,2006。

成为教学管理者，负责营建学习环境，提出激发思考的问题，并引导学生对生产力的发展产生兴趣；个人需要学会如何探究其所处环境；学校不应该孤立于学校以外的世界。

杜威并不反对教师向学生介绍新内容，相反，他认为呈现内容会激发学生与环境互动的兴趣，他希望课程用通过激发学生热情的方式来组织，通过运用学生的兴趣作为参照物，杜威认为教师能向班级成员传授有价值的问题及解决技巧。

一些教育者仅仅理解或接受了杜威的部分哲学，实践中的极端例子严重肢解了杜威的观点，并且导致教育实践的不确定性。一些教育者不负责任地把杜威的思想归结为过于简单的口号："经验即真理。"这意味着只要让学生享受愉快的课堂活动就是好的，即使没有证据表明学生们在接受指导来进行严肃和正确的学习。对杜威教育工作的非精确理解导致了不负责任的课堂实践，而这种课堂实践又促成了人们对整个进步主义流派的怀疑。

除了关心对"经验"的过分重视之外，一些人以杜威的观点促成了危险的"相对主义"为由来反对他的工作。他们认为存在着持久的知识体系和真理，也认为杜威的观点有悖于犹太教和基督教所共有的信念(Gutek，1997)。这些批评者认为，特定真理和价值具有普适性和效用性，教师应该将这些固定的知识体的内容传授给学生。

特别是从二战结束以来，对于进步主义的批判导致积极支持进步主义观点的教师人数大大减少。但是，即使在今天，很多被教育者们理所当然接受的原则和流派都根源于杜威及其进步主义哲学。例如，要求学生解决问题和参与试验的实践，反对记忆前人的结论等观点都可以被清晰地追溯到杜威及其追随者的工作中去。

(二)永恒主义

永恒主义认为真理永恒不变。像莫蒂默·阿德勒(Mortimer Adler)、阿瑟·贝斯特(Arthur Bestor)和罗伯特·赫钦斯(Robert Hutchins)这样的永恒主义者认为，教育应该致力于传播这些永恒不变的原则。尽管永恒主义者承认经常变化的时代给人们所面对的问题带来了表层的选择，但是，他们坚信生活的真正本质超越了时间而保持不变。而且，他们主张，人类多个世纪的实践经验已经产生了值得学习的真理。

永恒主义者认为西方社会在几个世纪以前就已经迷失了方向。他们谴责他们的所闻所睹都具有过分依赖实验科学和技术的倾向。永恒主义者认为，科学实验的地位在日益重要，已经否定了人类理性的力量和重要性。

永恒主义者主张，学校应该发展所有学生的智力并要求学生为生活做好准备。获得生活准备最好的方式就是让个人把握多个世纪流传下来的真理。这样的真理如此重要，以致各类职业和领域中的人最终无疑都要接受。

永恒主义者认为知识包含统一、不变的原则。所以，他们谴责实在论者强调的所谓实用知识。永恒主义者认为，实在论中的“要素”是经常变化的，因此，一门重视要素的学校课程为学生所提供的信息就冒着可能与其生活不太相关的危险。

永恒主义者坚信，高等教育尤其反对在学校中进行职业训练，他们认为，职业教育背离了学校教育的目的，注重迎合商业或政府的狭隘利益。他们不仅对公立中小学持这样的观点，对大学或学院也是如此。

永恒主义者认为，高等教育强调发展学生的研究技能以及为未来的职业做准备的理论是完全不合适的。根据他们的观点，这样的课程会妨碍更加适当地强调掌握永存真理的“真正的教育”。很多永恒主义者宁愿在大学或学院中禁止研究或实践训练，也不愿将此责任转移至技术部门。

永恒主义者与实在论者的相通之处是认为教育的基本目标是发展智力。不过，他们认为，学生应该纯粹为真理，而不能为了某项职业有用而学习。实现追求真理的最好方式就是学习源自于伟大文明的著作。有关人文学科和文学的课程受到特别地推崇，因为这些著作在撰写时就如同今天一样关注普遍的问题和主题。

（三）要素主义

要素主义产生于 20 世纪 30 年代，是在与进步主义的争斗中产生的，主要代表人物是巴格莱、德米亚谢维奇、莫里逊等。要素主义的哲学观点比较庞杂，作为当代西方主要的教育哲学流派之一，其基本观点强调人类文化的“共同要素”。要素主义者认为，在人类的文化遗产中，存在着永恒不变的、共同的、超时空的要素，它们是种族文化与民族文化的基础。要素主义倡导“社会进化论”，认为社会进化就是“积累精华知识的过程”，社会发展的过程就是文化传承的过程。在个人与社会的关系上，要素主义虽然承认个人的尊严、自由和权利，但更强调个人对社会的遵从、责任和义务。

为了实现社会进步的教育目标，要素主义者认为，应该将人类文化中的“共同要素”作为学校课程的内容，共同的文化要素分为 4 个方面：①学习习惯和基本技能；②知识，包括观念、概念、含义、事实、原理和理论假说；③理想和情感上的准则；④态度，包括理论观点、顿悟、兴趣和忠诚等。在课程内容的组织与编排上，要素主义者反对实用主义倡导的活动课程打破学科之间的界限以及学科自身的逻辑组织的做法，主张恢复学科的自身逻辑，按照严格的系统编写教材。在教学方面，要素主义者认为，教学过程必须是一个训练智慧的过程，强调传统的心智训练，强调学生在学习上必须努力和专心，强调教师在教学中的核心地位。

(四)改造主义

改造主义者,与永恒主义者类似,认为社会是迷途的羔羊,该流派基本观点的古典著作之一是乔治·康茨(George Counts)在1932年撰写的《学校敢于建立新的社会秩序吗?》(Dare the Schools Build a New Social Order?)不过,永恒主义者从过去寻找答案,而改造主义者则致力于建立一个新型社会。他们坚信学校应该成为致力于改善人类环境改革的重要催化剂。对于改造主义者而言,教育应该引导人们批判性地去看待社会的所有要素,毕业生应该成为那些控制他们个人命运并能推进社会变革的人。

改造主义者所青睐的课程强调创造一个经济富足、平等、公平和民主决策的世界。他们把这种社会建构看做人类维系生存之必需。学校教育应该教学生去分析生活的方方面面,对当权者的声音是质疑而不是接受。改造主义者相信,行为科学能用作创建社会的基础,在这样的社会中个体能最大限度地发挥其潜能。

改造主义者希望教师把自己的角色看做针对相关资源的问题提出者和学生的引导者,而非知识的传递者,青少年应该积极地参与学习过程,理想地说,课堂应该反映出平等和社会正义的价值观。

(五)后现代主义

后现代主义是20世纪后半期西方社会广为流行的哲学、文化思潮。代表人物有法国的哲学家雅克德里达、米歇尔福柯,美国哲学家伊哈布·哈桑等。后现代主义哲学是在对传统哲学和现代哲学进行颠覆性批判的基础上产生和发展起来的,后现代主义哲学的特征大致轮廓为:①怀疑与否定的思维特征。后现代主义对任何一种被奉若神明的前提和假定都提出质疑,志在摧毁传统、封闭、僵化的思维方式。②消除判断的价值取向。后现代主义主张摒弃表达认识深度的模式及阐释的必要性,赋予不同的话语以平等的权利。③非中心化和反基础、反权威的结构策略。④实用性的知识观。把知识看做按一定的规则建构起来的一套语言,是再现人类认识世界活动的最基本的体现。⑤多元化的方法论。后现代主义强调文本的多义性和解释的无限性,允许采用任何方法容纳一切思想。①

从20世纪70年代开始,后现代主义逐步被引入课程研究领域。在美国出现了许多后现代课程理论学派,如概念重建主义、新马克思主义、多元文化主义、后结构主义、解构主义、建构的后现代主义等。在众多的后现代课程与教学论学派中,较为突出的是课程论专家小威廉姆·多尔的开放性后现代主义课程与教

---

① 陈文华:《幼儿园课程论》,第11～12页,北京:科学出版社,2011。

学论。多尔指出,封闭性、简单性和累积性是现代主义课程与教学论的主要特征,而后现代课程与教学则强调开放性、复杂性和变革性。所谓开放性就是把课程与教学视为一个开放的系统,在这个系统中,各种流动、变化、干扰和错误在所难免,而且还是系统组织的契机和源泉,课程与教学设计必须要考虑到这些因素的存在和影响。复杂性则是指课程与教学的影响因素是网状的、综合的、变化的,不是简单的、线性的、固定的。对于变革性,是指系统从远离平衡的状态到形成新的平衡的过程是内在性的、突变的和不确定的。与这些观点相对应的现代的课程与教学不再强调对课程与教学目标的详尽预设,而是认为应该随着课程与教学的展开,随着教师、学生及教材的互动,逐渐明确,并在行动中不断加以调整,不再追求课程与教学的内容绝对客观和稳定不变,而是强调其开放性、变革性。价值化课程与教学的实施是一种开放的、启发的、对话的方式,教学是师生共同参与探究知识的过程,教师是平等中的首席,在课程与教学评价中应承认和尊重价值多元,强调学生的组织和建构能力,关注学生的自我意识和创造性。

三、幼儿园课程的社会学基础

教育是随着人类社会的产生而产生的,不同历史阶段人们的社会观念不同,对课程的影响方式和影响层面也不同。即使是为学龄前儿童设计、编制和实施的课程,也无时无刻不受到社会政治、经济、文化等因素的影响。例如,政治制度、政府政策等会在很大程度上决定幼儿园课程的基本价值取向。

19 世纪末 20 世纪初教育社会学从社会学中分化出来以后,研究者们开始在社会背景下从不同的角度透析社会与课程的关系,形成了诸多流派。其中对幼儿园课程有过重大影响的就是功能理论。

功能理论也称结构功能主义,代表人物主要有法国的涂尔干(E. Durkheim)、美国的帕森斯(T. Parsons)等人。功能理论以"结构与功能"、"整合"、"稳定"等概念为理论基点,强调社会整合、共同的价值观念和社会稳定,主张社会各部分都在协作的基础上有秩序地为满足社会的需要而发挥作用。功能理论从整个社会大系统来考察幼儿园的课程,尤其是通过社会化途径寻求课程同社会系统之间的和谐一致,使课程研究不仅立足于一个较高的层次上,而且着眼于课程中的实际问题的解决,其理论价值和实践意义都是不可否认的。

(一)经济与幼儿园课程

幼儿园课程与经济之间的关系,已经引起人们的关注。作为教育组成部分的幼儿园课程,具有生产性功能,即可以产生经济价值。有研究表明,学前教育有比其他各级各类教育更高的投资回报率。例如,1999 年国际经合组织(OECD)报告指出,儿童早期教育和保育是从投资中获益最多的教育阶段。美国 High/Scope 课程的追踪研究发现，在学前教育投入U ＄ 1.00，日后可为社会节省 U＄7.16，“该课程方案是一个很好的经济投资，它优于那些公共的或私人的对社会资源的耗费”。①

同时，经济发展的不平衡，必然会带来教育发展的不平衡。其实，教育公平不只是体现在教育资源相对均衡分配的方面，还应包括使受教育者能获得与其政治、经济、文化、社会等地位相适应的教育。公平的学前教育应理解成为使尽可能多的学前儿童获得受教育的权利，同时接受适合他们情况的有差别的课程。由此可见。经济发展的不平衡也会影响幼儿园课程的编制。例如，对一些经济发达地区幼儿合适的课程，经常不适合那些经济欠发达地区的幼儿，如果开设同样的课程对他们施加教育，反而会增加经济欠发达地区幼儿在今后教育阶段中处于弱势地位的可能性。

（二）政治与幼儿园课程

幼儿园课程深受政治影响和制约，并且作用和服务于政治。政治体制决定着政治的基本内容，制约和影响着包括教育在内的一切社会活动，而政治体制的制定和维护，政策和法律的制定和实施，都依靠有明显政治特征的、合法的强制力量才能得以实现。执政者利用拥有的立法权和行政资源，制定、颁布和施行教育法规、政策和规章，合法地强制各级教育行政部门贯彻执行。与幼儿园课程有关的法规、政策和规章，对幼儿园课程的设计、编制和实施以及幼儿园课程的评价会起到导向作用。执政者根据政治集团的利益，甚至根据个人的偏好，通过幼儿园课程，控制着学前教育的运行方向。②

尽管如此，我们却不能不将法规、政策和规章视为真理，将其当作无需调整或改变的“正确理念”。因为法规、政策和规章本身并非真理，它们旨在解决在政治观念和信念指导下的社会问题，因此必然会随着社会的变迁而加以调整甚至改变。因此，我们如果将其视为真理，就有可能从积极方面走向它的反面。

幼儿园课程不仅受制于政治，也作用和服务于政治，因为幼儿园作为培养人的机构主要的目的就是培养国家所需要的人才，为政治服务。

（三）文化与幼儿园课程

幼儿园课程与文化有着密切的关系。课程是由文化衍生出来的，同时又能

---

① Barnett, W. S, *Lives in the balance: Age－27 benefit－cost analysis of the High/Scope Perry Preschool program*, *Monographs of the High/Scope Education Research Foundation*, 11.

② 朱家雄：《幼儿园课程的理论与实践》，第 61 页，上海：华东师范大学出版社，2010。

传承文化。文化作为课程的母体,在很大程度上影响甚至决定着幼儿园课程编制中"教什么"、"如何教"和"为什么教"的问题。

自20世纪90年代起,科学技术的发展、人口流动的加剧以及全球化趋势日趋明显,许多国家的人口在种族、文化、语言等方面呈现出明显的多样性。吸收其他文化中能被本土文化所用的成分,才可以弥补本土文化的不足,保证本土文化的生命活力。随着我国改革开放政策的实施,幼儿园课程领域也从国外引进了大量的课程方案,我国幼儿园教师已经熟悉有些课程,有的甚至被部分幼儿园借鉴和运用。对国外学前教育课程的介绍和引进,大大地促进了我国学前教育课程理论和实践的发展。

对国外学前教育课程的介绍和引进,虽然能丰富我国幼儿园课程的理论和实践,但是,这并不意味着我国幼儿园课程改革和发展的出路就是运用这些课程,或是将这些课程本土化。诸如蒙台梭利教育法、瑞吉欧教育实践等课程方案都是在西方特定文化背景中产生和发展的,它们与中国文化之间存在着相当的距离。

由此可见,世界上不存在一种万能的幼儿园课程足以适合不同文化背景中的所有幼儿,而是各种幼儿园课程分别适合不同文化背景中的不同幼儿。尽管生活在不同环境中的幼儿会受到各种外来文化的影响,但是真正对他们起作用的还是与其所在的文化最为紧密地联系在一起的课程。也就是说,不同文化背景下的幼儿园课程应该是与其所处的文化相匹配的,是与其所处的文化价值相一致的。

在设计、编制和实施幼儿园课程时,既要立足于自身文化的传承,又要吸取其他文化的精髓。如果设计幼儿园课程时放弃对文化的关注,很可能会陷入"技术主义"的泥坑,着眼于解决细小的问题,而忘记了学前教育的根本价值。

(四)人类发展生态学与幼儿园课程

近年来,教育领域逐渐走向多学科的融合,不仅开阔了教育研究的视野,更为教育研究提供了新的思路。自20世纪40年代以后,各种生态取向的理论应运而生,其中布朗芬布伦纳的人类发展生态学理论为广大学前教育人士所熟知。他的学说酝酿了数十年,问世后又几经修改,已在教育、家庭婚姻咨询和治疗、心理咨询等领域产生了重要的影响,能形象表述该学说的同心圆多层次理论模型已被广泛引用。[①]

在布朗芬布伦纳的理论中,生态指的是有机体或个人正在经历着的、变化着

① 薛烨、朱家雄等:《生态学视野下的学前教育》,第3页,上海:华东师范大学出版社,2007。

的,或者与个体有着直接或间接联系的环境。这个生态系统从里到外包括小系统(microsystem)、中间系统(mesosystem)、外系统(exossystem)和大系统(macrosystem)4个种类的生态系统,前者逐个地被包含在后者之中,形成了一种同心圆样式的结构。不同的学者对布朗芬布伦纳的生态系统理论有着大同小异的演绎。如Huitt. W.(1999)根据布朗芬布伦纳的理论编制了生态系统模型[①](如图一)所示。该同心圆模型图以儿童作为模型图表述的主要目标来说明各生态系统之间的关系。

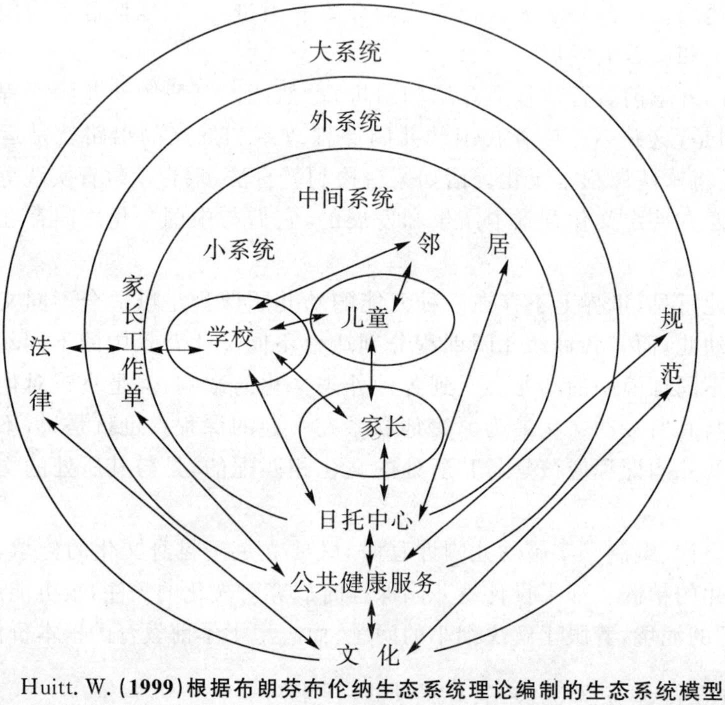

图一 Huitt. W.(1999)根据布朗芬布伦纳生态系统理论编制的生态系统模型图

1. 小系统(microsystem)

从儿童发展生态模型图来看,位于同心圆最内层的家长、教师以及儿童最为密切接触的其他人员构成了微观系统。这个系统包含儿童与他当前所在环境的关系和相互作用。在这个系统中,布朗芬布伦纳用"双向影响"来描述儿童与环境之间的互动,这种双向影响对儿童的影响是最大的,小系统之外的系统也会对内层系统产生影响。布朗芬布伦纳将微观系统定义为"发展着的个体在特定客观环境中所体验到的活动、角色和人际关系范式"。[②]

① 薛烨、朱家雄等:《生态学视野下的学前教育》,第68页,上海:华东师范大学出版社,2007。

② Brofenbrenner, U., *The Ecology of Human Development*, 22.

对幼儿园而言,小系统主要指的是幼儿园中的各个要素及其相互联系,尤其是现实的班级活动环境之间各种因素之间的相互作用。幼儿园、家庭等都是幼儿发展的直接环境,这种环境对幼儿园课程的设置和幼儿的发展具有直接的、重大的影响。

2. 中间系统(mesosystem)

中间系统是发展中的个体积极参与的两个或多个情景之间的相互关系。[①]中间系统不是一个实在的环境,而是由儿童发展所在的小系统之间的联系构成的。[②] 对于幼儿来说,家园联系、家庭与社区的联系、幼儿园与社区联系等就是儿童发展所在的中间系统。

3. 外系统(exossystem)

外系统是指发展的个体不直接主动参与的但却影响或受其中所发生的一切所影响的一个或多个环境。[③] 这个系统是通过影响儿童所在的微观系统来对儿童发展产生作用的。例如父母的工作单位、教师的家庭等。虽然儿童没有直接加入到这些外系统中,但是这些环境中所发生的事件也会与教育活动产生相互的影响。

4. 大系统(macrosystem)

大系统是指各种较低层次的包括小系统、中间系统和外系统在内的生态系统在整个文化或亚文化水平存在或可能存在的内容上和形式上的一致性,以及与此相联系并成为其基础的信念系统或意识形态,包括价值观、习俗、法律等。[④]大系统无处不在、持久全面地影响着幼儿园课程的创设,同时课程也会通过各种角色、关系及活动实现社会化的作用。

根据布朗芬布伦纳的人类发展生态学理论,幼儿园课程可被看做生态环境的一个方面。不同的课程或教育方案在涉及同伴间社会交往、成人与幼儿间社会交往、组群大小以及空间安排和材料等问题时都是各不相同的。在设计、编制和实施幼儿园课程时,应充分考虑幼儿园课程或教育方案的结构和内容等方面,以及它们与各级生态系统之间的关系。

幼儿园是一个开放的合作系统,一方面在小系统中,幼儿园内部的成员——管理者、教师、幼儿之间存在着多层关系;另一方面,幼儿园各因素与其他 3 个系统中的因素也存在着密切联系,各因素是渐近的双向适应的关系。这样看来,幼

---

① Brofenbrenner, U., *The Ecology of Human Development*, 25.

② Beek, L. E., *Child Development* (5th *ed.*), Needham Heights, MA: Allyn and Bacon, 23.

③ Brofenbrenner, U., *The Ecology of Human Development*, 25.

④ Brofenbrenner, U., *The Ecology of Human Development*, 26～27.

儿园课程的设计、编制也是开放的，应从整个系统出发发挥自身的创造性。倡导积极参与、共同决策，建立信息共享机制，营造合作、对话、反思的文化，分析这些系统及因素之间的关系，制定适宜的方案，建立和谐的关系，以整合各层次资源关系，促进幼儿、教师、幼儿园的整体发展。

《幼儿园教育指导纲要》中提出："环境是重要的教育资源，应通过环境的创设和利用，有效地促进幼儿的发展，要充分利用自然环境和社区的教育环境。幼儿园应与家庭、社区密切配合，共同为幼儿创设一个良好的成长环境，使幼儿在园获得的学习经验能够在家庭中得到延续、巩固和发展。"在幼儿阶段，家庭、社区和幼儿园是幼儿最主要的三大生活环境：幼儿园是幼儿接受集体教育的重要场所；社区是幼儿生活的主要环境，社区中的设施、文化等是幼儿习得经验的重要途径；家长有不同的知识和专业背景，可以成为幼儿园的专业知识和技术资源，支持幼儿园的教育教学和幼儿学习。三者合理整合可以大大提高教育的效率，共同构建幼儿园课程体系，让幼儿在和谐一致的教育环境中健康成长。

【案例分析】

问题在哪儿？

罗伯特·洛佩兹在一所贫民学校教六年级，他认为孩子应该积极参与学习，而且当他们有权决定学习内容时就会特别积极地学习。罗伯特根据学生的问题和兴趣来设计教学计划。他帮助班里的学生识别其个人在现实生活中遇到的重要问题，然后帮助孩子们理解这些问题并且思考可能的解决办法，他的课程内容通常涉及好多学科领域。

一天下午，校长法勒女士听了罗伯特的课后，与罗伯特进行了交谈，使罗伯特感到困惑和不安。

法勒女士告诉罗伯特，他对学生和善、与学生的关系很好，她对此印象很深刻，但她更在意罗伯特的教学内容。校长认为，罗伯特远离了要求教授的课程。法勒女士指出，学生需要掌握包含关键知识的课程内容，如果没有这些内容，他们很难在州考试中取得好成绩。而学生成绩差会造成严重后果，如激怒家长，惹恼校董事会成员等。

法勒女士认为，罗伯特所教的六年级学生太小，根本无法理解老师要求他们考虑的现实问题的意义。她听到的大部分学生的讨论只是分享无知或缺乏事实支撑的想法，要进行这样的活动，学生们必须首先详细了解基本信息。目前课本上的内容会提供给学生更多的信息，使其在讨论上述问题时以一种更负责任的方式进行。在谈话结束时，校长告诉罗伯特，他的课使学生没有掌握课本知识，所以不能根据事实来讨论问题，所以不能在规定的标准化考试中取得好成绩。

罗伯特对此非常困惑，他曾经认为自己的工作非常优秀。现在，他却被告知他的行为不负责任，而且几乎是在伤害自己的学生。罗伯特认为，他难以接受这样的结论。他已经看到了学生们的热情，而且他相信教育最重要的目标是帮助个人学会如何使我们的社会更美好。他不知道下一步该怎么办。

分析与思考

你认为罗伯特与校长之间问题的根源是什么？罗伯特的教育哲学是什么？而校长的教育哲学又是什么？其基本价值观最大的区别是什么？你认为他现在应该怎么做？当你开始寻求获得教师职业时，这个故事给予了你什么启示？

▶阅读推荐◀

1. 朱家雄. 幼儿园课程的理论与实践. 上海：华东师范大学出版社，2010

2. 陈文华. 幼儿园课程论. 北京：科学出版社，2011

3. 张华. 课程与教学论. 上海：上海教育出版社，2000

▶思考与探索◀

1. 简述几种主要的课程概念，并分析课程的主要内涵及其发展趋势。
2. 试述幼儿园课程的概念、要素、本质及发展趋势。
3. 简述幼儿园课程的心理学基础。
4. 简述幼儿园课程的哲学基础。
5. 简述幼儿园课程的社会学基础。
6. 试述人类发展生态学理论对幼儿园课程设计、编制和实施的影响。

第二章
国内外幼儿园课程理论简介

【内容提要】 本章主要介绍当今世界上比较流行的几种经典幼儿园课程理论与方案，如福禄贝尔的教育理论、蒙台梭利课程方案、瑞吉欧教育方案、陈鹤琴“五指活动”课程方案、张雪门行为课程方案，期望学生在学习的基础上，把握每一种课程方案的“灵魂”，从中得到启发和提示，为幼儿园课程的设计提供借鉴。

【学习目标】 通过本章的学习理解福禄贝尔课程模式的主要内容；理解蒙台梭利课程的主要内容；理解瑞吉欧课程模式的主要内容；理解陈鹤琴的“五指活动”课程方案；理解张雪门的行为课程方案，联系实际灵活运用这几种课程方案。

第一节　福禄贝尔及其幼儿教育理论

弗里德里奇·福禄贝尔(Friedrich Froebel,1782～1852)是19世纪上半叶德国著名的幼儿教育家。1840年，福禄贝尔在德国的勃兰根堡创办了世界上第一所幼儿园，使得幼儿园正式成为社会幼儿教育的专门机构，同时也标志着学前教育作为一门新兴学科的诞生。第一所幼儿园的诞生标志着学前教育的性质由家庭教育和慈善教育向社会公共教育方向的转变。福禄贝尔创立幼儿园之后，真正意义上的幼儿园课程模式和思想才开始出现，并随着历史和社会的发展而不断进步，产生了诸多流派和模式。

一、福禄贝尔课程思想简介

(一)教育思想

福禄贝尔的幼儿园课程思想是新旧教育思想转折时期产生的具有进步意义

的开创性思想体系，对于后来的幼儿园课程思想影响深远。福禄贝尔的课程思想既受到了裴斯泰洛奇、夸美纽斯等教育思想的影响，又受到了费希特、谢林等哲学思想的影响。福禄贝尔的课程思想主要是通过教育观和儿童观的主线进行发展和演绎的，由此构成的幼儿教育课程被称作福禄贝尔课程模式。

福禄贝尔的教育观是一个较为完善和丰富的体系，由教育目的、教育任务、教育本质、教育原则等构成其思想主体。福禄贝尔的教育思想有着丰富的宗教意识，对于教育观的影响也非常明显。

1.教育目的

福禄贝尔认为宇宙中起着完全支配作用的力量是神，也可以理解为是一种万物赖以生存的基础和自然法则。他认为神是全部生活和全部教育的出发点，教育的目的就是要了解神、认识神，对于自己生活中所拥有的一切都要感谢神的恩赐。他认为人具有天赋的力量，对儿童进行教育就是通过各种活动，使这种内在的力量得到发展。具体来讲，教育就是要促进儿童的自我活动和内在本质力量的发展，发掘儿童内在的生命潜力，以此来发展其各种本能，最终形成崇尚神灵的品质。因此，福禄贝尔认为教育的目的就是发展，是指导儿童发展神性的、自由的人格。

此外，福禄贝尔还提出儿童发展的对立统一原则，认为儿童发展的内在动力就是对立与统一之间的矛盾。对于儿童来说，教育目的就是培养万物统一的人生观，形成对世界的和谐发展认识。

2.教育原则

(1)发展的原则。福禄贝尔受到谢林思想的影响，认为宇宙万物都是在无限发展着的，因此人也是在连续不断地发展的。他主张不能把人及人性看做“一种已经充分发展的和完全形成的、一种已经固定和静止的东西”，而应当把它看做“一种经久不断成长着的、发展着的、永远地活着的东西，永远朝着以无限性和永恒性为基础的目标靠近，从发展和训练的一个阶段向另一个阶段前进的东西。”因此，福禄贝尔提出儿童内在力量和心理的发展应遵循“循序渐进”的原则。儿童的心理发展经历了不同的阶段，这些前后相互衔接的阶段互为基础和前提，初级阶段为高级阶段的发展奠定基础。在进行教育时要注意前一个阶段的引导和促进，以利于后一个阶段任务的实现。

(2)教育适应自然的原则。福禄贝尔把儿童的本能分为4种：活动的本能、认识的本能、艺术的本能和宗教的本能。其中活动的本能是最重要的。他认为教育的目的是使儿童原有的天性得到发展，而不是让儿童感到压制和束缚。因此，福禄贝尔认为促使儿童发展的各种活动不应该是来自外部的刺激，而应该是自动的、自我活动的。教育者应该尽早地为儿童提供从事外部工作和生产活动的训练机会，使他们通过劳动、生活和行为来学习，以激发其原有的天性，促使其更好地发展。

基于这一原则,福禄贝尔主张学校应该是一个社会的雏形,教室应该就是一种社会活动情境,教师应配合社会实际情境而设计各种戏剧化的游戏及系统化的活动,使儿童在自我活动中礼让、互助、互爱、互敬和团结合作。

(二)课程内容

福禄贝尔的课程模式包含了丰富的内容,根据教育目的和任务,以及教育原则制定了以恩物为主线的课程内容,除恩物外还包括作业、游戏、歌谣、体育、自然研究等。福禄贝尔的课程内容体系对后来幼儿园课程内容的设置来说影响深远。

1.数学教育

福禄贝尔的数学教育思想体现在他创设的"恩物"中。恩物是福禄贝尔根据幼儿的发展特点和规律于1836年创设的一套玩具,顾名思义,恩物就是"上帝恩赐的礼物",也可以看做成人赐予幼儿的礼物。福禄贝尔把自己创设的玩具作为幼儿园课程的主要内容。恩物的种类主要有6种。

第一种是6只柔软的羊毛绒结成的彩色小球,借此来发展幼儿辨别基本颜色的能力,帮助幼儿认识各种颜色和数目。成人可以前后左右摆动小球,以发展幼儿的空间观念。

第二种恩物是木制的球体、立方体和圆柱体。使用这种材料可以帮助幼儿认识物体的形状,认识几种形体。

第三种是由8个大小相同的小立方体组成的大立方体,可以帮助儿童形成平方和立方的概念,了解整体与部分之间的关系。

第四、五、六种恩物同样都是大立方体,只是这些立方体的构成部分各不相同,可以分割成大小、数目、形状不等的小立方体、长方体、长方板和小三角板。这些形状多样、大小不同的几何形体可以为幼儿的游戏和活动提供丰富的材料,对提高儿童的想象力、创造力以及发展他们的空间思维有很大帮助。

此外,他还主张使用各种纸片、大小棒和小珠(或环),认为这些材料也可以为幼儿提供从事多种活动的可能性。这3种材料被称为第七、八、九种恩物。

把恩物运用到数学教育中,可以使抽象的数学知识与游戏有机结合。恩物中包含了丰富的数学教育知识,儿童通过对恩物的操作,掌握整体和部分的关系,理解等分概念,掌握基本的几何形体的特征,理解空间位置的概念。恩物符合幼儿学习数学的心理特点,可以增强儿童学习数学的兴趣,使他们在获得感性体验的基础上建立起相应的数概念。

2.作业

作业是福禄贝尔为幼儿园确定的一种教育活动形式,通过作业对幼儿进行初步的教学。在福禄贝尔的作业体系中，纸工（编纸、折纸、剪纸等）、泥工、绘画等都是较受推崇的活动，他认为通过这些活动不仅可以系统地发展儿童的语言，而且可以提高儿童的模仿能力和创造能力。

3. 语言教育

福禄贝尔认为语言是生命的表现，即"通过外化了的东西自动地向外说明和表现自己内在的东西"。[①] 他认为适合儿童需要的这个外部事物就是童话、诗歌、寓言和故事等。这些方式的表现都与儿童心理发展过程和情感体验直接相联系，当童话、诗歌、寓言的内容符合儿童的生活和审美标准时，儿童就会不断地去听、去模仿，在这个过程中儿童主动地去感受、理解其中的内涵，同时借助语言表达自己的感受，从而提高自己的语言表达能力。福禄贝尔提倡循序渐进的原则，在进行语言学习时，可以从最为简单的画线学习开始，逐步过渡到字母、单词、语法、读写等方面的内容。

4. 艺术教育

儿童都有自我表现、自我发展和自我观察的欲求。福禄贝尔认为满足这种欲求的方式就是音乐、绘画、雕塑等艺术形式。

音乐是通过纯粹的音响来表现的艺术，其中主要是唱歌，福禄贝尔认为对儿童进行性情陶冶的主要途径之一就是通过唱歌和诵诗来实现。因此，在幼儿园的课程设置中，他把教导幼儿学习和背诵关于宇宙和人生的歌谣、诗篇作为培养人格、陶冶性情的重要内容。

绘画即通过纯粹的色彩对视觉进行表现的艺术，利用横线、直线让幼儿在白纸上自由地进行创作。福禄贝尔认为陶冶幼儿的性情非常重要，采用绘画以及其他艺术形式可以在一定程度上塑造幼儿的有规则性的心理，同时陶冶他们的情操。

颜色辨别也是一种艺术教育的形式，福禄贝尔主张通过颜色辨别来锻炼幼儿的视觉与和谐感。此外，还可以通过手工如折纸、摆放积木等，激发幼儿的创造本能，促进幼儿能力的发展，在此基础上发展幼儿的思维、纪律意识等。

5. 自然教育

福禄贝尔认为幼儿有理解动植物内在生命和精神的渴望，其心灵也有自然的天性，因此，他建议教师"至少每周一次带领儿童到野外去，让他们仔细观察和理解自然向他们显示的景色"，[②]培养幼儿热爱自然的情绪。

福禄贝尔认为人是自然，即从最近的周围事物开始，依次从比较近的、比较熟悉的事物往比较远的和比较不熟悉的事物过渡。对幼儿来说，最有意义的和

---

① （德）福禄贝尔著，孙祖复译：《人的教育》，第 250 页，北京：人民教育出版社，2005。

② （德）福禄贝尔著，孙祖复译：《人的教育》，第 120 页，北京：人民教育出版社，2005。

最熟悉的事物就是存在于自己周围的事物。因此,他要求教师用直观的方式向幼儿解释事物逐步到概括事物,引导幼儿去思考,直至认识事物的本质。

6. 体育

福禄贝尔认同“健康之精神寓于健康之身体”,他非常重视幼儿早期锻炼的作用。他认为积极的体育锻炼是实现幼儿健康成长的重要保证,此外还应向幼儿讲述基本的健康常识和道理,使幼儿养成良好的卫生习惯、合理的作息习惯等。

7. 游戏活动

福禄贝尔认为游戏符合幼儿的天性,是幼儿学习的主要途径,他认为游戏和语言是幼儿生活的组成部分。通过各种游戏,幼儿的内心活动和内在生活变为独立的、自主的外部自我表现,从而获得愉快、自由和满足的情感体验,并保持内在与外在的协调;游戏是幼儿认识世界的重要方法,是快乐的源泉,是培养幼儿道德品质的手段;游戏可以帮助幼儿形成规则意识,并培养起责任感。

8. 宗教教育

由于福禄贝尔的教育思想中包含着浓厚的宗教思想,所以宗教教育在课程内容中占有重要位置。福禄贝尔认为人世间的一切关系都是人与上帝关系的集中体现。尤其强调人与父母的关系最能反映人与上帝之间的纯粹关系,建议人应该通过对人与父母的关系来理解上帝对人和人对上帝的关系。他认为对这种关系的观察和理解是真理,且永远是真理。因此在教育过程中,父母对儿童的影响尤其重要。父母应重视自身各方面的修养,为儿童的发展提供良好的家庭环境。

在这个课程中,福禄贝尔非常注重培养儿童对自己行为和内在生活的敏感,主张从早期开始“儿童的注意力应被引导到他内部的,即他的精神和心灵自由活动的状态或被束缚的状态,明确或不明确的状态,满意或不满意的状态上,由此产生的经验会在很大程度上激发人的内部感觉,真正的思考便会表现出来”。①

二、课程与游戏

(一)游戏的本质和作用

游戏与作业是福禄贝尔幼儿教育体系中的重要内容,从儿童能力特别是创造能力的发展出发,福禄贝尔特别强调游戏与作业在幼儿园教育中的地位与作用,认为它们为幼儿提供了自我活动的条件,所以也是主要的教育手段。

---

① (德)福禄贝尔著,孙祖复译:《人的教育》,第 194 页,北京:人民教育出版社,2005。

游戏对幼小的孩子来说具有增强体力的作用,随着幼儿年龄的增长,游戏愈来愈显示出促进智力与品德发展的重要性。他还强调共同游戏在幼儿园中的重要性,并认为许多有趣的游戏只能在集体中才可能进行。通过共同游戏,可以使幼儿学会尊重别人,使他们养成节制、友爱、勇敢等良好的品质,还可以培养幼儿间友爱和信赖的感情。

在前人对游戏价值研究的基础上,福禄贝尔第一次将游戏列入幼儿课程之中。对于游戏的本质,福禄贝尔有着自己的看法,他认为游戏是一种儿童自发的、充满愉悦情绪的活动过程,在游戏活动中,儿童可以获得大量有益的教育,通过游戏活动,儿童可以利用各种物体材料进行想象和创造,同时也可以与伙伴或成人进行交流与沟通,在游戏中学习人际交往,促进自己个性和社会性的发展。

福禄贝尔通过长期的研究把游戏分为 3 类:第一类是身体的游戏。这是一种模仿自然界的某些现象和周围成人生活中某些动作技能的游戏,是为了锻炼幼儿的身体,既可以是力量和灵活性的练习,也可以是内在生活乐趣的表达。第二种是感官游戏,既可以是听觉的练习,如捉迷藏,也可以是视觉的练习,如辨别色彩的游戏等。第三种是精神性的游戏,主要是训练幼儿的思考和判断能力等。

(二)游戏与教学法

福禄贝尔认为教育的本质在于发展幼儿内在的精神力量,保证幼儿的自由。自由活动是幼儿进行学习发展的前提,幼儿园课程的教育方法需要符合这一原则和要求,而实现这一要求的具体形式就是游戏。幼儿园不仅要为孩子提供足够的游戏材料来满足他们游戏的天性,还要鼓励他们游戏,充分激起幼儿游戏的兴趣,让他们施展自己活动的本能。幼儿园组织的游戏活动应动静交替,室内、室外活动交替进行。这样,才能使幼儿得到发展,促使他们健康成长。由此可见,游戏是幼儿园课程的教育方法的重点。

三、评价

福禄贝尔是近代学前教育理论的重要奠基人,也是幼儿园的创始人。他首创幼儿社会教育的重要形式之一——幼儿园,并组织了对幼儿园教师的训练。他详细研究了学前教育理论和幼儿园的教学方法,并在教育实践和教育理论研究的基础上创立了完整的学前教育理论体系。他明确提出了幼儿园的任务,建立了游戏的理论体系,制造了一系列的玩具,提出了一套作业体系和教育方法。他创制的恩物,作为幼儿活动的玩具,影响深远。

福禄贝尔的课程模式经历一百多年的时间演变,成为当前幼儿园课程的主要模式之一。在课程设置方面,他以儿童的需要为前提,设置宗教、科学、艺术、语言等课程,重视幼儿的全面发展。在课程内容的选择上,侧重于增加幼儿的经验性活动，最突出的一点就是让幼儿充分地接触周围事物和自然。福禄贝尔重视游戏对幼儿的教育作用，提倡手工和劳动，他的教育思想19世纪下半期资本主义国家的初等教育发展有一定的影响。

第二节　蒙台梭利教育法

蒙台梭利(Maria Montessori，1870～1952)，是世界著名的幼儿教育专家，是意大利第一位女医学博士，也是20世纪享誉全球的幼儿教育家。1907年1月，蒙台梭利在罗马的公寓内创办了“儿童之家”。她对智障儿童的教育方法进行了修改，并将之运用于教育幼儿园的正常幼儿，最终获得成功。蒙台梭利教育法的特点在于十分重视早期教育。她的教学方法从智力训练、感觉训练到运动训练，从尊重自由到建立意志，从平民教育到贵族教育，为西方工业化社会的持续发展提供了优秀的人才基础。因此，蒙台梭利被称为“20世纪赢得欧洲和世界承认的最伟大的科学与进步的教育家”。

一、蒙台梭利课程思想简介

(一)儿童观

1.儿童具有吸收性心智

蒙台梭利在其著作《童年的秘密》中指出：“存在一种神秘的力量，它给新生儿孤弱的躯体一种活力，使他能够生长，教他说话，进而使他完善……”[①]在她看来，从心理学的角度分析，儿童在出生时内心一片空白，所具备的各种能力都是通过外界获得的，儿童的心理能力和思维的发展都是在一种天然的主动的吸收外界信息的基础上，形成信息的积累，最终形成心理胚胎，使得心理开始萌芽、发展、成熟。儿童的这种主动吸收外界信息刺激、获取知识和经验的能力，被称为“吸收性心智”，也被称为“吸收力的心智”。借助于这种“吸收力的心智”，儿童通过与周围环境的接触和情感联系，在自发的活动中，获得了各种行为方式，个性也得到了进一步的发展。

2.儿童发展具有阶段性

蒙台梭利认为儿童成长的过程是有既定的“自然程序表”的。她认为在儿童连续不断的心理发展过程中，存在着阶段性，处于不同阶段的儿童在心理上有着不同的表现，因此每一个阶段都有各自不同的教育重点。

---

① (意)蒙台梭利著，乌荣根译：《童年的秘密》，第30页，北京：人民教育出版社，1990。

第一个阶段:0～3 岁。这个阶段即“心理胚胎期”,是儿童个性形成的最为重要的时期。这个阶段儿童处于无意识的思维活动时期,儿童通过感官知觉和活动探索周围的环境,吸收外界刺激,同时学习语言。因此,这一时期教育的重点是帮助幼儿获得丰富适宜的刺激,提供与环境接触互动的机会,为心理胚胎的形成提供条件。

第二个阶段:3～6 岁。这一阶段是儿童个性的形成期。儿童逐渐从无意识转化为有意识,慢慢产生了记忆、理解和思维能力,并逐渐形成各种心理活动之间的联系。在进行分类对比的同时,儿童将前期获得的感觉经验提炼,通过活动将过去吸收的经验带入意识中,获得最初的个性心理特征。因此,这一时期的教育重点则是营造积极的情境,促进的良好亲子关系和个性的形成。

第三个阶段:6～12 岁。这个阶段是儿童心理相对平稳发展的时期,同时也是儿童增长学识和艺术才能的阶段。儿童可以从更广更深的角度认识世界,具有一定的抽象思维能力,产生了道德意识和社会责任感。因此,这一阶段的教育重心要由感觉练习转向抽象的智力活动。

第四个阶段:12～18 岁。这一阶段处于青春期。这一阶段儿童的身心经历巨大变化并走向成熟。在这一阶段儿童开始逐步出现高级的情感和道德感,产生爱国心、责任感和荣誉感,兴趣爱好趋向稳定,能根据自己的兴趣探索事物。此时的教育重点则是进行成人社会的道德和情感教育。

蒙台梭利认为在儿童心理不同的发展时期,成人应该为儿童提供不同的环境,使环境能够帮助儿童获得发展。蒙台梭利关于成人所提供的环境应考虑儿童年龄特点的观点,是形成她教育法的基础之一,在今天仍具有重要意义。

3.儿童发展具有敏感期

敏感期是指生物在其发育阶段所具有的一种特殊敏感性,它原本是人们在研究生物发展过程中发现的现象。蒙台梭利认为,儿童与各类生物相似,在成长过程中各种能力的获得与形成有着一定的敏感期。敏感期相当短暂,主要目的是帮助生物获得某些技能和特性,过了这段特殊时期,感受性就消失了。当敏感期发生时,儿童在内心会有一股无法抑制的动力,推动他们积极主动地进行探索和练习,反复地操作某些活动或工具,在短时间内获得某种能力。

蒙台梭利根据自己在观察和研究中的经验总结,指出了儿童的几个敏感期:语言发展敏感期(0～5 岁),感觉发展敏感期(0～5 岁),秩序敏感期(1～4 岁),肢体动作发展敏感期(0～5 岁)以及群体性发展敏感期等。

蒙台梭利认为儿童的发展有不同的敏感期,所以教育必须与敏感期相符合,从而促进儿童心理的正常发展,避免由于延误时机而影响儿童心理的发展。

4.儿童发展是在工作中实现的

蒙台梭利在儿童敏感期和吸收性心智等理论基础之上提出,儿童的发展需要借助具体的途径来实现，也就是通过自由活动来完成。但是与其他早期的幼儿教育专家不同的是，蒙台梭利没有把儿童的自由活动归为游戏，而是用“工作”一词来表示。蒙台梭利的“工作”是指那些身心协调、手脑结合的活动，是儿童在“有准备的环境中”与环境相互作用的活动，是儿童自我成长、自我建构的过程。

蒙台梭利的“工作”和游戏有着很大的区别。她指出一个完整的活动要经过4个步骤：产生兴趣、进行操作、产生专注与完成活动。“工作”从产生兴趣到完成活动，而游戏只要走完过程的两个步骤即从产生兴趣到进行操作即可。“工作”重点在于促进孩子发展兼愉悦孩子的身心，而游戏的重点是愉悦兼发展。蒙台梭利认为游戏特别是假象游戏会把儿童引向不切实际的幻想，不可能培养儿童严肃、认真、准确、求实、有责任感和严格遵守纪律的精神和行为习惯。只有“工作”才是儿童最主要和最喜爱的活动，而且只有“工作”才能培养儿童多方面的能力并促使儿童全面发展。

（二）教育观

1.主张自由教育

蒙台梭利主张自由教育，强调儿童有权利选择自己要做什么和决定自己的工作要做到什么程度。她认为儿童的发展是自己工作的结果。只有在自由的条件下产生的“自我创造”才可能成功。因此，她认为教育的任务就是给儿童提供一个适宜的环境，使其在此环境中发展自身的自然能力。她认为教师的职责就是建立常规和排除儿童自然发展中的障碍，观察儿童的表现和了解儿童的需要，以更好地承认、培养和保护儿童自身的能力，并给予间接的帮助。赋予儿童自主活动和工作的权利与空间，是蒙台梭利教育观的特色之一。

2.提供有准备的环境

蒙台梭利认为环境在教育上扮演着非常重要的角色。由于儿童的吸收性心智驱使儿童主动地从外界环境中获取信息，因此提供有选择的适应环境可以促使儿童健康成长。所以，教师要为幼儿提供一个有准备的环境。所谓有准备的环境，一方面是指充满爱与快乐的心理环境，另一方面也是指经过教师组织与安排的物质环境。

首先，在心理环境方面。教师提供的心理环境应该是和谐的、宽松的、安全的、自由的。教师要善于倾听和接纳幼儿的想法和做法。教师扮演的角色是合作者、指导者和倾听者。蒙台梭利教育观的一大进步之处就在于把教师与儿童放在平等的位置上，反对用命令式的压制手段对儿童进行约束和管理。在“儿童之家”中，儿童要有安全感、舒适感，同时要保证儿童在工作时安静、有序、专心、愉悦。在工作中儿童通过有秩序、有步骤的操作，逐步学会安静、平和、沉稳、尊重。

其次，在物质环境方面。教师要提供丰富的教具和刺激，以保证儿童在环境中可以自由地进行操作活动，并且保证教具都是按照真实生活中的器具比例缩小的，可以介绍生活实际工作内容的。同时，环境一定要按照要求有秩序地摆放、操作。儿童可以自由地活动，选择自己感兴趣的教具，但是操作的步骤和过程是有严格规定的。

二、蒙台梭利教育方案的目的、内容、方法与组织

（一）蒙台梭利教育方案的目的

在蒙台梭利看来，幼儿教育是人类最重要的一个问题。它的目的具有两重性：生理的和社会的。从生理方面看，是帮助个人自然发展，形成健全的人格；从社会方面看，是通过教育达到建立和平、理想的社会，让战争消失，建立理想的和平世界。蒙台梭利曾提到："儿童与成人社会的两个不同部分，彼此应相互合作、交流、扶持……迄今为止，人类社会的进化，还只是绕着成人的希望打转。因此，当我们建立此一社会时，儿童一直被我们遗忘。正因为如此，人类的进化只能比喻为一条腿的进化。"[①]因此，蒙氏呼吁若能把重心从成人社会转移到儿童，我们将改变文明的轨迹。

（二）蒙台梭利教育方案的内容

蒙台梭利教育的内容是以感官教育为核心的，继而形成了一整套系统而丰富有趣的教育内容。包括感官教育、日常生活练习、语言教育、数学教育及文化科学教育等多个领域。按照由具体到抽象、由简单到复杂等原则，进行了开创性的教育内容开发与设计。

1. 感官教育

蒙台梭利认为，感官活动是一切智能发展的基础，因而感官教育是她的教育内容中最重要，也是最富有特色的部分。感官教育的具体内容包括视觉、听觉、触觉、嗅觉、味觉练习 5 个方面的工作。感官教育的内容之间并不是完全区分开的，许多教具可以同时完成多种感官练习。

视觉：粉红塔、棕色梯、彩色板、二倍体、二项式、三项式、几何嵌图橱等。视觉训练在于帮助儿童提高鉴别度量的视知觉，鉴别颜色、形状、大小、高矮、长短及不同的几何形体。

听觉：听觉筒（在相同形状和颜色的小木桶内放入不同质地的材料，儿童在

---

① 简楚瑛：《学前教育课程模式》，第 16 页，上海：华东师范大学出版社，2005。

摇动时感知声音的差异)。听觉训练主要使儿童习惯于辨别和比较声音的差别，使他们在听声训练过程中，培养初步的审美和鉴赏能力。

触觉:砂纸板、温度板、重量板等。触觉训练在于帮助儿童辨别物体是光滑的还是粗糙的，辨别温度的冷热，辨别物体的轻重和大小、厚薄、长短等。

嗅觉:嗅觉瓶。在形状、颜色相同的小木筒或者容器内放入不同的安全材料，如花瓣、香精、碘酒、味觉料等，让儿童感知气味的差异。

味觉:味觉瓶。在相同的容器内，放入安全的材料，供儿童进行品尝，感知味道的差异。

在进行感官训练时蒙台梭利强调:

(1)感觉教育的刺激应孤立化。她主张不同感官训练要采用不同的方法和材料，使训练材料集中在“某种感觉”的某种属性上进行。蒙台梭利希望通过这种感觉训练，使儿童成为更加敏锐的观察者，提高他们的感受能力。

(2)强调感官教育要把握“敏感期”。蒙台梭利认为3～7岁是儿童视觉、听觉、触觉、味觉、嗅觉等感官能力发展的敏感期，感官教育一定要在这一时期内进行，如果忽视了这一时期的感官教育，就无法进行补救。

(3)感觉训练要通过具体的步骤和程序。蒙台梭利认为不论训练何种感觉，都要按照“三段式”练习法进行。

第一，命名:建立感知觉与其名称的联系。如向儿童出示红色物体，同时告诉他“这是红色”;再出示蓝色物体，告知“这是蓝色”，然后放在儿童面前，让他们感知。

第二，确认:按老师说出的名称拿出相应的物体，如老师对儿童说“给我蓝色的积木”或“给我黄色的积木”，儿童按要求分别拿出相应的物体。

第三，记忆:儿童自己说出物体的名称。如教师指着物体问:“这是什么?”要求儿童回答。

2.日常生活练习

日常生活练习是蒙氏课程方案中教育内容的重要组成部分。通过日常生活的练习，让儿童学会生活自理的基本技能，发展大小肌肉动作和肢体的协调，学习自我控制，培养独立、自主、专心、合作的态度，最终使儿童形成自立能力与精神以及健全的人格。

(1)基本动作练习。包括坐、走、站、抓、握、倒走、夹、绕线等。

(2)自我服务练习。包括穿脱衣服、刷牙、洗脸、洗手、梳头等盥洗活动。

(3)做家务的能力。包括扫地、拖地板、擦桌椅、端盘子、整理房间等。

(4)与他人交往的能力。包括打招呼、语言沟通等。

3.语言教育

蒙台梭利认为语言是儿童思维发生的外在表现，同时也是高级心理活动的先决条件,她认为语言能促进儿童智力的发展,因此,她非常重视对儿童进行语言教育。她认为训练儿童的语言能力,必须先训练其听觉,所以蒙台梭利语言教育的内容包括听说教育、读的教育和写的教育3个部分。

(1)听说教育。蒙台梭利认为儿童的语言习得过程尤其是口语的习得过程主要是依赖于吸收性心智获得的,因为儿童具备积极主动地吸收外界信息刺激的能力,语言学习也是如此。蒙台梭利提出听说教育包括口语经验的发展,如分类卡游戏、语言游戏等;口语表达理解力的发展,如讲故事、背诵诗歌和故事等。

成人和教师需要做的工作就是为儿童提供有准备的环境和适宜的刺激,为儿童的语言习得提供丰富的信息,让儿童在多听、多看、多说的环境中循序渐进。

(2)读的教育。关于读的教育,蒙台梭利采用三段式教学法进行。即命名(例如教师出示苹果,进行命名,告诉孩子这是"苹果")、辨别(教师出示很多水果,让孩子找出苹果在哪里)、发音(教师指向苹果,向孩子提问"请你告诉我这是什么")。蒙台梭利提出读的教育内容包括阅读练习与语言常识。

(3)写的教育。蒙台梭利认为写的教育包括书写的预备与书写的练习。她认为儿童书写过程和听说、读的过程不同,不能自然地获得。因此,她利用儿童喜欢观察的特点,为儿童设计了文字教育的教具,如注音符号砂字板、金属嵌板、砂纸文字、书卡集等,为儿童进行书写活动练习提供帮助,以提高儿童的书写能力。

4.数学教育

数学教育是蒙台梭利方案中富有特色的一个领域,蒙台梭利设计了大量教具,把丰富的数学常识传授给儿童。她认为3岁的幼儿在进入学校之前已懂得数数,所以很容易学习计数。她为幼儿设计了计算方面的内容,包括:数数,数字练习,用书写符号表示数,数的记忆练习,从1到20的加减乘除法,10以上的算术运算等。此外,在十进制转换、四则运算、平方立方、线性代数、分数等多个领域都设计了教学内容。所以,在数学教育方面,除了运用感觉教育的教具外,蒙台梭利还设计了一套数学教育的教具,而且数学教具的运用是与教学目的相匹配的,例如运用教具数棒、砂纸数字板、纺锤棒和纺锤箱等让儿童理解0~10的数字和数量。运用教具金色串珠、数字卡片等让儿童认识十进位的逻辑思考等。

5.文化科学教育

文化科学教育涵盖的内容非常广泛,包括天文与地质、地理与历史、植物与动物及人类艺术等多方面的知识经验。通过学习科学文化知识可以发展儿童智慧,因此她主张利用3~6岁这个容易获取文化并自然成熟的时期,让幼儿初步掌握一些简单的科学文化知识。蒙台梭利设计了许多种教学内容,包括考古游戏、挖宝藏、生命带、参观博物馆、艺术卡片、矿石标本、动植物标本、图片卡等多种形式。除此之外,蒙台梭利还提供了相对宽松的空间,由各个国家和地区根据各自的特点制定因地制宜的学习内容。

（三）蒙台梭利教育方案的组织与实施

蒙台梭利的课程是以儿童的内在需求为出发点的，要求必须仔细观察儿童并充分了解可以帮助他们发展的活动。其教育内容的组织是以教具为中心，教具依据儿童各个敏感期设计，其顺序性很清楚，儿童可以按照自己的进度去操作；也不必特别按年龄去计划，儿童可以按自己的能力去发展，不需他人指定。对于教育方案的实施，蒙台梭利提出了以下建议：

1. 有准备的环境

蒙氏教育的组织实施是以环境为基础的，她认为儿童的吸收性心智使得儿童能够积极主动地从外界获取信息刺激，因此，要为儿童提供有准备的环境，保证儿童从环境中获取有益的知识经验，促进自身的健康发展。对于有准备的环境，蒙台梭利有着严格的规定：必须有秩序地摆放教具，同时各种工作的进行也要有秩序地展开；环境要给人一种美的感受，给人以舒适的体验，并且一定要保证安全；蒙台梭利主张给儿童自由，但是前提是要遵守各项要求和秩序。在这个前提下，儿童可以随意活动，教师不应对儿童进行过多的干涉，而应给予儿童更多的自我探索和教育的机会。她认为儿童是通过工作来发现和学习的，因此，为儿童提供的教具需要具有真实性，除了有些工具根据需要进行比例缩小之外，其他的与成人使用的工具要没有差别，而不是娃娃家游戏所使用的道具；对于“儿童之家”的人数，蒙台梭利主张不能超过25个，并且主张实行混龄制，3～6岁儿童各占1/3。

2. 教师

蒙台梭利教育法是以自我教育为主的，在教育活动中，儿童是主体，是中心，儿童全神贯注地从事各自的工作，独立操作、自我发现、自我教育和发展。教师在“儿童之家”中有多种表现，通过扮演不同的角色来完成教育任务。首先，幼儿教师应是一位观察者，在完成示范工作后，需要在环境中观察儿童，倾听他们的声音，了解他们的需要，有针对性地进行指导和帮助。其次，教师是一位示范者、指导者。在每项工作进行之前，教师要有充分的准备，对于自己示范工作的程序和步骤没有精确掌握的教师是不合格的。而且教师必须是一位明察秋毫、反应敏锐、冷静沉着、精明能干、有教育艺术才能的儿童活动的自觉指导者。

3. 教育方法

蒙台梭利的教育方法包括很多种：示范法，即教师向儿童进行示范，可以保证儿童操作活动和步骤的完整性、正确性，儿童通过观察和模仿进行学习；三阶段教学，即在儿童认识过程中利用“命名－辨别－发音”3个步骤进行；自我教育，蒙台梭利强调要儿童自主学习，认为儿童可以在操作过程中了解并掌握学习内容。

三、蒙台梭利教育方案的评价

蒙台梭利课程模式至今仍然是世界范围内影响非常大、应用非常广的一种课程模式，其之所以具有如此魅力，主要是因为它重视儿童的内在需要，强调对儿童的尊重和信任，强调对儿童秩序感的培养，鼓励教师进行耐心、细致地观察与指导，提倡创设良好的环境，教师与儿童处于平等的地位，教师要有新奇有趣的教学方法，同时，又要有完整成套的教具材料来具体实施，使儿童在操作的过程中主动学习，自我发展。然而，蒙台梭利的方案毕竟脱胎于智力残障儿童的训练方案，因而存在一定的局限性。

（一）孤立的感官训练

蒙台梭利强调鼓励训练各种感官。她设计的每一个感官教具均是针对特定感官的，通过各种感官的“困难度孤立”的训练，发展儿童的感知能力。这是一种严重脱离现实生活也脱离实际的做法，并不是完全适合儿童发展需要的。

（二）忽视儿童创造力的培养

首先，蒙台梭利虽然强调在操作教具时给儿童自由，但这种自由只是选择教具和选择操作时间上的自由；蒙氏教育中反复的、唯一的操作模式和练习过程不利于儿童的想象能力和创造能力的提高。

其次，在蒙氏教育中缺乏能发展儿童创造力的自由的艺术教育。在蒙氏教育中，虽然孩子也使用艺术教具，但已被指定在既定的目标上创作，只强调技巧及实体复制的做法，也反映了蒙氏教育对创造力的忽视。

（三）缺乏社会互动的机会

蒙台梭利课程强调个别化的学习，强调每个孩子依据自己的需要选择教具、材料，自己进行操作，自我发现，因而缺乏与同伴协商和合作的机会。虽然有混龄班的理念，但是相互间的沟通只局限于在特定的工作和活动中，这也需要改进。

蒙台梭利教育方案是一个不断发展、不断改进的方案。随着蒙氏教学法被广泛应用，不同的国家和地区都针对自己的实际情况进行了改进，这给我们一个启示，借鉴任何课程关键不在于形式上的相似，而在于掌握其教育的精髓。

第三节 瑞吉欧幼儿教育体系简介

瑞吉欧·艾米莉亚(Reggio Emilia)是意大利北部的一个小城镇,具有良好的城市公共生活的传统与艺术、人文的精神氛围。20世纪60年代,创始人马拉古齐(Loris Malaguzzi)依靠城镇全体教师数十年的艰苦奋斗、共同研究与实验探索,依靠市政府的资助及社区民众的全力支持,把瑞吉欧项目活动课程模式变成了继蒙台梭利模式之后世界范围内最具影响力的课程模式之一。瑞吉欧课程模式尊重儿童的权利,相信儿童的能力,从儿童的角度看问题等观点深入人心。

一、瑞吉欧课程模式的基础和基本观点

瑞吉欧幼儿教育体系的形成除了受意大利自身幼儿教育的传统的影响外,也深受欧美进步主义教育思想及皮亚杰、维果斯基等建构主义心理学的影响,此外,布鲁纳的教学思想、布朗芬布伦纳的教育生态学观点以及加德纳的多元智能理论等,也是瑞吉欧教育体系的"营养源"。可以说瑞吉欧教育体系是一个开放的体系,它不断地吸收有利于自己发展的思想精髓,并将之融化、提炼、升华,最后创造出属于自己的文化内涵,形成瑞吉欧独有的教育文化和理念。

(一)儿童观

1.儿童是具有生存和发展权利的人

瑞吉欧教育体系认为,儿童是一个个体,他们与成人具有相同的生存和发展的权利,儿童不是附庸,他们利用自己的方法去认识和了解世界。

2.儿童具有巨大的发展潜能

儿童富有好奇心、创造性,具有可塑性。他们有强烈的学习、探索和了解周围世界的愿望。强烈的求知欲促使儿童主动地进行发现和学习,他们能够在与环境的交互作用中主动地构建属于自己的知识经验体系,形成对世界的认识。

3.儿童是主动的学习者

瑞吉欧教育体系认为儿童的学习过程不应是由外界推动的,而是要儿童自己积极主动地进行发现和学习的。正如马拉古齐所言:"幼儿的学习并非教师教授后一个自行发生的结果,反而大部分是由于幼儿自己参与活动的结果及我们提供的资源。"①

---

① (美)爱德华兹著,罗雅芬等译:《儿童的一百种语言——瑞吉欧·艾米莉亚教育取向——进一步回响》,第73页,台北:心理出版社,1998。

4.儿童都是艺术家

每个儿童都是艺术家,他们可以借助绘画、唱歌、跳舞、游戏、雕刻、叙述等各种形式和途径来表达自己的感受和认识,表达的是一种颇具艺术性的认识。“就大多数的学龄前幼儿而言,使用视觉与图像语言来表达自己对世界的探索或理解是最直接有力的”。[①]

(二)教育观

1.教育注重内在品质的培养

瑞吉欧教育体系的教育目标并不是建立完整的、显著的外在目标体系,而是注重儿童内在精神品质的构建。儿童的好奇心、求知欲、主动学习的倾向、合作发展的意识、多元化的审美和丰富的想象力及创造力是瑞吉欧教育体系追求的主要目标。瑞吉欧教育体系反对用所谓的科技理性去约束儿童,认为会把原本人类所具有的许多天性和能力割裂或者束缚,把儿童的视野和思维禁锢起来了。

2.教学方法

瑞吉欧教育体系认为儿童的学习与成人有着很大差异,他们通过与环境的交互作用,在发现中学习,创造性地构建了属于自己的理解和认识。它认为语言文字教育不是最适宜儿童的一种方式,教育者需要做的是为儿童提供并创设适宜的学习环境,在与环境的相互作用的过程中形成智慧,获得思考的能力。

3.注重合作与交流

瑞吉欧教育体系认为儿童的学习是一种互动的社会建构的过程。儿童在与同伴合作与交流时,更容易集中注意力倾听别人的意见,对活动的好奇心和兴趣更为明显。提问和回答问题的可能性更大,与同伴协商和生动地表达自己意见的机会更多,同时,儿童之间出现认知冲突的可能性很大,因而同伴交往过程实际上是一个引发儿童共同建构新的学习和发展的过程。

4.儿童是学习的主体

瑞吉欧教育体系中儿童的学习意愿、学习方式、学习结果都是由自己选择和决定的,教师的作用是教育的补充资源,是儿童学习活动的服务人员。教师的主要职责是参与儿童的活动,为他们提供建议,提供活动的主题和资源,但是提供的资源要多元,可供儿童自由的选择,儿童是最终的决定者。

5.抓住合适的教育时机

瑞吉欧教育理论认为教师不是教育活动的主导者,但他们可以为儿童提供适当的帮助和建议,教师可以在适当的时候有限度地参与儿童的活动,和儿童一

---

① (美)爱德华兹著,罗雅芬等译:《儿童的一百种语言——瑞吉欧·艾米莉亚教育取向——进一步回响》,第38页,台北:心理出版社,1998。

起越过障碍，保证活动的顺利进行。

6.充分利用社区资源

瑞吉欧教育理论认为教育机构就是一种儿童、教师、家庭及社区之间沟通、交流与互动的体系，从而整合成为更大的社会系统。充分利用社区资源，为儿童提供适宜的发展环境是瑞吉欧教育理论的一大特点。瑞吉欧认为社区拥有一定的权利和义务向儿童提供帮助，为儿童的发展提供良好的生态环境。

二、瑞吉欧课程模式的体系

（一）课程目标

瑞吉欧课程模式没有明确的教育目标体系，而是用一种精神理念在营造和运行教育方案。当然，瑞吉欧的课程目标与教育目标还是有迹可循的，追求儿童的健康、快乐、幸福成长是其核心的理念，发展儿童的积极性、主动性、想象能力、创造能力和审美能力是其主要内容。

（二）课程内容

没有明确的课程目标，也就直接导致瑞吉欧教育体系没有明确的课程内容。瑞吉欧课程的内容来自于儿童生活中感兴趣的事物、现象与问题，来自于他们的经验及所进行的活动。瑞吉欧课程内容的特点可以被概括为：没有固定的课程内容、没有固定的教材方案、把日常生活作为设计课程内容的来源、课程内容由儿童讨论决定。

（三）课程组织与实施

瑞吉欧教育体系的课程与教学主要是以“项目活动（Project Approach）”或“项目工作（Project Work）”的方式展开的，项目活动是瑞吉欧课程与教学的主要特色。

所谓项目活动是指儿童在教师的支持、帮助和引导下，像研究人员一样，围绕大家感兴趣的生活中的“课题”（“主题”或“题目”）或认识中的“问题”进行研究、探讨，在共同的研究探讨中发现知识、理解意义、构建认识。项目活动主要采取小组活动的方式，有时也有个人或全班集体的活动。

瑞吉欧教育体系的课程组织与实施过程有着自己的特色和方法。

1.弹性计划

项目活动的具体实施过程体现了瑞吉欧课程计划的类型——弹性计划。所谓弹性计划，即教师预先制定出总的教育目标，但并不为每一项目或每一活动事先制定具体目标，而是依靠他们对孩子的了解以及以前的经验，对将要发生的事情提出种种假设，依赖这些假设，他们形成灵活的、适宜的目标。孩子的需要和兴趣既包括在项目中孩子所表现出来的，也包括那些在项目发展中由老师推断和引发出来的。

瑞吉欧课程体系不预先设定每一项目或每一活动的具体目标，并不意味着在活动开展之前教师毫无计划，只是这种计划不是针对活动的具体目标与程序，而是考虑到孩子可能的想法、假设和象征，及他们可以被引导的方向，是对多种可能性的"假设"。只有当教师自己设想过足够多的可能性时，才更容易接受未知的想法，对新的想法也更易接受。

瑞吉欧教育活动的进行在很大程度上并不依靠开始的计划(假设)，而是依靠孩子们的反应和教师灵活的策略。教师根据自己对幼儿细致的观察，从他们的反应中敏感地捕捉蕴含其中的巨大的学习价值，给予及时而适当的引导。可以说，是幼儿和教师一起，共同引导和促成课程的发生、进行和终结。这样，课程就寓于活动之中，寓于生成之中，寓于师生的互动之中。

"弹性计划"不仅使老师对活动接下来的发展阶段有了充分的准备，而且为儿童的参与、为课程的发展、为那些不期而至的教育契机留下了足够的空间。

2. 合作教学

合作教学是瑞吉欧课程组织的又一鲜明特色。合作教学是指在项目活动过程中，教师与儿童之间是合作关系，双方共同商讨、探究，形成活动主题，然后把活动进行下去。

合作教学强调师生合作对某一问题进行研究。教师"必须接住儿童抛过来的球，并以某种形式推挡回给他们，使他们想同我们一起继续游戏，并且在一个更高的水平上继续游戏，或许还能发展出其他游戏"。① 但瑞吉欧的教师从不因此试图去控制、限制幼儿的行为，代替幼儿的研究探索；相反，他们非常注重幼儿自己的主动探索和自由表达。因此，瑞吉欧的教师更多的是通过一些试探性的提问或商谈式的建议，来引发幼儿自己的探索和表达。另外，在这种合作的过程中，作为对活动的结果有所期待、有更多自觉性的教师而言，其重要任务之一是将幼儿的兴趣和努力聚集在一个主题之上，使孩子愿意继续下去。要做到这一点，如何把"球推挡回给孩子"就很重要了，瑞吉欧的教师不是借助于明确的控制和规范，而是通过教师对幼儿的活动的关心、支持、建议和帮助来实现活动的继续和延展。

3. 档案支持

档案作为瑞吉欧教育体系的项目活动记录，很好地支撑了活动的进行。档

---

① (美)爱德华兹等著，罗雅芬等译：《儿童的一百种语言——瑞吉欧·艾米莉亚教育取向——进一步的回响》，第202页，台北：心理出版社，1998。

案的内容主要是教师对儿童在日常生活和项目活动中的具体表现，以及他们的语言、动作、情感、个性、同伴交往、活动成果展示、成长轨迹等进行记录，并进行注释和说明，以此为依据，给出建议进行相关的评论。档案的形式除了语言文字的记录外，还包括图画、实物、照片、录音、录像、幻灯等。这种档案不是鉴定评语，而是教师之间以及教师和幼儿之间进行交流和学习的文件，是共同工作的结果。

高质量的档案可以激发儿童的学习兴趣，可以推动教师的教学，还可以调动家长和社区的参与积极性，赢得他们的理解和支持。

4. 小组工作

瑞吉欧的项目活动是以小组的形式展开的，通常每个小组会有3～5名儿童，儿童在小组中互相协作完成活动。小组活动为每个孩子提供了机会，使他们能意识到自己的观点与他人的不同，不仅能使儿童意识到自己独特的想法，产生自我认同感，而且能使儿童在与他人的交流中，学会接纳与欣赏别人的思想和观点，认识世界的多元性。在这个过程中他们获得的不仅仅是友谊和情感，还有认识上的满足。当然，瑞吉欧教育工作者认为，小组活动中儿童之间应有适当的差异，才能产生交流与沟通，但这种差异又不能太大，以免失衡。

5. 深入研究

瑞吉欧的项目活动强调的是研究，是对某一主题进行系统、详细的研究过程。这种深入研究突出地体现在活动中幼儿对同一想象、概念多角度地全面认识以及在多种水平上不断地提升认识。可见，瑞吉欧的项目活动不是一条直线，而是存在大量的循环和反复，促使幼儿的学习更加充分。

6. 图像语言

在幼儿小组围绕着一个共同的“项目”研究的过程中，瑞吉欧鼓励儿童运用图像语言进行沟通和交流。儿童图像语言包括绘画、雕刻、泥塑、照片、手工作品等。对于儿童来讲，图像表现是一种比文字简单而且清楚的沟通工具，运用它就可以使他们多样化的想法、意念得以形象化，而且幼儿也喜欢用这种独特的方式来表达。利用这种途径儿童可以自由地进行记录，把自己的记忆、推断、理想、假设、观察等通过图像语言来展示。瑞吉欧给予儿童自由表达的权利和机会，让儿童用自己喜欢的方式认识世界，也让这个世界认识他们。

三、瑞吉欧课程模式的评价

瑞吉欧的项目活动课程模式适应了当前时代和社会发展的要求，用儿童喜欢的方式进行教育和探究活动，在世界范围内产生了积极而重要的影响，其成功之处在于能够正确地认识儿童、理解儿童，同时也迎合了社会的需要，对于社区资源的利用也是它的一大特色。

瑞吉欧课程模式为世人创造了一个与众不同的教育与课程构架，为世界的幼儿教育提供了一个最佳的教育典范。然而，我们也不能盲目照搬瑞吉欧课程模式，不同的文化背景孕育了不同的教育实践，我们需要的是开放的心态与理性的思维，不断地学习、不断地融入与发展。

第四节 陈鹤琴的“五指活动”课程

陈鹤琴(1892～1982)，浙江上虞人，是我国现代教育史上杰出的教育家、儿童心理学家、儿童教育专家，是我国现代幼儿教育事业的开拓者。1923年，陈鹤琴在南京创办了中国第一所幼稚园——南京鼓楼幼稚园，开始探索幼儿教育中国化的改革之路。在长期的实践中，陈鹤琴先生提出了“活教育”的思想，在其中重点阐述了具有独创性的幼稚园课程结构——“五指活动”理论，极大地推动了中国幼稚园课程的发展。

一、“五指活动”课程的基本理论观点

陈鹤琴先生曾留学美国，师从克伯屈、孟禄、桑代克等名师，深受美国进步主义教育思想的影响，反对传统的灌输式教学，主张“做中学”。他认为儿童不是成人的缩影，而是有着自己独特的心理、生理特征的个体，儿童期有自身的存在价值。针对当时国内幼儿教育的弊病，他提出了15条主张，并以自己的实验研究为基础，融合各家理论之长，提出了“活教育”的理论体系，作为“五指活动”课程的重要理论基础。

(一)活教育的目的论

陈鹤琴先生指出，活教育的目的就是做人、做中国人、做现代中国人。这样的人应该是这样的：要有强健的身体、要有建设的能力、要有创造能力、要有合作的态度、要有服务的精神。

(二)活教育的课程论

针对传统教育“书本万能、课程固定、教材呆板”的现象，再结合长期的实验研究，陈鹤琴先生提出了“大自然、大社会都是活教材”的观点。陈先生认为，大自然、大社会才是活的书、直接的书，应该向大自然、大社会学习。

(三)活教育的方法论

“做中教、做中学、做中求进步”是活教育的基本方法。活教育非常重视直接经验，强调以“做”为中心，主张儿童在学校里的一切活动，凡是儿童自己能够做

到的，就让他们自己做，因为做了就与事物发生直接的接触了，就能得到直接经验，就知道做事的困难，就认识了事物的性质。

二、课程目标

课程目标是一切教育活动的方向，而确定目标首先要确立儿童是主体的思想。陈先生指出，儿童、教师和教材是教育的三大要素，作为教师首先要了解儿童的个性，然后选择适合的教材，使用恰当的教育方法，以达到所希望的目的。“五指活动”课程的具体目标有：在做人方面，主张培养出的人应该具有合作精神、有同情心和服务精神；在身体方面，要有健康的体格，养成卫生习惯，并有相当的运动技能；在智力方面，要有研究的态度、丰富的知识和表意的能力；在情绪方面，能欣赏自然和艺术美，养成快乐的精神，打消惧怕的情绪。

三、课程内容

课程内容是实现教育目标的支柱。选择什么样的课程内容来实现学前教育的目标呢？陈鹤琴曾说过：“儿童的世界，是由儿童自己去探讨，去发现的。他自己所求来的知识，才是真知识，他自己所发现的世界，才是他的真世界。”因此，陈鹤琴提出了自己著名的观点——“大自然、大社会都是活教材”。

陈鹤琴以人的5根手指作为比喻，创造性地提出了“五指活动”理论。他认为幼儿园的课程内容应该包括以下5个方面：

(1)儿童健康活动，包括饮食、睡眠、早操、游戏、户外活动、散步等。这类活动的目的在于促进幼儿身体的健康发展。

(2)儿童社会活动，包括朝会、夕会、周会、纪念日集会、每天的谈话及政治常识等。通过这些活动，让幼儿了解社会、了解生活，学习社会、学习生活。

(3)儿童科学活动，包括植物栽培，动物饲养，自然现象的研讨，当地自然环境的认识。通过这类活动让幼儿了解自然，培养幼儿对学习自然知识的兴趣。

(4)儿童艺术活动，包括音乐(唱歌，节奏，欣赏)、美工等。艺术活动不仅能陶冶幼儿的情操，而且是帮助幼儿学习自然、学习社会的最活泼的形式。

(5)儿童文学活动，包括故事、儿歌、谜语等。

学前教育课程的全部内容包括在这五指活动之中。

课程内容分为5个方面，但并不是意味着这5个方面互不相干。儿童的生活是整个的，教育的内容必定是互相连接成一个整体的。这5种教育活动，犹如人手上的5根指头，既相互分离又相互联系，互相配合，互相渗透。通过这5类活动，使儿童具有强健的身体，能够认识自己，认识环境，了解自然与生命，活跃儿童的精神，培养儿童良好的情感。

四、课程编制的原则与方法

1951年，陈鹤琴发表了《幼稚园的课程》一文。在这篇文章中，他批判了欧美国家所实行的完全从儿童出发，缺乏系统性的单元教学的课程编制模式，提出了适合我国国情的幼稚园课程编制应遵循的十大原则。这十大原则是：(1)课程的民族性：课程应是民族的，不是欧美的；(2)课程的科学性：课程应是科学的，不是封建迷信的；(3)课程的大众性：课程应是大众的，不是资产阶级的；(4)课程的儿童性：课程应是儿童化的，不是成人化的；(5)课程的连续发展性：课程应是连续发展的，不是孤立的；(6)课程的现实性：课程应符合实际需要，而不能脱离现实；(7)课程的适合性：课程应适合儿童的身心发展，促进儿童健康；(8)课程的教育性：课程应培养儿童五爱、国民公德和团结、勇敢等优良品质；(9)课程的陶冶性：课程应陶冶儿童性情，培养儿童情感；(10)课程的言语性：课程应培养儿童的说话技能，以表达自己的情感和思想。

同时，陈鹤琴主张课程还要适应儿童的需要，要适合儿童的心理、兴趣和爱好，根据幼儿好游戏、好模仿、喜好成功、喜欢野外生活、喜欢被称赞等特点来设置课程。课程编制要具有教育性、连续发展性。

陈鹤琴在课程编制原则的基础上提出了3种课程编制的具体方法。(1)圆周法，就是“各班预定的单元相同，研究的事物也相同，不过取材内容随着儿童年龄的不同而分别予以适当的教材分量”。也就是说，各班的主体相同但是具体要求要由浅入深，根据儿童的年龄来具体执行。(2)直进法，就是将儿童生活中接触的事物，按照事物的性质和内容的深浅而分布在各个不同的年龄班中，如小班研究猫和狗，中班研究羊和牛，大班研究马和虎。即是说，不同年龄班的课题和要求都各不相同。(3)混合法，在编制课程时同时采用以上方法中的任意两种。

五、课程组织方法

陈鹤琴在幼稚园课程组织上反对分科教学，认为儿童的生活是整个的，教材也必须是整个的、互相连接的，不能四分五裂、无章可循。为此，他主张幼稚园的课程要依据儿童身心发展的规律，采用“整个教学法”来组织课程内容，打破学科之间的界限，使幼儿在各个领域都能获得相应的发展。

陈鹤琴提倡的整个教学法，就是把儿童所应该学的东西整个的、有系统地呈现给儿童，让儿童去学习研究。陈鹤琴所指的五指，是活的，可以收缩的，相互联系的……课程是整个的、连贯的。依据儿童身心的发展，五指活动在儿童生活中结成一个教育的网，有组织、有系统、合理地编制在儿童的生活中。这5种教育是以单元的形式进行编排的。每个教育活动单元由若干活动中心(主题)组成，各种教育活动围绕着单元中的活动中心进行。

陈鹤琴建构的课程组织方法是一种将健康、社会、科学、艺术、语言等5种教育领域按单元形式进行编排，各单元活动围绕一个共同的目标而联系在一起的方法——“整个教学法”，又称“单元教学法”。

陈鹤琴是中国现代著名的教育家，是中国化、科学化幼儿教育的奠基人。他的“五指活动”课程是在对西方进步主义教育思想批判和继承的基础上，结合中国现实需要而提出的。五指活动课程理论影响深远，对今天的学前教育界仍有重要借鉴意义。

第五节　张雪门幼儿教育体系简介

张雪门(1891～1973)，浙江谨县人，我国近现代著名的幼儿教育学家。早在20世纪30年代，他就与我国另外一位著名的幼儿教育学家陈鹤琴一起被称为“南陈北张”。张雪门在中国近现代学前教育史上具有重要的地位和影响，尤其是他的幼儿园行为课程，是他教育思想中最具特色的一部分。

一、行为课程的基本观点

什么是课程？张雪门早在1929年就从哲学的高度提出，课程“原是适应生长基本价值的选品，其目的和自然生长完全一致”。[①]“课程是什么？课程是经验，是人类的经验，用最经济的手段，按有组织的调制，用各种方法，以引起孩子的反应和活动”。[②] 幼稚园的课程就是“给三足岁到六足岁的孩子所能够做而且喜欢做的经验预备”。[③] 可见，幼稚园课程的实质包括了儿童在幼稚园的一切经验、一切活动，甚至一切生活。

20世纪60年代，他对课程本质的理解有了新的变化，在《增订幼稚园行为课程》中，张雪门提出了“行为课程”的概念，并系统地论述了行为课程的思想。什么是行为课程？张雪门先生说：“生活就是教育，五六岁的孩子们在幼稚园生活的实践，就是行为课程……这份课程包括了工作、游戏、音乐、故事等材料，也和一般的课程一样。然而，这份课程完全根据于生活，它从生活而来，从生活展

① 戴自俺：《张雪门幼儿教育文集(上卷)》，第371页，北京：北京少年儿童出版社，1994。

② 戴自俺：《张雪门幼儿教育文集(上卷)》，第369页，北京：北京少年儿童出版社，1994。

③ 戴自俺：《张雪门幼儿教育文集(上卷)》，第24页，北京：北京少年儿童出版社，1994。

开,也从生活结束。”[①]可见,生活与行为是行为课程的基本要素。他强调幼稚园的课程是一种具体的整个活动,自然地融合在儿童的生活中。儿童先有了生活,然后才有了对教材的需要;而不是先有了教材,再去引导儿童作机械的反应。张雪门因此指出,幼稚园课程应强调直接经验。行为课程应有助于实际行为,凡扫地、养鸡、养蚕等,能够实际行动的,都应让他们实际去行动。在行动中获得的认识,才是真实的知识;在行动中发现的困难,才是真实的问题;在行动中获得的胜利,才是真实的驾驭环境的能力。

二、行为课程的结构与目标[②]

张雪门提出:“幼稚园课程的目的,在于联络孩子们的旧观念,以引起其新观念的产生,更谋其旧经验的打破,新经验的建设。”他认为成人的需要不是儿童的需要,成人的经验不是儿童的经验。儿童所反应的是他自己环境里的社会,而不是成人的社会。因此,他主张幼稚园的课程目标在于满足儿童身心发展的需求,教会儿童扩充经验的方法,提高其生活自理能力,从而使幼儿身心得到全面的发展。

张雪门根据幼稚园课程的特点,构建了幼稚园课程结构和相应具体的教育目标。他认为幼稚园课程由游戏、自然活动、社会活动、工作与美术活动、故事和歌谣(言语与文学)活动、音乐活动、常识活动等方面组成。

游戏活动包括感觉游戏、竞争游戏、社会性游戏、猜测游戏、表演游戏、节拍游戏等;自然活动包括饲养小动物、种植植物、观察自然现象、旅游参观、科学小实验等;社会活动包括有关家庭的认识活动、参观附近的社会场所和设施活动、了解各种职业的活动、了解其他社会团体的活动、节日和纪念日活动等;工作与美术活动包括参加家庭与学校的工作、模拟成人的职业工作、模仿成人家庭的工作、美术工艺活动等;言语与文学活动包括自由谈话、特殊谈话、有组织的团体谈话和活动、述说故事(动物故事、神仙故事、浅显的科学故事、笑话、寓言、名人故事、传说)和歌谣(儿歌、民歌、谜语、游戏歌)等;音乐活动包括听音乐、辨音、拟音、唱歌、演奏简单的乐器等;常识活动包括关于衣、食、住、行方面的生活活动,关于家庭、邻里、工厂、商店、公共机关和社会团体方面的认识活动,关于节日和纪念日的活动,以及其他自然方面的活动。

---

① 戴自俺:《张雪门幼儿教育文集(下卷)》,第 1088 页,北京:北京少年儿童出版社,1994。

② 陈文华:《幼儿园课程论》,第 167 页,北京:科学出版社,2011。

三、行为课程的内容

在行为课程的内容方面，张雪门先生使用了“教材”一词。他说：“儿童到幼稚园要学什么？幼稚园教师需教些什么？教和学又怎样地联络起来？这三个问题就是幼稚园教材研究的中心。”[①]不过，他所指的教材与我们传统的教材有所不同，“幼稚园教材是指在幼稚园的时候儿童生活的经验”。[②]“教材的范围很广，并不限于一首歌曲、一件手工，凡儿童从家到校，从校到家，在家庭、道路、幼稚园所受到的刺激，能够引起儿童生活的要求、扩充儿童生活的经验、潜移儿童生活的意识都是”。[③]“教材不管是现成的，还是创造的，其唯一目的，就是充实幼儿的生活，绝非灌注他们的熟料。因为教材的目的在于充实幼儿的生活，所以，对他们仅是活动而非知识。虽然活动里面未免不含有知识，但绝不是特殊地抽出来的死知识，而教材在儿童生活上的功能，是一种开始，而不是结果”。[④]张雪门先生认为教材的经验来源于3个方面：一是本身个体发展而得，二是和自然环境相接触而得，三是从社会交际环境获得。

张雪门先生把行为课程的内容划分为：(1)儿童自发的诸般活动，即儿童自身发展过程中开展的一些活动；(2)儿童生活的自然环境，即儿童周围生活中一切有关自然界的事物与知识，如植物、动物、旅行，儿童认识各种自然现象的活动；(3)儿童的社会环境，即与儿童现在生活、未来生活相关的社会生活知识，如家庭、临近的地方、各种职业活动等。由此可见，张雪门行为课程的内容就是儿童周围的自然环境与社会环境中能为儿童所接受并有助于其身心发展的各种经验。

四、行为课程的编制和实施原则

张雪门认为，儿童因身心与环境相互作用的结果而成长，在这种成长的过程中，儿童获得的是经验。张雪门认为，幼稚园课程应该密切联系幼儿生活经验，适应儿童的发展，因此，他确定了一些幼稚园行为课程的编制原则。

---

① 戴自俺：《张雪门幼儿教育文集（上卷）》，第394页，北京：北京少年儿童出版社，1994。

② 戴自俺：《张雪门幼儿教育文集（上卷）》，第404页，北京：北京少年儿童出版社，1994。

③ 戴自俺：《张雪门幼儿教育文集（上卷）》，第394页，北京：北京少年儿童出版社，1994。

④ 戴自俺：《张雪门幼儿教育文集（上卷）》，第395页，北京：北京少年儿童出版社，1994。

第一,整体性原则。“幼稚生对于自然界和人事界没有分明的界限;他看宇宙的一切的一切,都是整个儿的。花开、鸟啼、客人来,凡能够引起他注意的,没有一样不当作自己的生活看待”。[①] 因此,幼儿园的课程应打破学科的界限,让各种科目都变成幼儿整体生活的一面,构成一种具体的整个活动。

第二,注重儿童的直接经验。张雪门认为,儿童直接的经验虽不如传授的经验整齐、经济,但对于儿童来讲,直接的学习价值更大。

第三,偏重于儿童的个体发育。张雪门认为在编制幼稚园课程时,不能忽略社会的需要,但更重要的是发展儿童自身的需要和能力。

幼稚园行为课程在实施上,应注意以下两个原则:

第一,课程固然属于自然行为,但却需经过人工的精选。在课程设置时要考虑儿童能否在活动中获得想得到的知识、技能习惯、态度等,是否具有代表性。

第二,课程固然重劳动行为,但是却需在劳动上劳心。“从做中学”是行为课程的中心,“做”是劳动,而这个劳动,不只是身体的劳力而已,更需要在身体劳力的同时劳心(运用心思),因为只劳心的人不能真的把事做成,只劳力(动)的人则只会动手不动脑。即要求儿童在活动的同时,也要注意培养他们的智能和感情。

张雪门在具体实施行为课程的过程中,确立了运用设计教学法来拟定行为课程计划,并采用单元教学的方式来进行,具体包括:(1)动机:行为课程把激发儿童的学习动机放在第一位。(2)目的:行为课程的目的并不是儿童自己学习的目的,而是指教师希望儿童在这一行为中所获得的进步。(3)活动:为了达到教学目的,张雪门认为必须认真设计“活动的要领、参加的人数、活动的时间和地点及每一小段的程序”等。这一步骤主要是计划预设活动,所以只做大体轮廓的估量,在之后的行为实践中,就应做详细的计划,以便切合实际需要。(4)活动过程。张雪门先生指出:“活动如何开始?如何展开?如何结束?在组织课程时,是一种极重要的估量。”[②]然而它只是行为的要点,尚且缺乏具体的内容,所以必须拟定具体的活动过程,便于教师进行指导。(5)工具及材料。张雪门认为这一项的估量,虽然仍旧根据固有的各种科目拟定具体的工具和材料,但由于行为不是机械的,所以也有一定的变化。然而,“在线索范围内,力求切合动作上的需要,当然是准备上的必要了”。[③]

---

① 戴自俺:《张雪门幼儿教育文集(上卷)》,第 342 页,北京:北京少年儿童出版社,1994。

② 戴自俺:《张雪门幼儿教育文集(下卷)》,第 1094 页,北京:北京少年儿童出版社,1994。

③ 戴自俺:《张雪门幼儿教育文集(下卷)》,第 1095 页,北京:北京少年儿童出版社,1994。

由此可见，行为课程是起于活动而终于活动的有计划的设计，实施过程中采用单元教学法，彻底打破了各科的界限，在各教材中选择与学习单元相关的材料加以运用，使各科教材自然地融合在儿童的实际生活中，也正如张雪门先生所说："真正的单元活动就是行为课程，真正的行为课程没有不是单元活动。我们若在形式上讲，叫做单元活动，若在实质上讲，就可以叫做行为课程。这两种课程实在可说是二而一，一而二，仅角度看法的不同，产生了名称的区分。"①

幼稚园行为课程是张雪门先生一生实践与智慧的结晶，也是他与同事们在长期的教育实践中集体工作的创造。幼稚园行为课程的基本思想就是"生活即教育"、"行为即课程"，这不仅是对当时幼稚教育中普遍存在的教育与儿童实际生活相脱节现象的批判，而且体现了教育生活化、生活教育化的基本理念；其目标在兼顾社会需要的同时，更关注儿童个体的需要。行为课程的实施是一个有计划、有组织的过程，开创了当时幼稚园教育的新模式，对目前中国幼儿园课程改革同样具有一定的启发意义。

【案例分析】

项目活动：回家路上

项目开始

一次晨间活动，教师听幼儿谈话。"我的家住在大坪竞地花园，我每天上学都能看到解放军叔叔在站岗。"阿泽说。"我家住在金岛花园，怎么都是'花园'哟！"马可回应道。"我的家住在海棠溪，妈妈送我上幼儿园要穿过2个洞，不信去问我妈妈吧！"钱若谷说。教师静静地倾听着，并参加到他们的谈话中，"紫绫，你回家不经过洞吗？""只有一个洞——鹅岭隧洞。"……在教师、幼儿的谈话中，一个"回家路上"的话题产生了，就这样，一次项目活动开始了。

项目的发展

1. 回家路上风光好

孩子们对"回家路上"都了解些什么？关注些什么？教师与孩子们商量由他们自由选择多种方式来表述回家路上他们最喜欢的地方，可以和家长一起探讨。连续几天，孩子们带来了和家长共同收集的关于回家路上的人文景观、漂亮建筑物的网络资料、照片及自己的写生作品等不同形式的信息与同伴交流分享。有附近学校的照片、大礼堂的写生、花卉园的图片、现代书城的介绍等。他们争当"小导游"将自己回家路上喜欢的地方讲给大家听，请大家观看。孩子们对这个活动非常喜欢。教师又与孩子们作了一个统计：回家路上每天有很多小朋友都

---

① 戴自俺：《张雪门幼儿教育文集（下卷）》，第1193页，北京：北京少年儿童出版社，1994。

要经过一座美丽大桥——黄花园大桥，孩子们都喜欢这座大桥。于是，大家又开展了“参观黄花园大桥”的活动。

2. 参观黄花园大桥

黄花园大桥离幼儿园很近，教师和孩子们边走边看，来到大桥引桥的立交桥。孩子们走上大桥，十分兴奋，拿起画笔把自己喜欢的东西画下来。回园后，孩子们交流、观摩、学习同伴的作品，他们画出了大桥，桥上的特色灯柱、交通标志、广告牌、行人、车辆，不少图是立体图。在交流活动中，孩子们以自己独特的方式(绘画、语言等)描述自己的观察和认识，如乘坐的大巴车或中型客车、要经过的隧洞、要经过的医院等。在此基础上，教师又请孩子们选择不同的回家路线。

3. 回家路线图

怎样选择不同的回家路线呢？教师又与孩子们商量、讨论，孩子们想出了不少的路线，并画出了自己设计的回家路线图，教师邀请家长参与孩子回家路线图设计活动，家长与幼儿一道沿路线图走回家，回家后补充完善回家路线图。修改后的路线图内容十分丰富，上面不但有回家路线，连在什么地方乘车，必经的小卖部、立交桥、大礼堂，楼内亮光的安全出口等都有明确的标示，真实地反映了他们的生活情景。有了这些路线图，孩子们又开始了邀请朋友来我家做客的游戏，他们用线路图示、文字符号制成邀请卡，并用它热情邀请同伴及其“家人”到自己家做客。有的小朋友用各种材料、玩具模拟回家路上和路边主要的建筑物、花园等，自己“驾驶汽车”接朋友到自己家玩。

4. 好朋友地图

孩子们对绘制回家路线图兴趣浓厚，对回家乘坐的各种交通工具及道路、桥梁、隧洞等标志了解得越来越多，想把这些画在图上，教师与孩子们讨论，决定绘制一张“人人都看得清清楚楚，人人都满意、喜欢的地图”。由于地图大，内容多，孩子们把握有困难，有时同一个标志性建筑两次出现在图上。怎么办呢？孩子们又讨论，将这些重要建筑的图片、照片编上号，采用分工制图的方式重新绘制。教师尊重孩子们的意愿，再次尝试开展绘制地图的活动，终于绘制出了一幅大家都满意的地图。

项目的结束：回家路上真快乐

孩子们几周来围绕“回家路上”制作了许多路线图、建筑物图片等，又有许多见闻体会，教师和孩子们又决定开展“回家路上真快乐”的活动。孩子们积极地展示自己的作品，请家长参观。在交流活动中，将所见、所闻、所思、所想告诉大家。

(案例选自《幼儿园开放性课程研究与实践——计划案例集》，重庆市渝中区教委编，2005 年版，有改动)

▶阅读推荐◀

1. 唐淑等. 学前教育史. 大连:辽宁师范大学出版社,2001

2. 戴自俺. 张雪门幼儿教育文集(上下卷). 北京:北京少年儿童出版社,1994

3. 冯晓霞. 幼儿园课程. 北京:北京师范大学出版社,2001

4. 朱家雄. 幼儿园课程. 上海:华东师范大学出版社,2003

5.(美)爱德华兹等著,罗雅芬等译. 儿童的一百种语言——瑞吉欧·艾米莉亚教育取向——进一步的回响. 台北:心理出版社,1998

▶思考与探索◀

1. 试述福禄贝尔课程模式的教育方法。

2. 试述蒙台梭利教育思想的主要内容。

3. 试述蒙台梭利教育思想的教育方法。

4. 试述瑞吉欧课程模式中的儿童观的主要内容。

5. 结合我国幼儿园课程改革的实际,谈谈陈鹤琴"五指活动"的基本思想。

6. 简述张雪门"行为课程"的主要内容。

7. 结合本章内容试论述幼儿园教师的角色应包括哪些方面。

8. 根据项目活动设计一次主题活动。

第三章
幼儿园课程中的游戏

【内容提要】 本章的主要任务是诠释游戏的定义、特点及类型，剖析游戏在幼儿园课程中的重要地位，阐述游戏与幼儿园课程相结合的思想与优势，并把游戏与幼儿园课程融合的模式与实践表现分别展示出来。

【学习目标】 了解游戏的定义和特点；理解游戏在幼儿园课程中的重要地位；明晰游戏与幼儿园课程相结合的思想，理解游戏与幼儿园课程相结合的优势，能根据案例判断出游戏与幼儿园课程融合的模式。

第一节　游戏概述

从生物演化的角度看，游戏的历史甚至比人类的历史更长。因为不仅人类玩游戏，高等动物也玩游戏，游戏是在生物进化的过程中出现的。游戏的数量与复杂性随动物演化的阶梯上升而增加。当游戏的演进阶梯进入到人类社会，游戏的历史从此就掀开了新的一页。游戏有着强大的生命力，在人类历史的长河中亘古不衰，并随着时代的发展不断推陈出新。无论在何种环境，在什么时代，所有健康的儿童都曾玩过或正在玩着游戏。在人类社会中，“学前期”是独特的游戏期。

一、游戏的定义

席勒在《审美教育书简》中说：“只有当人是完整意义上的人时，他才游戏；而只有当人在游戏时，他才是完整的人。”他强调游戏的重大作用，给游戏蒙上了一层神秘的色彩。而我们平时所见的游戏又是种类繁多、纷繁复杂的。很多学者为了弄清楚游戏的定义，试图从社会学视野、生物学视野、人类学视野等角度去剖析。

社会学家认为：游戏是社会结构和价值观的一种表现。他们主要从“游戏”与“工作”的根本差别来认识游戏的本质。他们认为游戏与工作是对立的，游戏的成果是无效用的，而工作的成果是有效用的；游戏的目的在于过程，而工作的目的在于结果。虽然游戏中人们有时也以最终的胜利为目的，但这种目的是受游戏中的乐趣驱使的。但游戏与工作可以相互转换。只要一个人沉醉于活动本身，淡漠其活动结果导致的收益，那么他就在游戏。假若用了游戏的形式，但活动者的心思不在其中，也不能称之为游戏。

在生物学视野中，学者把游戏看成一种生物本能的活动，可以是发泄剩余能量或恢复、补充能量的活动，也可以是练习成年后维持生存所必需的技能的活动。

在人类学研究中，学者认为：首先，儿童从游戏中学到了生活的原则和规则，培养了踏入社会所需要的适应能力；其次，儿童在游戏中找到了团体规则的限制与个人自由之间的平衡；最后，儿童在游戏中可以虚构任何在现实生活中无法实现的行为及情节。

可见，要想概括出游戏的定义是比较困难的。在本书中，我们不妨借鉴《教育大辞典》来定义游戏，“游戏是幼儿的基本活动。它是适合幼儿年龄特点的一种有目的、有意识的，通过模仿和想象，反映周围现实生活的一种独特的社会活动”。①

二、游戏的特点

(一)游戏是儿童自主自愿的主体性活动

没有外来的压力，没有强制性的要求，儿童主动地承担起游戏的“义务”，儿童和游戏之间似乎暗含着一种简单的因果关系，即“因为我是儿童，所以我要游戏”。这种主动性的能量源自何处呢？源自儿童内在的需要。以学前期这个典型的游戏期为例：学前儿童正处于身心迅速发展的时期，他们独立活动能力增强，他们有活动的需要、认识周围世界的需要、操作物品的需要及反复练习的需要。游戏从心理方面而言，是一种较松散的活动，能满足儿童的需要，由儿童的直接需要而产生，由内部动机而产生，而不是由外在强加的。因此，儿童在游戏中能够全身心地投入，具有极强的积极主动性。

---

① 《教育大辞典第二卷》，第218页，上海：上海教育出版社，1990。

游戏适合儿童身心发展的特点。特别是幼儿的高级神经活动的过程，兴奋强于抑制，高级神经系统和身体其他系统仍不健全，易于疲劳。幼儿认识过程带有具体形象性、不随意性和情绪性的特点。游戏是具体形象的，游戏中有动作，有活动，有玩具和游戏材料。游戏内容和形式丰富多彩，灵活多变，引人入胜，有些游戏又可以自由地活动。所以幼儿乐于玩游戏，在幼儿的内心深处，最强烈的呼喊就是"我要玩，陪我玩"。

(二)游戏在假想中反映周围生活

游戏具有社会性。游戏的内容、种类与玩法，受社会生活的各方面的影响。因此，儿童的游戏是对周围现实生活的反映。幼儿想象着自己已经长大，在娃娃家里扮演爸爸妈妈照顾小宝宝；幼儿想象自己是耐心的医生，详细地询问病人的病情；幼儿想象着台下有无数观众，尽情地在表演区展示自己的才能；幼儿还想象自己和小伙伴们都是有超能力的孩子，到一些"危险的地方"去探险……这些想象都是来自于周围世界带给幼儿的经验，可能是每天的日常生活，也可能是电视、电脑上的怪诞情节。但是幼儿在游戏中反映的不是周围生活的翻版，他们不是机械模仿，而是通过游戏艺术地表现生活，把生活中的点点滴滴加上自己的想象，创造出独特的精神生活，这就是游戏。游戏给儿童提供了充分发挥创造能力的空间。在游戏中，幼儿不受实际环境中的具体条件以及时间的限制，通过想象，创造新情景。如把香蕉当电话，把桌子当钢琴，把椅子当汽车。儿童在游戏中，以真诚的情感体验游戏活动，相信虚构的真实性。一句"假装"变幻出万千世界，让儿童的世界精彩纷呈，而这种假装的世界往往是难以被成人理解的，于是，儿童通过游戏，画出一片自己的小天地，找到了自己的同盟军。与此同时，他们也懂得什么是假装的。这时就会告诉伙伴，"你可不能当真哦!"儿童的精神就游走于这种想象和现实之间，享受着无限的乐趣。

(三)游戏伴随着愉悦的情绪

老鹰抓小鸡、娃娃家、麻雀逗猫、跳方格、魔法玉米……游戏的种类千千万，游戏的时间或长或短，但是给孩子们留下的都是银铃般的笑声和无尽的美好回忆。游戏适应儿童的需要和身心发展水平，因此使儿童感到满足和愉快。在游戏中，儿童有了自己的大舞台，平时很多怪异的想法、动作在游戏中得到了大人们的默许，他们把自己想表达的、想展现的、想创造的，统统搬到游戏中，把自己置身于各种情境当中，如拯救地球、和恐龙做朋友、闭眼躺下尝尝死亡的滋味……并在这些情境中经受各种历练，体会无穷无尽的成就感、满足感。

三、游戏的类型

我国习惯于将游戏分为创造性游戏和有规则游戏两种，其中创造性游戏包括角色游戏、结构游戏和表演游戏，有规则游戏包括智力游戏、音乐游戏和体育游戏。

（一）角色游戏

角色游戏是指幼儿借助模仿和想象，通过角色扮演创造性地反映周围现实生活的游戏，获得各种生活体验。幼儿在角色游戏中表现着幼儿熟悉的社会生活，模拟着各种人际关系，再现幼儿的社会视野。幼儿在模拟的环境中，在假设的情节中，以人代人，以物代物，满足着自己的各种愿望，宣泄着自己的各种情绪。例如，幼儿在娃娃家中满足着自己像爸爸一样上班的愿望，像妈妈一样照顾小宝宝的愿望，在各种角色区满足着自己的不同职业愿望，偶尔训斥一下怀中的布娃娃宣泄自己被训斥时的郁闷，有时当医生的幼儿也会像模像样地训斥“因为吃了过多糖而牙疼”的病人……角色游戏是幼儿心理发展的需要，在幼儿游戏中占据着重要位置，因此，心理学家称学前期为角色游戏期。

（二）结构游戏

结构游戏，又称“建筑游戏”，是“使用各种结构材料（如积木，积塑，沙石，泥，雪，金属材料等），通过想象和手的造型活动构造建筑物体的形象”。结构游戏从材料上看，是一种素材玩具游戏；从行为上看，是一种构造活动；从认知上看，是一种空间知觉和象征能力的体现。幼儿可以用积木搭建宝塔、小房子，用雪花片拼插各种小动物，可以用雪堆雪人或创建各种各样的卡通形象。复杂的世界在结构游戏中被幼儿抽离出框架，幼儿用简单的结构游戏来表现纷繁世界中的万事万物，其乐无穷。

（三）表演游戏

表演游戏是幼儿以儿童文学作品为主要内容，通过扮演角色，运用语言、动作、表情等表演技巧，再现文艺作品的内容或生活经验的一种游戏方式。幼儿在表演游戏中按照故事作品中的角色、对话、动作去扮演角色，丰富情节，再现作品的主题内容。例如，在表演游戏《小羊和狼》中，幼儿分别扮演善良弱小的小羊、凶狠的大灰狼和助人为乐的小花猫、小黄狗等形象。幼儿根据自己的理解，有的把狼扮演成凶狠的、粗野的形象，有的则演成阴险狡猾的形象，有的把小羊扮演成柔弱可怜的形象，有的则扮演成机智聪明的形象。在表演游戏中，幼儿是以自己的情感、动作、语言、语调再现他所扮演的角色，具有很强的主观性和创造性。

（四）智力游戏

智力游戏是根据一定的智育任务而设计的一种规则游戏，它以生动、新颖、有趣的游戏形式，使儿童在轻松愉快的活动中，认识事物、巩固知识、发展智力。根据智力游戏的任务，可将智力游戏分为：

第一，训练感官的游戏，如训练幼儿视觉的迷宫、“找不同”游戏，训练触觉的触摸辨物游戏、触摸分类游戏、触摸造型游戏……

第二，练习记忆的游戏，如考验记忆力和观察力的“谁动了”游戏。

第三，发展想象、锻炼思维的游戏，如用水彩进行的吹画游戏，幼儿喜爱的猜谜语和脑筋急转弯游戏等。

第四，发展语言的游戏，如丰富多彩的配音游戏，词语接龙游戏等。

有趣的智力游戏能使幼儿产生愉快的情绪，提高幼儿学习的主动性、积极性，提高他们努力完成任务的坚持性以及思维的灵活性和敏捷性，有助于幼儿形成乐于动手、动脑的好习惯，促进智力的发展。智力游戏的完成一般要求幼儿善于与同伴合作，共同遵守游戏规则，完成游戏任务，有助于幼儿养成适当控制自己行为的良好习惯。

（五）音乐游戏

音乐游戏是指在歌曲或乐曲的伴奏下进行的一种规则游戏，具有音乐和动作相配合的特点。它是以发展幼儿的音乐能力即对音乐的感受力、记忆力、想象力、表现力以及节奏感为主要目的的游戏活动。音乐游戏有音乐，有情节，有角色，有动作，有规则，游戏的内容、角色、动作都要与音乐相符，它可以使幼儿在乐此不疲、喜闻乐见的玩耍中不知不觉地获得对音乐的感受和表现的能力，完成音乐教育的目标。幼儿园教师们用她们的智慧开发出很多深受幼儿喜欢的音乐游戏，如司马光砸缸、狐狸去散步、按摩师、炒豆子、拍拍乐、七月火把节、套圈圈等。

（六）体育游戏

体育游戏也称运动性游戏或活动性游戏，是根据一定的体育任务设计的，由身体动作、情节、角色和规则组成的一种游戏，是幼儿体育活动的一种主要形式。体育游戏可以锻炼幼儿的身体，使幼儿获得良好的情绪体验，如丢手绢、螃蟹赛跑、老鼠逗猫、警察抓小偷、穿越风火线……这些都是深受幼儿喜欢的体育游戏。

第二节 游戏在幼儿园课程中的地位

一、游戏在幼儿发展中的作用

(一)游戏促进幼儿智力发展

在游戏中,幼儿按照自己的兴趣和意愿去接受外部环境的信息,并进行加工,使之适应自己的内部图示,从而认识世界,促进认知发展。同时,游戏给幼儿提供了各种机会:使幼儿获得巩固知识、锻炼和发展智力的各种机会,如在游戏中,幼儿需要观察、感知、比较、分类、回忆、想象,在遇到新情境时,要解决新问题,进行各种智力活动。游戏又提供了一种安全的和自由的气氛,让幼儿减轻甚至没有压力,使幼儿在有趣的、无拘无束的环境中学习、发展,这是其他活动所不具备的。尤其是智力游戏,如"听听这是谁"、"配对"及"分类"等游戏,更能有目的地发展幼儿的各项能力。在游戏中幼儿的语言不断得到发展,幼儿的逻辑推理能力也不断增强。

1. 游戏促进幼儿语言发展

幼儿像操作物体一样来操纵语言,把语音和词句当做具有多种玩法、时刻伴随的玩具。把语言当做游戏的对象,如,自发地编押韵的顺口溜等。游戏活动使幼儿反反复复地练习这些言语,这些言语是思维的外在表现形式,它反映了幼儿认知发展的水平和对认知活动情景功能上的要求。例如,我们可以将幼儿喜欢的动画片的经典片段制成有趣的配音游戏,让幼儿在熟悉、揣摩剧本语言的同时,增加词汇量,了解相关句式。教师也可以带着孩子们玩"看谁接得长"这个游戏,让幼儿在一个名词前逐一添加修饰词,例如,第一个小朋友说"鞋",旁边的小朋友就要说"红色的鞋",下一位小朋友就可以说"爸爸买的红色的鞋"……依此类推,不断扩大句子的容量,让幼儿体会到其中的乐趣。

在幼儿的游戏情境中,语言成为游戏活动的一个必要部分,游戏为幼儿从同伴那里学习新的词汇和概念提供了机会,又提供了重复练习语言及同伴间相互学习的机会,使幼儿学得有趣和自然。游戏极大地促进了幼儿语言的发展。

2. 游戏促进幼儿观察力、注意力和记忆力的发展

人们往往把游戏和学习对立起来,殊不知非常重要的学习品质(观察力、注意力、记忆力),都是在游戏中自然而然地发展起来的。例如,幼儿很喜欢的迷宫游戏,幼儿要帮助小兔子找到自己的家,就必须聚精会神地观察迷宫,看看走哪一条路比较近,哪一条路有障碍通过不了……这些都需要幼儿集中注意力,仔细观察,记清楚路线。又如,"找不同"游戏:两张看似相同的卡通图片其实有 4 处

不同的地方，幼儿必须集中注意力，认真观察才能发现其中的不同，并且在找到最后一个不同之后还要记得前3处不同在哪里……因此，游戏能在不知不觉中促进幼儿观察力、注意力和记忆力的发展。

3.游戏促进幼儿想象力的发展

爱因斯坦说："想象比知识更重要，因为知识是有限的，而想象力概括着世界上的一切，推动着进化，并且是知识进化的源泉。"一个想象力丰富的民族必将是未来世界中最强大的也是最幸福的民族。幼儿和想象力本为一体，幼儿在游戏中不断地运用自己的想象，创造自己的精神和物质世界。例如，让幼儿用嘴吹画；给幼儿一个圆圈让他们设计成他们想要的任何图案；给出几个动物，让幼儿编一个美丽的童话故事……这样的游戏，深深地吸引着幼儿，幼儿就在这丰富的想象世界中遨游。

4.游戏促进幼儿问题解决能力的发展

在游戏中，幼儿把自己置身于各种各样的问题情境中，"看医生"、"买东西"、"乘公共汽车"、"和怪兽打架"等，他们尝试解决问题，并感受问题情境中不同情况下自己的心理体验。游戏可以为幼儿提供没有压力，但需要坚持和毅力的良好的问题解决情境，这也是幼儿解决问题的心理条件，在游戏环境中，幼儿顺利思考问题和处理问题。可见，游戏能促进幼儿问题解决能力的发展。

（二）游戏促进幼儿社会性发展

学前教育是帮助幼儿从一个纯粹的生物人逐渐转变为一个社会人的过程。理解社会规则，掌握与同伴、成人相处的方式方法，学习分享、助人和合作等亲社会行为。

1.游戏帮助幼儿"去自我中心"

游戏，特别是角色游戏对幼儿从他人角度看问题的能力的发展起着重要作用。幼儿在游戏中扮演各种角色，必须按照角色的需要及其情感体验来行动。把自己当做别人来进行思考，一句"假装我是医生，你是病人"，就可以让一个小朋友变成牙疼的病患，另一个小朋友变成认真询问病人病情，还不时地感叹"现在的小朋友爱吃甜东西，还不喜欢刷牙"的医生了。就这样，"医生"和"病人"你一句我一句，一一尝试看病的各种情节，之后，两人角色互换，刚才被医生批评的小病人，眨眼间变成了医生，而且，那股认真劲儿比第一位小朋友还有过之而无不及。这期间既是"别人"，也是自己。幼儿在各种各样的角色之间转换，慢慢尝试从别人的视角来看问题，理解家长、老师们说话时的心理，逐渐改变自己对某些事情的偏执态度，达到"去自我中心"的目的。

2.游戏能帮助幼儿学习人际交往规则和社会规范

为了能够更好地玩游戏，幼儿必须逐渐学会使自己的意见和别人的看法协调起来，学会相互理解和帮助，学会协商、合作，积极地反馈与支持，学会对同伴让步以及被同伴接纳等。游戏中幼儿必须学会控制冲动，延迟满足。不管幼儿情愿与否，都必须控制。如“乘客”在车没到站的时候是不能“下车”的，“买菜”就得“排队”，“交警”不能离开指挥台……

游戏是幼儿之间相互交往的媒介，在游戏中使用玩具，能促进儿童更活跃地交往。在游戏中，幼儿常常出现争抢玩具或角色的情况，这就要求儿童学会与同伴分享玩具，学会协商、轮换，相互谦让和合作。

3.游戏促进幼儿亲社会行为的发展

亲社会行为主要是指对人们有益或对社会有积极影响的行为，包括分享、合作、助人、安慰和捐赠等。幼儿在游戏中扮演角色，以角色的身份来游戏，在游戏中体验所扮演角色的喜怒哀乐，在与同伴交往的过程中逐渐懂得了分享、学会了合作，在照顾小娃娃和“病人”的过程中，学会了安慰和帮助，当同伴遇到困难时，会露出对他人的移情和关心的表情。

（三）游戏促进幼儿情绪情感的发展

情绪和情感是客观事物是否符合人的需要而产生的态度体验。幼儿的游戏活动带有情绪色彩，游戏成为幼儿表现积极情绪、调整消极情绪的媒介。

1.游戏能使幼儿产生积极的情绪体验

幼儿在轻松愉快的游戏气氛中，容易通过自我的努力而成功，从而产生愉快和满足的情绪；游戏满足了幼儿的需要和愿望，幼儿便产生快乐、自信、满足等积极的情绪。一个简单的“逗逗飞”，一个百玩不厌的捉迷藏，一个幼儿喜爱的“便便玩具”都能让幼儿大笑不止。往往在游戏中，某个幼儿的一个眼神，或是伙伴新奇搞笑的台词，就会让游戏中的小伙伴们乐得前仰后合，待大笑过后，又一板一眼地开始游戏了……游戏中，幼儿把成人世界复杂的事物压缩到他们自己能控制的范围，缩小了周围世界与自己已有经验的不协调和不一致。幼儿在玩玩具的过程中，可以体验到玩具的新异性带来的趣味和兴奋感，并在操纵玩具的过程中产生无尽的满足感。

2.幼儿通过游戏能宣泄消极情绪

游戏为幼儿提供了表达各种情绪的安全场所，能保障幼儿心理的卫生与健康。游戏能克服幼儿紧张的情绪，平息幼儿愤怒的心情，宣泄幼儿在挫折中的焦虑、害怕和紧张。游戏还能以幼儿能接受的情景，再现不愉快的经历。如幼儿害怕打针，但在游戏中却喜欢让医生给自己打针，通过再现痛苦的经验，减轻了害怕的程度，体验到战胜恐惧的愉快，还可以通过扮演医生给别人打针，减轻对医生和打针的恐惧。在游戏中，幼儿可以用比较妥当的方式表现自己的情绪，设法控制自己的情绪。游戏作为调节和治疗障碍儿童的手段，目前在我国已开始进行尝试,并取得了一定的效果。

3.游戏可以丰富和深化幼儿的高级情感

幼儿在游戏中,享受充分的自由,用他们对现实生活的理解和自己拥有的能力来操作实物,从而体验行为的成功感,产生自豪感,增强自信心。幼儿在游戏中,主动地选择和接触各种色彩鲜艳、造型生动的玩具,主动反映现实生活中美好的东西,在游戏中感知美、体验美、创造美,游戏培养着幼儿的美感。幼儿在游戏中积累经验,积累知识,从而又体验到理智感。游戏又通过任务关系的处理、角色情感的体验,发展幼儿的同情心和道德感。幼儿在游戏中不断地丰富和发展自己的高级情感。

(四)游戏促进幼儿身体发展

1.游戏促进幼儿基本动作和运动能力的发展

在各种游戏中,有各种大小动作和活动,特别是体育游戏,能锻炼儿童的走、跑、跳、钻爬、投掷、平衡、攀登等基本运动技能。例如"老鹰抓小鸡"能锻炼幼儿跑的能力,"小兔赛跑"能发展幼儿跳的能力,"穿越风火线"能锻炼幼儿钻爬的能力,"瞎子抓瘸子"能锻炼幼儿的平衡能力……而且幼儿经常在户外、在阳光下、在新鲜空气中活动,心情舒畅,天天练习基本动作,促进其动作的灵活性、协调性,提高对大肌肉、小肌肉运动的控制能力。通过对已经习得的动作的练习和运用,使儿童不断掌握新的技能。游戏是发展幼儿基本动作和运动能力的重要途径。

2.游戏促进幼儿身体生长发育

专门的体育游戏对促进幼儿身体的生长发育效果显著。身体健康的幼儿比身体不健康的幼儿更喜欢游戏,游戏使幼儿身体各器官得到锻炼,大到追、跑、跳的游戏,小到拼图、绘画、玩沙等游戏,都可以促使幼儿肌肉得到锻炼,促进骨骼、关节的灵活性与协调性。幼儿在不同的游戏中,变得结实、健康;在与外界环境的多方面刺激中,变得反应迅速而敏捷;在欢快的游戏中,掌握了各种技能,增强了对外界环境的适应能力。游戏为幼儿身体的正常发育提供了许多必要的动作和运动的机会,锻炼了幼儿的身体,增强了幼儿的体质。

二、游戏在幼儿园课程实践中的地位

(一)幼儿园以游戏为基本活动

1996 年 6 月,我国正式实行的《幼儿园工作规程》中规定了"以游戏为基本活动,寓教育于各项活动之中"的教育原则,并指出"游戏是对幼儿进行全面发展教育的重要形式",确定了游戏在学前教育中的地位。2001 年 9 月开始试行的

《幼儿园教育指导纲要》中也指出:"教育活动内容的组织应充分考虑幼儿的学习方式和特点,注重综合性、趣味性,寓教育于生活、游戏之中"。强调在各种活动中注重内容的整合性、形式的活动性、方法的多样性、师幼的互动性和教育的过程性等,以幼儿感兴趣的、游戏性的体验来促进幼儿的发展。

(二)游戏是对幼儿进行全面发展教育的重要形式

《幼儿园工作规程》指出:游戏是对幼儿进行全面发展教育的重要形式。规定教师应根据幼儿的年龄特点选择和指导游戏;必须因地制宜地为幼儿创设游戏条件(时间、空间、材料);提供的游戏材料应强调多功能性和可变性;在游戏中应充分尊重幼儿选择游戏的意愿,鼓励幼儿制作玩具,根据幼儿的实际经验和兴趣,在游戏过程中给予适当指导,保持愉快的情绪,促进幼儿能力和个体的全面发展。在对幼儿园园舍和设备的要求中,也提出,"幼儿园应有与其规模相适应的户外活动场地,配备必要的游戏和体育活动设施,并创造条件开辟沙地、动物饲养角和种植园地"。有条件的幼儿园还可以设置单独的游戏室。这些环境和内容、形式和提法,都是尊重幼儿喜好游戏、好奇、好动手探索的特性,以游戏的方式与环境发生作用。《幼儿园工作规程》和《幼儿园教育指导纲要》这两大学前教育领域纲领性的文件给了游戏最强有力的政策支撑,把游戏的重要性提到了前所未有的高度。

第三节 游戏与幼儿园课程的整合

一、游戏与幼儿园课程整合的思想

幼儿园课程作为一个整体而出现,游戏渗透于课程的方方面面。如果把幼儿园课程看做实现幼儿园教育目的、帮助幼儿获得有益的学习经验、促进其身心全面和谐发展的各种活动总和,那么,游戏既可以被看做幼儿园课程的"内容",也可以被看做幼儿园课程的"形式",在这种情况下,游戏与幼儿园课程是不需要整合的,因为两者本身就是浑然一体的。而本节中所提到的游戏与幼儿园课程的整合主要针对实践中长期存在的游戏与幼儿园课程的分离情况来探讨的。

从课程的表面往往难以发现游戏是否存在,只有当课程在实施时,根据幼儿的自身体验才能判别游戏是否真实存在。如果课程中游戏的成分较多,就会因为其趣味性而深深地吸引孩子。而当课程中游戏因素缺乏时,课程的内容就会变得僵化、枯燥和沉闷,幼儿就会表现出厌烦和劳累。而通过在幼儿园的实践观察,我们会发现幼儿园课程中仍然存在着相当大比例的灌输与说教情况,这就是我们要不断深入贯彻游戏与幼儿园课程整合的思想,探讨游戏与幼儿园课程整合方式的原因。

二、游戏与幼儿园课程整合的优势

为什么游戏能以强大的生命力在幼儿园而不是中小学蓬勃发展呢？这是因为游戏在与幼儿园课程整合的过程中，有一种天然的优势。这主要是由幼儿的身心发展特点以及幼儿园课程的特点来决定的。

（一）幼儿的心理发展特点要求游戏与幼儿园课程整合

幼儿容易认识生动、形象的事物和现象，注意力不稳定，对感兴趣的事物注意力较集中，但时间不长，想象以再造想象为主，创造想象正在发展，想象主题易变化，并常常有夸张性，以感知行动思维和具体形象思维为主。而幼儿的这些发展特点却与游戏不谋而合：生动形象的玩具最吸引幼儿的目光，吸引着幼儿去操作；游戏最能吸引幼儿的眼球，吸引幼儿全部的注意力，从而高效地完成游戏任务；游戏伴随着丰富的想象和创造，在很多游戏情境中，锻炼着幼儿的思维。

3到6岁的幼儿，对周围世界的认识是很初步的，好奇、好问、好玩，是他们的天性。即使幼儿园没有组织游戏活动，我们也能在幼儿园、家庭和社区的各个角落看到幼儿游戏的身影，因为幼儿需要游戏。

（二）幼儿园课程的特点要求游戏与幼儿园课程整合

1. 幼儿园课程的基础性

幼儿园课程的基础性可以从教育体制和人的发展这两个角度来认识。从教育体制的角度来看，幼儿园教育是学制的最初环节。幼儿园教育在整个教育体系中的位置，也就决定了幼儿园课程在整个课程体系中的位置——是整个基础教育乃至学校教育课程体系的基石。《幼儿园教育指导纲要》指出，幼儿园教育是基础教育的重要组成部分，是学校教育和终身教育的奠基阶段，城乡各类幼儿园都应从实际出发，因地制宜地实施素质教育，为幼儿一生的发展打好基础。这就非常明确地说明了幼儿园课程的基础性。

另外，我们也可以从幼儿园保教的总目标来看：幼儿园保育和教育的总目标是促进幼儿身体的正常发育和机能的协调发展，增强体质，培养良好的生活习惯、卫生习惯和参加体育活动的兴趣。发展幼儿智力，培养正确运用感官和运用语言交往的基本能力，增进对环境的认识，培养有益的兴趣和求知欲望，培养初步的动手能力。萌发幼儿爱家乡、爱祖国、爱集体、爱劳动、爱科学的情感，培养诚实、自信、好问、友爱、勇敢、爱护公物、克服困难、讲礼貌、守纪律等良好的品德行为。培养幼儿初步的感受美和表现美的情趣和能力。从总目标中，我们也可以看出幼儿园教育培养的是身体健康，有良好的基本习惯和性格，以及智力启蒙、美感熏陶并重的幼儿，这些都是对人最基本的要求，也是幸福人生中重要的基石。

假若我们试图用游戏来发展中小学的教育目标，那么结果往往是徒劳无功的，因为中小学教育的目标以知识教育为主，往往难以通过游戏来实现。而幼儿园阶段则不同，幼儿体、智、德、美等方面的教育需求都能通过游戏来满足。本章第二节已做充分论述，此处概不赘述。

2.幼儿园课程的非义务性

幼儿园课程虽然是基础性课程，但是由于学前机构教育的非义务性质，幼儿园课程也具有非义务性。也就是说，幼儿园课程不是所有适龄幼儿都必须学习和完成的"任务"，不具有强制性和普遍性。这就使幼儿园课程具有灵活性、生成性。虽然这种灵活性、生成性不是随心所欲的，而是以国家的教育政策为指导，以幼儿学习发展的规律为依据的，但毕竟给教师和课程工作者留出了巨大的创造空间。幼儿园教师可以充分利用各种各样的游戏，激发儿童学习的兴趣，使课程随着儿童的兴趣不断生成、深化，变得生动鲜活，在欢快的活动氛围中促进幼儿的全面发展。

3.幼儿园课程的活动性和直接经验性

幼儿主要通过各种感官来认识五彩缤纷的周围世界。只有在获得丰富的感性经验的基础上，幼儿才能理解事物，才能对事物形成相对比较抽象概括的认识。幼儿的这种具有行动性和形象性的认知方式和认知特点，使得幼儿园课程必须以幼儿主动参与的教育性活动为其基本的存在形式和构成部分。对幼儿来讲，只有在活动中的学习才是有意义的学习，只有在直接经验基础上的学习才是理解性的学习。而游戏恰恰能调动幼儿的积极性，让幼儿全身心地参与到游戏活动过程中来，在体育游戏中获得关于力量、速度、灵活性的认识，在智力游戏中提升自己的注意力、记忆力和想象力，在角色表演游戏中体会各种各样的情境、角色……总之，幼儿在游戏活动中，体会和不断丰富着对自己的内部和对外部的体验。

综上，幼儿园课程的上述特性给游戏提供了一个完美的渗入环境，使得游戏成为幼儿园课程中不可或缺的元素，同时也使得游戏不断推陈出新，花样层出不穷。

三、游戏与幼儿园课程关系的模式及实践表现

(一)游戏与课程相分离

在这种模式下，游戏与课程教学彼此分离、独立存在。课程作为完成教学目标的环节，而游戏只是教学中的间歇，或者作为幼儿认真学习的一种奖赏。这一

类型在一日活动环节中显示为整段的教学时间后有整段的游戏时间。教师重视教学，关注教学中的幼儿，而对游戏中的幼儿则较少关注。游戏与课程在内容上并没有交叉关系，“游戏归游戏”，“上课归上课”。

(二)游戏与课程交叉进行

这一类型中，教师往往试图对游戏与课程进行整合，但整合方式略显牵强。例如，小班要学习《小兔子乖乖》这首儿歌，首先，教师先演唱一遍，然后教师一句一句领唱，小朋友学唱。在教学活动进行过之后，教师为了调动幼儿的积极性，玩小兔子和大灰狼的游戏，既可以表演故事里的对白，也可以进行体育游戏，小白兔跑，大灰狼追，被追到的小朋友扮演下一个大灰狼……在游戏过后，教师和幼儿要进行总结，例如，我们今天学到了什么，儿歌里面小白兔聪明伶俐，大灰狼凶狠狡猾，在游戏中，大家有没有把这样的特点表现出来呢？小白兔和大灰狼之间还发生了哪些故事？我们还可以用小白兔和大灰狼玩哪些游戏等等。就这样，游戏和课程不断交叉进行。

(三)游戏与课程紧密融合

教学追随和支持着幼儿在游戏中的学习。教学和游戏之间表现为“以游戏为中心的学习”，教学活动在向儿童的生活世界回归。教师和儿童在平等的基础上实现着双向建构，通过对话、交流、交往等活动，彼此在情感、态度、经验等方面得到了体验。教师在支持儿童发展的过程中，实现了自身的专业成长，儿童在教师的帮助指导下，获得了发展。在这里，游戏构成了幼儿园生活中不可缺少的重要内容，同时它又是幼儿主动积极、自然而真实的学习活动。最理想的模式就是幼儿与教师在一起共同生活、游戏、做事、获得发展，而没有学习和玩耍之间的界限。

【案例分析】

自主性游戏与教育活动的融合[①]

一、自主性游戏与领域教学活动的融合

在领域教学活动中，有些活动常常无法在时间或空间上满足幼儿充分探究的需求，此时如果教师能提供相关的游戏材料，引导幼儿开展游戏活动，将会使幼儿在认知、情感等方面获得很大的满足。如小班幼儿制作好“胡萝卜小车”后，高兴地在“马路”上开着，开了一会，由于要随教师的安排进入下一个活动环节，

---

① 邱学青：《学前儿童游戏(第四版)》，第128～130页，南京：江苏教育出版社，2008。

孩子们只好很不情愿地把小车收起来,放到展示台上。看到孩子们无奈的表情,教师想何不顺势满足他们的兴趣,让他们玩玩开车游戏呢?想到这儿,教师马上拿了一个玩具方向盘做开车状,并和孩子们一起讨论见过什么车,开车要注意什么,接着鼓励幼儿自己选择自制的胡萝卜小车,教师为他们准备的玩具车或方向盘当小司机,还建议"小司机"邀请同伴乘坐自己的汽车。顺着孩子们在教学活动中产生的兴趣点,"开汽车"的游戏就这样产生了。

教师如果能在教学准备中思考孩子也许会对什么产生兴趣,可收集哪些游戏材料以备孩子之需,就有可能使教学活动与游戏自然融合。

二、自主性游戏与主题教育活动的融合

缘于对课程整合的思考,我们设想:主题活动开展的过程能否就是一个主题游戏开展的过程呢?通过实践,我们发现这不仅是可行的,而且是合理的。

一个春日的早晨,几个孩子聚在一起看栋栋带来的奥特曼VCD碟片。晨晨说:"我家里也有奥特曼的片子。"霄霄说:"我家里还有恐龙的片子呢!"孩子们开始讨论起动画片来。何不就动画片开展一个主题活动呢?我们引导孩子们展开了讨论:你看过哪些动画片?最喜欢哪一部动画片?动画片是从哪里来的?等等。孩子们各抒己见,很快形成了一个问题中心——动画片是怎样做出来的?有什么办法可以知道呢?在短暂的停顿之后,孩子们想出了一个令人意想不到的好办法:到音像店找老板问问动画片是从哪里进货的,不就找到动画片制作的地方了吗?

孩子们来到了附近的音像店,兴奋地寻找着自己熟悉的片子,还向老板询问了他们关心的问题。在音像店老板的支持下,我们来到了动画制作公司参观。在这里,孩子们知道了动画制作需要原画部、背景部、场景部、动画部等许多部门的合作,还了解了拓印、上色、描线等具体的制作工序。动画公司的叔叔阿姨还送给他们许多色彩鲜艳的动画稿纸,这可把孩子们乐坏了。回到幼儿园,所有的孩子都兴致勃勃地想自己制作动画片。于是,我们提供了拓印纸、动画稿纸、夹子、铅笔等材料,孩子们有的印动物形象,有的描轮廓图,有的上色,全然沉浸在"开动画公司"的喜悦中。孩子们对《跳跳虎搬家》中的跳跳虎最感兴趣,提出要表演这个动画片,他们需要头饰、跳跳虎的房子、小驴车、背景、家具、礼物等。于是,大家商量用纸盒做砖块搭跳跳虎的家,用材料箱做小驴车,用布做小动物的服饰……大家分工合作,一部稚拙可爱的童话剧真的上演了。

后来我们还进行了类似的主题活动,如"好玩的气球"、"有趣的玩水游戏"等。回顾这些活动,我们发现无法分清哪些活动属于主题活动,哪些活动属于游戏。显然,游戏已和整个主题活动的进展紧密结合在一起,从中孩子们快乐着并发展着。

三、自主性游戏与区域活动的融合

在实践过程中,我们发现区域活动比教学活动有更大的自由度和更强的针对性,它和自主性游戏很相似。怎样把自主性游戏与区域活动有机地融合起来呢?我们从墙饰入手,为儿童的游戏提供生活经验,启发并影响幼儿的游戏行为。如发现"娃娃家"的爸爸妈妈无所事事,我们便在"娃娃家"的墙上张贴妈妈给宝宝讲故事、爸爸看报纸等小图片来引发孩子的游戏行为;发现孩子在结构区不会使用多种材料,我们就使用多种材料搭建各种造型,并把它们拍成照片贴在建构区的墙上,暗示幼儿模仿,进而创造;在认知区,我们把有关交通规则、风景名胜等教育内容,设计成可数人同时参与的棋类游戏,孩子们的学习因游戏化而显得轻松愉快。

游戏与课程的融合是一个趋势。这符合幼儿认知发展的特征和需要,同时也满足了幼儿直觉形象思维的心理特点,幼儿的学习应该在生活中,而不是在课堂上;教师教学不是仅仅用游戏来激发幼儿被动学习的动机,而应该让幼儿在主动积极的学习中,与周围环境的交互作用中主动建构经验。

▶阅读推荐◀

1. 郑名. 学前游戏论. 兰州:甘肃人民出版社,2006
2. 刘焱. 幼儿园游戏教学论. 北京:中国社会出版社,1999
3. 凌宁. 欧美幼儿园游戏经典. 深圳:海天出版社,2005

▶思考与探索◀

1. 什么是游戏?
2. 游戏有哪些特点?
3. 游戏有哪些类型,你能每一类举一个例子吗?
4. 游戏对幼儿发展有哪些作用?
5. 游戏在幼儿园中处于什么样的地位?
6. 幼儿园为什么要以游戏为基本活动?
7. 游戏为什么能与幼儿园课程相结合?

第四章
幼儿园课程的具体领域与教育

【内容提要】 本章主要阐述了幼儿园课程健康领域教育的目标、内容和指导要点；幼儿园课程语言领域教育的目标、内容和指导要点；幼儿园课程社会领域教育的目标、内容和指导要点；幼儿园课程科学领域教育的目标、内容和指导要点；幼儿园课程艺术领域教育的目标、内容和指导要点。

【学习目标】 通过本章的学习，学习者能正确理解幼儿园课程的五大领域，即健康领域、语言领域、社会领域、科学领域和艺术领域教育的目标；能够依据教育目标，正确地选择各领域的教育内容；掌握各领域教育活动的指导要点，并能在实践中加以运用。

第一节　幼儿园课程的健康领域与教育

1947 年，联合国世界卫生组织(World Health Organization，WHO)在其《宪章》中把健康定义为：健康“是身体、心理和社会适应的健全状态，而不是没有疾病或虚弱的现象”。[①] 从这个定义出发，“健康的幼儿”是指身体、心理和社会适应等方面都表现出健全状态的幼儿。而幼儿园健康领域教育就是为幼儿提供有计划、有目的的健康教育经验的过程。它的关键是使幼儿形成健康的行为和良好的卫生习惯。

健康教育在幼儿园课程中具有特殊的地位。幼儿正处于各方面迅速发展的时期，但他们的身心发育尚未完善，对疾病的抵抗力和对心理压力的承受力较

---

① 朱家雄：《幼儿园课程》，第 80 页，上海：华东师范大学出版社，2003。

弱，因此，对于幼儿来说，健康是最重要的。作为承担保育和教育双重任务的幼儿园教师，能否对幼儿施行科学、有效的保育和教育，不仅关系到他们能否健康成长，而且对他们一生的身心健康发展都会产生持续的影响。因此，幼儿园健康领域教育是保证幼儿全面发展的基本条件，是保护幼儿健康成长的需要。

一、幼儿园健康领域教育的目标

幼儿园健康领域教育旨在提高幼儿对健康的认知水平，培养有益于幼儿健康的行为方式和习惯，为使幼儿的身心发展达到预期的健康状态而实施的教育，以促进幼儿的健康发展。幼儿园健康领域教育的目标是幼儿园健康教育活动的出发点和归宿，是科学开展幼儿健康教育活动的关键，也是确定幼儿各年龄阶段目标和具体活动目标的重要依据。《幼儿园教育指导纲要（试行）》规定幼儿园健康领域教育的目标是：身体健康，在集体生活中情绪安定、愉快；生活、卫生习惯良好，有基本的生活自理能力；知道必要的安全保健常识，学会保护自己；喜欢参加体育活动，动作协调、灵活。[①]

上述目标表明了幼儿园健康教育的价值取向，主要体现在以下几个方面：

（一）注重幼儿的身心和谐发展

幼儿园健康领域教育包括身体健康教育和心理健康教育两个主要方面。幼儿的身体健康以发育健全、具备基本的生活自理能力以及良好的生活习惯为主要特征；幼儿的心理健康以情绪愉快、适应集体生活、与同伴关系良好为主要特征。幼儿的身体健康和心理健康是密不可分的两个方面。因此，在确立幼儿园健康领域教育目标时，要注重身体健康和心理健康的和谐统一。比如，健康教育领域的目标“生活、卫生习惯良好”，既包含日常生活中的勤剪指甲、勤洗头、勤洗手等生理意义上的卫生习惯，也包含不吸吮手指、铅笔帽等心理意义上的健康行为。只有身心和谐发展才能真正保证幼儿的身体健康和心理健康，为幼儿的全面发展奠定基础。

（二）保护与发展并重

幼儿园健康领域教育的目标既重视让幼儿掌握必要的保健知识，具备一定的自理能力，提高幼儿自我保护的能力，又强调通过体育活动和锻炼，提高幼儿的身体素质，发展幼儿的基本运动能力。其中重点是掌握与安全问题相关的知识和技能，培养幼儿对体育活动的兴趣，增强动作的协调性和灵活性。

---

① 教育部基础教育司：《幼儿园教育指导纲要（试行）解读》，第30～31页，南京：江苏教育出版社，2002。

（三）注重形成良好的健康行为

与健康态度、健康认识相比，幼儿健康行为的养成显得更为重要，被视为幼儿园健康教育的核心目标。探讨幼儿健康行为的建立、改变不良的健康行为和巩固幼儿良好的习惯是幼儿健康教育研究的重点，特别是幼儿良好的生活、卫生习惯和自理能力的培养。教师应根据幼儿的年龄特点、需要，充分发挥幼儿的主动性、积极性，努力将幼儿的兴趣和相关的规则结合起来，使幼儿尽早养成良好的行为习惯。

二、幼儿园健康领域教育的具体内容

幼儿园健康领域教育的内容是根据幼儿健康领域教育的目标来确定的，它涉及的范围比较广。《幼儿园教育指导纲要（试行）》指出幼儿园健康领域教育的内容与要求是：建立良好的师生、同伴关系，让幼儿在集体生活中感到温暖，心情愉快，形成安全感、信赖感。与家长配合，根据幼儿的需要建立科学的生活常规。培养幼儿良好的饮食、睡眠、盥洗、排泄等生活习惯。教育幼儿爱清洁、讲卫生，注意保持个人和生活场所的整洁和卫生。密切结合幼儿的生活进行安全、营养和保健教育，提高幼儿的自我保护意识和能力。开展丰富多彩的户外游戏和体育活动，培养幼儿参加体育活动的兴趣和习惯，增强体质，提高对环境的适应能力。用幼儿感兴趣的方式发展基本动作，提高动作的协调性和灵活性。在体育活动中，培养幼儿坚强、勇敢、不怕困难的意志品质和主观、乐观、合作的态度。①

根据《幼儿园教育指导纲要（试行）》的规定，我们把幼儿园健康领域教育的内容总结为以下几个方面：

（一）生活卫生教育

幼儿园生活卫生教育是指对幼儿进行个人卫生习惯、基本生活能力、保持环境整洁的教育。在幼儿时期，要培养的卫生习惯主要有：生活自理能力，例如，学会自己洗脸、洗脚、刷牙、洗手、穿脱衣服、收拾整理玩具和用品等；有规律的作息习惯，例如，按时睡眠、定时吃饭等生活习惯，一日生活要有规律性；清洁卫生习惯，例如，讲究个人卫生，养成饭前便后洗手、早晚刷牙、饭后漱口、勤剪指甲、勤洗头、勤洗澡、勤换衣服的卫生习惯等；学会使用自己专用的手帕、毛巾、水杯，特别是在咳嗽、打喷嚏时，会用手帕或纸巾捂住口鼻等。

---

① 教育部基础教育司：《幼儿园教育指导纲要（试行）解读》，第 31 页，南京：江苏教育出版社，2002。

（二）安全教育

幼儿园安全教育是指对幼儿开展生活、交通、自救、自我保护等安全方面知识的教育。对幼儿进行安全教育主要是为了提高幼儿自我保护意识，提高幼儿应付紧急事件的技能，并教育他们自觉遵守有关安全制度和行为规范。安全教育的内容包括：初步了解并遵守日常生活中的安全常识，比如，过马路、乘坐交通工具、玩大型运动器械时能注意安全，不将异物塞入耳、鼻内等；认识有关的安全标志，并遵守交通规则，初步形成自我保护意识；了解应对意外事故和伤害（如火灾、异物入体、迷路、走失等）的常识，知道初步的自救和向人求救的方法；有积极探索生命现象的兴趣，认识人体的一些主要器官及其功能，保护五官，注意用眼卫生，保护牙齿，初步了解身心疾病的预防知识，能愉快地接受并积极配合身体检查和预防接种，知道快乐有益于健康。

（三）身体锻炼

幼儿身体锻炼是指幼儿利用体育器械或自然物进行的身体锻炼。在进行身体锻炼时，要注意培养幼儿对体育活动的兴趣，使幼儿能积极主动地参与各种形式的体育活动和游戏，在活动中练习走、跑、跳、钻、爬、攀、投掷等基本动作，提高动作的协调性和灵活性，从而增强幼儿的身体素质，提高幼儿的运动能力和对环境的适应能力。此外，幼儿园应充分利用周边的资源，根据周围的自然和社会资源组织各类活动和游戏，并且开发具有民间和地域特色的体育活动和游戏。

（四）心理健康教育

幼儿园心理健康教育是指对幼儿开展积极的情绪情感、良好个性、社会适应能力以及性教育等方面的教育，逐步增强幼儿自身心理强度、对压力的认识和解决问题的能力，培养积极的情绪和情感，学习表达和调节自己情绪的方法，提高与人交往的技能，建立良好的人际关系，形成安全感和信任感等，从而更好地适应社会生活。

三、幼儿园健康领域教育的指导

《幼儿园教育指导纲要（试行）》指出幼儿园健康领域教育的指导要点是：幼儿园必须把保护幼儿的生命和促进幼儿的健康放在工作的首位，树立正确的健康观念，在重视幼儿身体健康的同时，也要高度重视幼儿的心理健康；既要高度重视和满足幼儿受保护、受照顾的需要，又要尊重和满足他们不断增长的独立要求，避免过度保护和包办代替，鼓励并指导幼儿学会自理、自立；健康领域的活动要充分尊重幼儿生长发育的规律，严禁以任何名义进行有损幼儿健康的比赛、表演或训练等；培养幼儿对体育活动的兴趣是幼儿园体育的重要目标，要根据幼儿的特点组织生动有趣、形式多样的体育活动，吸引幼儿主动参与。①

保护和促进幼儿的健康是幼儿园的首要任务，也是幼儿园健康领域教育的根本目的，因此，教师树立正确的健康教育观念，科学、有效地指导幼儿园健康教育活动，主要可以从以下几个方面进行：

（一）正规的健康教育活动与日常生活相结合

幼儿园健康教育的内容涉及幼儿生活的方方面面，因此，教师除了要组织幼儿开展有计划、有目的的健康教育活动外，还应当在盥洗、进餐、睡眠、健康环境创设等日常生活的环节中渗透健康教育理念，实施健康教育。

（二）正规的幼儿园健康教育与其他领域的教育相结合

幼儿园健康教育可以通过幼儿园课程中与健康直接有关的健康教育领域的教育教学活动进行，也可以与课程设置中的语言、科学、社会、艺术等其他领域的教育教学活动一起交叉进行。幼儿健康教育的价值和幼儿成长的特点决定了幼儿园是对幼儿进行保育和教育相结合的教育机构，因此，幼儿园要将健康领域的教育与其他领域的教育活动相结合，比如，在幼儿画画、看图画书时，教师应提醒幼儿坐姿要端正、眼睛与书要保持一定的距离等，从而做到保中有教、教中有保，真正促使幼儿健康成长。而且，只有与各领域教育相结合，幼儿园健康教育才能真正有效地实现自身的目标。比如，通过对朗朗上口的儿歌、声情并茂的故事、栩栩如生的画面的学习，可以唤起幼儿对自己身体了解的欲望、对健康食品的兴趣、对健康行为的向往。

在幼儿园健康教育领域的教育教学活动中，常用的方法有讲解、示范、讨论、行为练习、情景演示和参观访问等。

第二节　幼儿园课程的语言领域与教育

语言是人类最为宝贵的财富，语言的丰富性及其所发挥的作用，使人类在万物生灵中处于绝对优势地位。大量研究表明，学前时期是语言发展尤其是口语发展的关键期。在此期间，幼儿的听觉系统、发音器官和语言中枢系统日趋成熟，发音逐渐准确，词汇量不断丰富，开始掌握语法规则，语言运用能力迅速发展。在幼儿园中，幼儿能从多种渠道获取有关语言的信息，在语言交流活动中进

① 教育部基础教育司：《幼儿园教育指导纲要（试行）解读》，第31页，南京：江苏教育出版社，2002。

行听、说、读、写，这些机会成为幼儿社会互动和认知发展的基础。而且，语言是幼儿发展智力、扩大交往范围、促进社会化发展的基本条件。语言的发展加快了儿童对外部世界、对自我以及他人的认识，从而使儿童的社会性得以正常发展。同时，幼儿园语言教育能促进学前儿童语言、认知能力的发展，以及心理健康和成熟。因此，幼儿园语言教育在幼儿园课程中具有十分重要的地位，教师必须重视对幼儿进行语言教育。

一、幼儿园语言领域教育的目标

语言领域的教育可简称语言教育。幼儿园语言教育旨在通过为幼儿提供有计划、有目的的教育活动，发展幼儿运用语言与人沟通的能力，提高幼儿的思维水平，满足幼儿欣赏语言的需要。在语言领域的教育中，只有有了明确的教育目标，教师才能有的放矢地选择适合幼儿学习的内容、适当的组织方式、科学的评价方法等。我国现行的《幼儿园教育指导纲要（试行）》规定幼儿园语言领域教育的目标是：乐于与人交谈，讲话礼貌；注意倾听对方讲话，能理解日常用语；能清楚地说出自己想说的事；喜欢听故事、看图书；能听懂并会说普通话。[①]

从上述的幼儿园语言领域教育的目标，我们可以看出，幼儿园语言领域教育目标的规定，明显淡化了纯粹重视幼儿识字、写字等语言形式学习的要求，强调重视幼儿园语言教育过程中语言的交际功能、运用语言能力的发展。此外，幼儿园语言教育目标还反映了重视幼儿早期阅读的趋向。

根据《幼儿园教育指导纲要（试行）》对幼儿园语言领域教育目标的规定、我国社会发展的需要、语言的学科特性，以及幼儿语言发展的规律和幼儿语言学习的特点，可以将幼儿园语言领域教育目标确立为：能辨别并发出普通话的基本音节，声调正确；能正确理解并运用常用词语；能注意倾听他人讲话，并能根据讲话的内容，作出适当的反应；能根据已有经验，按时间、地点、人物、事情的发展顺序讲一段完整的话；会正确翻阅图书，并理解符合其发展水平的图书内容；能听懂符合其发展水平的文学作品，并能根据内容进行简单的表演；能主动积极地学习和尝试运用语言，并有听广播和看图书的兴趣。

上述目标是对幼儿园语言领域教育总目标的一种具体化。在实际运用中，幼儿园可以根据社会需求，根据本园、本班幼儿语言发展的具体情况等因素，确立本班的语言教育目标，以更好地发挥目标对教育过程的指导作用。

---

① 教育部基础教育司：《幼儿园教育指导纲要（试行）解读》，第31～32页，南京：江苏教育出版社，2002。

二、幼儿园语言领域教育的具体内容

《幼儿园教育指导纲要(试行)》指出幼儿园语言领域教育的内容与要求是:创造一个自由、宽松的语言交往环境,支持、鼓励、吸引幼儿与教师、同伴或其他人交谈,体验语言交流的乐趣,学习使用恰当的、礼貌的语言交往;使幼儿养成注意倾听的习惯,发展语言理解能力;鼓励幼儿大胆、清楚地表达自己的想法和感受,尝试说明、描述简单的事物或过程,发展语言表达能力和思维能力;引导幼儿接触优秀的儿童文学作品,使之感受语言的丰富和优美,并通过多种活动帮助幼儿加深对作品的体验和理解;培养幼儿对生活中常见的简单标记和文字符号的兴趣;利用图书、绘画和其他多种方式,引发幼儿对书籍、阅读和书写的兴趣,培养他们的前阅读和前书写技能;提供说普通话的语言环境,帮助幼儿熟悉、听懂并学说普通话。少数民族地区还应帮助幼儿学习本民族语言。[①]

根据《幼儿园教育指导纲要(试行)》对语言教育领域内容的规定,结合幼儿园语言领域教育的目标,我们可以总结出幼儿园语言教育的内容主要包括谈话活动、讲述活动、文学作品学习活动等方面,还反映了注重早期阅读教育的价值取向,重视培养幼儿自主阅读的能力,如良好的阅读图书习惯、对文字的敏感性等。谈话活动是一种教师有目的、有计划地创造一个良好的语言环境,帮助幼儿学习倾听别人的谈话,能围绕一定的话题进行谈话,培养与人交往的能力的语言教育活动;讲述活动是指培养幼儿运用连贯的语言,围绕一个主题描述事物、表达思想的语言教育活动;文学作品学习活动是指选取适当的幼儿文学作品,并以其为基本内容来设计组织的语言教育活动。早期阅读是指根据幼儿的年龄特点和经验范畴,有计划、有目的地培养幼儿学习书面语言的教育活动,包括知道图书和文字的重要性,愿意阅读图书和认识汉字,学习初步的阅读和书写的准备技能等。此外,幼儿园语言类教育的内容还包括渗透的语言教育内容,通常体现在日常生活、自由游戏以及其他领域的语言交往中。

三、幼儿园语言领域教育的指导

《幼儿园教育指导纲要(试行)》指出幼儿园语言领域教育的指导要点是:语言能力是在运用的过程中发展起来的,发展幼儿语言的关键就是创设一个能使他们想说、敢说、喜欢说、有机会说并能得到积极应答的环境;幼儿语言的发展与其情感、经验、思维、社会交往能力等其他方面的发展密切相关,因此,发展幼儿语言的重要途径是借助互相渗透的各领域的教育,在丰富多彩的活动中扩展幼

---

① 教育部基础教育司:《幼儿园教育指导纲要(试行)解读》,第 32 页,南京:江苏教育出版社,2002。

儿的经验，提供促进他们语言能力发展的条件；幼儿的语言学习具有个别化的特点，教师与幼儿的个别交谈、幼儿之间的自由交谈等，对幼儿的语言发展具有特殊意义；对有语言障碍的儿童要给予特别关注，要与家长和有关方面密切配合，积极地帮助他们提高语言能力。[①]

结合文件的规定，在语言领域教育活动中，教师的指导可以从以下几个方面来进行：

（一）专门的语言教育活动

教师应有计划、有目的地组织和安排专门的语言教育活动，通过谈话活动、讲述活动、语言教学游戏、文学活动、早期阅读活动等多种语言教育活动形式，让幼儿学习在不同的语言情境里运用适宜的方式来与人交往。如在谈话活动中，让幼儿学习如何倾听他人的谈话，并采用合适的语言与他人交谈；在讲述活动中，让幼儿学习怎样在集体面前比较清楚地叙述个人的看法等。在专门的语言教育活动中，要坚持幼儿是活动的主体，教师要激发幼儿参与活动的动机，促使幼儿获得实质性的发展；同时，在指导中要做到示范与练习相结合。教师在示范时，应鼓励幼儿在模仿教师的基础上进行创新，允许幼儿有不同的表现和想法，此外，教师的隐性示范也很重要，教师可以以一个参与者的身份参与到幼儿的活动中，通过在活动中的种种暗示来给予示范。除了教师给幼儿进行示范外，还应该给幼儿提供充分练习的机会，使幼儿在实践中得到锻炼。

（二）语言教育与其他各学科或领域相结合

幼儿园语言教育可以与其他各学科或领域（如健康领域、社会领域、科学领域、艺术领域等）结合起来进行。教师可以从幼儿的发展水平、生活经验和需要出发，设计和组织一些综合性的教育活动。教师应做到立足于语言教育的目标和内容，通过语言教育的延伸活动与其他领域相联系。例如，教师指导幼儿学习文学作品时，可以从幼儿的角度出发，让他们先感知和理解文学作品的内容，然后引导幼儿参加相关的美工制作活动。通过这些活动，幼儿既感受了文学作品所表达的内容，又通过亲自动手实践来理解这些内容，同时还学到了理解文学作品的方法，从而使幼儿在语言理解、社会认知、动手操作等方面均获得了有关的经验；同时，还可以从其他领域的教育目标和内容出发，在教育过程中适当渗透语言教育的因素。例如在美术教育中，除了指导幼儿绘画或做手工外，教师还要鼓励幼儿讲述自己的作品内容及绘画过程。此外，在幼儿的各种活动或游戏中，

---

① 教育部基础教育司：《幼儿园教育指导纲要（试行）解读》，第 32～33 页，南京：江苏教育出版社，2002。

教师可以及时了解幼儿的口语发展情况，并给予指导。

（三）重视幼儿园中非正规的语言教育

幼儿园非正规的语言教育常常是通过幼儿在幼儿园日常的人际交往、自由游戏、幼儿园语言环境的创设，以及教师对幼儿随机的言语指导或示范等方式进行的。因为日常的语言交往是真实而丰富的语言教育环境，幼儿可以有更多的机会与人交往，丰富自己的语言。幼儿园要为幼儿提供一个宽松、自在的语言环境，为幼儿创设真实而丰富的语言交流环境，提供充分而又广泛的学习和运用语言的机会，从而提高幼儿语言的运用能力和表达能力。比如，渗透在幼儿日常生活过程中的非正规语言教育，可以使幼儿能理解生活常规以及认真倾听他人的指令；帮助幼儿学习用合适的语言解决与同伴之间发生的矛盾。此外，渗透在自由游戏中的非正规语言教育可以给幼儿创造自主选择游戏伙伴和材料的机会。幼儿园语言教育要保护幼儿运用语言交往的积极性和主动性，帮助幼儿成为积极的语言运用者。同时，在日常活动中注意倾听幼儿的语言，满足幼儿语言学习的个别需要。特别是对有语言障碍的幼儿，教师要及时与家长沟通，与家长共同教育，并在日常语言教育过程中，鼓励他们积极参与交往，提高运用语言的自信心，并针对他们的语言问题给予特别的帮助。

幼儿园语言领域教育中常见的方法有讲述、谈话、朗诵、提问、讨论、言语示范和口头练习等。

第三节　幼儿园课程的社会领域与教育

社会领域的教育可简称社会教育，是指以发展幼儿的社会性为目标，以增进幼儿的社会认知、激发幼儿的社会情感、引导幼儿形成良好的社会行为为主要内容的教育。社会教育能给予幼儿作为社会个体的成长和社会的认知以最初的概念。幼儿园社会教育能使幼儿在内化社会中形成相对稳定的价值观和行为规范，并形成相应的社会情感和态度，对幼儿的有重要影响。因此，幼儿园社会教育对于幼儿的全面和终身发展是十分重要的。

一、幼儿园社会领域教育的目标

幼儿园社会领域教育旨在通过为幼儿提供有计划、有目的的社会教育活动，促进他们自我意识的形成，增进对社会和世界的理解，培养幼儿活泼开朗的性格、与人交往的能力以及适应社会的能力，内化社会价值和规范，并在一定程度上能独立生存和发展。《幼儿园教育指导纲要（试行）》规定幼儿园社会领域教育的目标是：能主动地参与各项活动，有自信心；乐意与人交往，学习互助、合作和分享，有同情心；理解并遵守日常生活中基本的社会行为规则；能努力做好力所能及的事，不怕困难，有初步的责任感；爱父母长辈、教师和同伴，爱集体、爱家乡、爱祖国。[①]

在《幼儿园教育指导纲要（试行）》规定的社会领域教育总目标的基础上，我们把幼儿园社会领域教育的目标概括为：帮助幼儿建立自信心、认同感，培养幼儿合作与分享的态度和行为，以及养成活泼、开朗的性格；让幼儿积极学习与人交往、合作和分享，培养幼儿社会交往的能力；喜欢集体生活，富有同情心，愿意帮助和关心他人；让幼儿学习文化、历史、地理、经济等方面的初步知识，增加对社会、对世界的认识；感受中华民族和世界的优秀文化，萌发爱祖国、爱家乡、爱和平的情感；引导幼儿认识人与人之间的差异性，并发展尊重这种差异性的能力；使幼儿理解并遵守日常生活中基本的社会行为规范，形成初步的社会规范意识、公德意识和责任感。

幼儿园社会领域教育目标关注了幼儿与自身、他人、群体和社会的关系。幼儿与自身的关系，包括强调个体的自我认知、自我管理、情感态度及自我价值的教育；幼儿与他人的关系，包括乐群、互助、合作、分享和同情等品质；幼儿与群体的关系，包括遵守规则、爱护公物和保护环境的教育；幼儿与社会的关系，强调社会规范认知、社会文化认知、社会和集体意识以及社会技能的教育。

二、幼儿园社会领域教育的具体内容

幼儿园社会领域教育的内容是以幼儿园社会领域教育目标为先导和依据的。《幼儿园教育指导纲要（试行）》指出幼儿园社会领域教育的具体内容与要求是：引导幼儿参加各种集体活动，体验与教师、同伴等共同生活的乐趣，帮助他们正确认识自己和他人，养成对他人亲近、合作的态度，学习初步的人际交往技能；为每个幼儿提供表现自己长处和获得成功的机会，增强其自尊心和自信心；提供自由活动的机会，支持幼儿自主地选择、计划活动，鼓励他们通过多方面的努力解决问题，不轻易放弃克服困难的尝试；在共同的生活和活动中，以多种方式引导幼儿认识、体验并理解基本的社会行为规则，学习自律和尊重他人；教育幼儿爱护玩具和其他物品，爱护公物和公共环境；与家庭、社区合作，引导幼儿了解自己的亲人以及与自己生活有关的各行各业的人们的劳动，培养其对劳动者的热爱和对劳动成果的尊重；充分利用社会资源，引导幼儿实际感受祖国文化的丰富与优秀，感受家乡的变化和发展，激发幼儿爱家乡、爱祖国的情感；适当向幼儿介绍我国各民族和世界其他国家、民族的文化，使其感知人类文化的多样性和差异

① 教育部基础教育司：《幼儿园教育指导纲要（试行）解读》，第32～33页，南京：江苏教育出版社，2002。

性，培养他们理解、尊重、平等的态度。[①]

根据上述关于幼儿园社会领域教育内容的规定，我们把幼儿园社会领域教育的内容具体分解成便于操作的 3 个方面，即自我意识、交往和人际关系、社会环境。

（一）自我意识方面

自我意识是幼儿对自己的认识。这方面的内容主要包括：

第一，能主动地参与各项活动，有自信心，能体验到与同伴交往的快乐：会用一定的方式表达自己的需求、爱好、情绪、情感；主动积极地参加各种活动，有好奇心和探究解决问题的能力，能积极发表自己的见解。第二，能努力做好力所能及的事，有初步的责任感：认真倾听并理解任务性的语言，掌握记忆任务的方法；有困难或需求帮助时会用适当的方式向他人表达；遇到困难和挫折时，尽可能自己解决；能有始有终地做完一件事情；了解自己与周围环境的关系，能较快地适应环境的变化。第三，能正确认识自己的优缺点。能够发现自己的优点。比如，知道"我能自己穿鞋子，不会穿反"，认识到每个人不仅有各自的优点，也有缺点。

（二）交往与人际关系方面

在交往与人际关系方面，社会领域教育的主要内容包括：乐意与人交往，学习互助、合作和分享，有同情心；愿意与他人共同游戏、活动并和睦相处；善于与人交往，懂得问候、交谈、与人合作的技巧；乐于帮助有困难的小朋友，经常自愿地与他人分享玩具、食物等；理解并遵守日常生活中基本的社会行为规则。在基本的社会行为规则方面，社会领域教育的内容主要包括：了解一些日常生活的规则要求，培养幼儿按要求行动的意识；知道各种活动有不同的规则要求，养成按规则进行活动的习惯，增强执行规则的能力；在生活活动的饮食方面，要定时、定量进餐，不挑食，不偏食，不暴饮暴食，多喝水，少喝饮料，少吃零食；感受生活中规则的重要性，能围绕自己的生活、学习、游戏制定简单的规则。

（三）社会环境方面

在社会环境方面，主要是让幼儿了解以下几个方面的内容：了解并熟悉幼儿园环境，熟悉幼儿园的规则，关心幼儿园的同伴和老师，愿意与他们共同活动，能够适应集体生活；了解家庭环境，了解家庭成员的姓名、电话，知道家庭成员及亲属之间的关系，懂得尊敬长辈，感受到生活中父母和亲人对自己的爱；兄弟姐妹

---

① 教育部基础教育司：《幼儿园教育指导纲要（试行）解读》，第 33 页，南京：江苏教育出版社，2002。

之间能够和睦相处，同时鼓励幼儿参加一些力所能及的家务劳动，培养幼儿爱家、爱家人的情感；了解社区环境，了解自己所在的社区，了解社区人们的劳动，知道他们的劳动给大家带来的方便，了解自己家乡的风俗、名胜古迹、特产等，激发幼儿爱家乡的情感，并鼓励幼儿参加社区的大型活动。

三、幼儿园社会领域教育的指导

《幼儿园教育指导纲要（试行）》指出幼儿园社会领域教育的指导要点是：社会领域的教育具有潜移默化的特点。幼儿社会态度和社会情感的培养尤其应该渗透在多种活动和一日生活的各个环节之中，要创设一个能使幼儿感受到接纳、关爱和支持的良好环境，避免单一呆板的言语说教；幼儿与成人、同伴之间的共同生活、交往、探索、游戏等，是其社会学习的重要途径。应为幼儿提供人际间相互交往和共同活动的机会和条件，并加以指导；社会学习是一个漫长的积累过程，需要幼儿园、家庭和社会密切合作，协调一致，共同促进幼儿良好社会性品质的形成。[①]

幼儿园社会领域的教育，可以从以下几个维度来进行指导：

（一）正规的幼儿社会领域教育活动

正规的幼儿园社会领域教育可以通过幼儿园课程中社会领域的集体教育来进行，一般幼儿园称幼儿集体参与的、专门性的、比较规范的教育活动为集体活动。正规的社会领域教育活动具有明确的目标，教师的指导具有针对性。幼儿园的社会教育活动形式比较多，主要有综合教育活动、游戏、区域活动等 3 种形式。对于不同的活动形式要采取不同的指导方法。比如在区域活动中，教师应为幼儿提供数量充足的材料，并根据幼儿的年龄特点、能力水平和需要提供不同种类的材料，并进行指导。

（二）渗透性教育活动

幼儿园社会领域的教育除了正规的教育活动外，更应重视渗透性的教育，即让幼儿在与同伴、教师和家长的共同生活和活动中学习。幼儿园课程中的社会领域教育常常是与其他学科或领域（如语言领域、健康领域、艺术领域、科学领域等）交叉进行的。幼儿的社会知识和技能的获得、自我价值观的形成以及社会态度和情感的培养不是通过简单说教就能达成的，而是一个漫长的养成过程，要借助于日常生活的不断重复的特性来进行。教师要善于挖掘日常生活中的有教育

---

① 教育部基础教育司：《幼儿园教育指导纲要（试行）解读》，第 33 页，南京：江苏教育出版社，2002。

价值的活动，为幼儿创设各类社会交往的实践机会和条件，通过幼儿在活动区的自由活动、幼儿园环境的创设、参观社区以及教师对幼儿随机进行的集体的或个别的指导等方式来进行，让幼儿在社会交往活动中形成一定的社会价值观及行为规范。特别是要创设宽容的、接纳的良好气氛，同时辅以明确的、必要的制度和规则，促进幼儿自我意识和个性的发展。幼儿园社会教育还要取得家庭与社会的支持，使幼儿的社会情感、社会态度和社会行为能够在生活中逐步形成，并不断得到巩固和发展。

幼儿园社会领域教育中常用的方法有参观、调查、启发、诱导、讲解、讨论、示范、模仿和练习等。其中，参观法是指在社会教育活动中，教师根据一定的教育目标组织幼儿通过对实际事物和现象的观察、思考而获得新社会知识的教育方法；调查法是指带领幼儿或引导幼儿围绕某个社会现象，通过多种途径搜集材料，并对材料进行思考、分析，从而发现这一社会现象存在的状况以及与其他社会现象的联系等；讲解法是指教师运用正确的语言向幼儿说明一些简单的道理、规则，以使幼儿能较系统地理解社会教育的内容，掌握正确的行为准则；讨论法是指教师指导幼儿就教育活动中的某些问题、观点、认识进行相互启发、相互学习、相互交流的教育方法。教师还可以采用行动和语言相互强化的方法，即用相应的行动来强化所提出的要求，如提出收拾玩具时，教师可以一边说一边配以相应的行为，用自己的行为来开展对幼儿的社会教育。

第四节 幼儿园课程的科学领域与教育

科学是关于自然、社会的知识系统，它的内容涵盖了我们生活的全部。幼儿天性喜欢探究他们所处的世界，出生后不久，他们就开始运用眼睛、手、脚等各种感官，获取有关客观世界的各种信息。但是，对幼儿园来讲，科学却是较晚才进入幼儿园课程的领域之一。在最初的幼儿教育机构里，教师组织幼儿培育植物、饲养动物、为幼儿讲述与自然现象有关的故事等，教学的目的只是为了欣赏，并不是要求幼儿去理解这些现象发生的原因。从 19 世纪二三十年代起，在幼儿教育机构中才开始出现真正的科学教育，才重视通过活动加深幼儿对科学概念和科学方法的理解。对于幼儿来说，他们接触社会、接触生活，就等于接触了科学。幼儿了解身边的生活所涉及的科学知识，既能够减少他们在生活中遇到的困难、疑惑，也有利于他们今后的学习和发展。

对幼儿进行的科学领域的教育可简称科学教育。幼儿园科学教育是幼儿认识周围世界、获取知识与经验的重要途径，是幼儿园课程必不可少的组成部分。作为幼儿教师，应该重视幼儿园的科学教育，积极、科学地开展科学教育活动，让幼儿在充满趣味的活动中获得充分的发展。

一、幼儿园科学领域教育的目标

幼儿园科学教育旨在通过为幼儿提供有计划、有目的的教育活动，激发幼儿对周围事物的好奇心和探索事物的兴趣，获取与生活经验有关的科学常识，为幼儿阶段科学概念的教育打下基础。《幼儿园教育指导纲要(试行)》规定幼儿园科学教育领域教育的目标是：对周围的事物、现象感兴趣，有好奇心和求知欲；能运用各种感官，动手动脑，探究问题；能用适当的方式表达、交流探索的过程和结果；能从生活和游戏中感受事物的数量关系并体验到数学的重要和有趣；爱护动植物，关心周围环境，亲近大自然，珍惜自然资源，有初步的环保意识。[①]

从上述的幼儿园科学教育领域的目标，我们可以看出，幼儿园科学教育强调幼儿对科学学习的情感态度、探究解决问题的能力以及学会与他人及环境的积极交流与和谐共处。因此，教师在幼儿园科学领域的教育中，首先应注意培养幼儿对科学现象持久的好奇心和探究欲望，使幼儿学会对周边的事物和现象感兴趣，培养他们的好奇心和求知欲，这是使幼儿的认知活动得以维持并最终取得成功的前提。同时，还要引导幼儿运用各种感官，积极地进行观察和操作，通过科学教育发展幼儿提出问题、解决问题的能力，获得初步的科学态度和价值观。此外，教师在科学教育中，还要注意发展幼儿的语言能力，让幼儿通过语言交流来明确所发现的事物的特征和关系，以及自己的探究过程，从而使幼儿既构建了科学知识与经验，又学会了利用适当的方式表达和交流探究的过程和结果。幼儿园科学教育的最终目标是让幼儿关爱环境、保护环境、珍爱生活，为此，教师要多为幼儿提供与周围环境、动植物直接接触和探索的机会，让幼儿逐渐发现和感受自然界的奇妙和美好，体验人与环境及动植物之间的依存关系，并让幼儿投入到保护环境、保护动物的活动中去，从而使幼儿逐步产生珍惜自然资源、爱护自然资源的初步环保意识。同时，教师还要通过为儿童提供有计划地与数、量、形、时间和空间有关的教育活动，激励幼儿以多种方式获得有关事物之间关系的经验，包括让幼儿学会主动思考数与日常生活的关系，运用自己的方式表达对数概念的理解，并在与同伴或教师的交流过程中加以调整，同时还要让幼儿初步学会运用数概念解决日常生活中遇到的一些问题等。

总之，幼儿科学领域的教育不是向幼儿进行抽象地说教，而是要通过幼儿熟悉的内容，让幼儿在生动、具体的经验中，体会自然、科学、技术和社会的关系，萌发正确的价值观。

---

① 教育部基础教育司：《幼儿园教育指导纲要(试行)解读》，第34页，南京：江苏教育出版社，2002。

二、幼儿园科学领域教育的具体内容

幼儿园科学教育的内容非常广泛，不同科学教育内容的活动，有着不同的对象和方式。

幼儿园科学教育的内容是科学教育目标的具体体现，内容是否科学、恰当直接会影响到科学教育目标的实现情况。《幼儿园教育指导纲要(试行)》指出幼儿园科学领域教育的内容与要求是：引导幼儿对身边常见的事物和现象的特点、变化规律产生兴趣和探究的欲望；为幼儿的探究活动创造宽松的环境，让每个幼儿都有机会参与尝试，支持、鼓励他们大胆地提出问题，发表不同意见，学会尊重别人的观点和经验；提供丰富的可操作的材料，为每个幼儿都能运用多种感官、多种方式进行探索提供条件；通过引导幼儿积极参加小组讨论、探索等方式，培养幼儿合作学习的意识和能力，学习用多种方式表现、交流、分享探索的过程和结果；引导幼儿对周围环境中的数、量、形、时间和空间等现象产生兴趣，建构初步的数概念，并学习用简单的数学方法解决生活和游戏中某些简单的问题；从生活或媒体中幼儿熟悉的科技成果入手，引导幼儿感受科学技术对生活的影响，培养他们对科学的兴趣和对科学家的崇敬感情；在幼儿生活经验的基础上，帮助幼儿了解自然、环境与人类生活的关系，从身边的小事入手，培养初步的环保意识和行为。[①]

幼儿园科学领域的教育内容涉及的范围很广，其内容主要包括科学教育和数学教育两大部分。科学教育内容主要有自然资源、生态与环境、自然科学现象和科技等。在自然资源方面，幼儿在生活中能接触到许多动植物，它们是大自然的重要组成部分。科学教育主要是让幼儿认识某些动植物，特别是生活中比较常见、与幼儿生活比较贴近的，或者是能引起幼儿兴趣的动植物，了解它们的名称、外形特征和主要结构，以及这些动植物的生活以及它们对人类的作用等。在生态与环境方面，其主要内容是向幼儿介绍动植物的生活与环境的关系，让幼儿了解周围生活中的环境污染现象，以及人们保护生态环境的行为。在日常生活方面，其主要内容是让幼儿感知和了解某些自然现象，特别是与幼儿生活相近的，或者是能引起幼儿兴趣的自然现象，如打雷、闪电、彩虹、风、雨、雪、冰、霜、露水等，以及这些自然现象与人们生活的关系等。在科技教育方面，其主要内容是让幼儿了解、感知和运用周围生活中经常使用、接触到的科技产品，如电话、手机、电视机、照相机等，了解科学技术在生活中的运用，认识和体验它们与人们生活之间的联系。

---

① 教育部基础教育司：《幼儿园教育指导纲要(试行)解读》，第 34 页，南京：江苏教育出版社，2002。

除科学教育外，幼儿园科学领域的教育还包括数学教育的内容。《幼儿园教育指导纲要(试行)》没有将数学领域的课程单列，而是放在科学领域之中，主要是试图将它与科学领域整合为一个有机的整体。在数学教育中，教师要以幼儿对物体的探究过程中所获得的感性认识作为基础来构建初步的数概念，并将幼儿的科学探究活动作为数学学习的基础，让幼儿在探究、解决问题的过程中运用数学、理解数学，将数学作为科学探究的工具。数学教育中所涉及的具体的数概念主要有数、量、形、数的运算、量的比较及自然测量、图形和数字结合、时间和空间等。数是指让幼儿初步认识数字 1～10 和 0 的含义，认识和会书写 0～9 的阿拉伯数字；量是指让幼儿初步认识日常生活中的一些常见量，如大小、长短、轻重、粗细、高矮、厚薄、宽窄、远近等；图形是指让幼儿初步认识一些简单的平面几何图形，如圆形、三角形、长方形、椭圆形、梯形等和一些简单的立体几何图形，如球体、正方体、长方体、圆柱体等；数的运算是指能进行 10 以内数的计数活动和加减运算等；量的比较是指会对一些具体事物进行量的比较；自然测量是指能运用一些自然物(如手、绳等)对物体进行自然测量；图形和数字结合是指能掌握一些简单的几何图形特征中的数量关系(如大小、宽窄等)；时间和空间是指幼儿能感知早晨、晚上、白天、黑夜，知道昨天、今天、明天的意义以及一星期的名称及顺序，了解四季、几点钟等时间概念，也包括能区分上下、左右、前后、远近等空间方位。

三、幼儿园科学领域教育的指导

幼儿园科学教育是科学启蒙教育，教师不能以牺牲幼儿的兴趣和探究欲望为代价来追求知识的传递和经验的获得。《幼儿园教育指导纲要(试行)》指出幼儿园科学领域教育的指导要点是：幼儿的科学教育是科学启蒙教育，重在激发幼儿的认识兴趣和探究欲望；要尽量创造条件让幼儿实际参加探究活动，使他们感受科学探究的过程和方法，体验发现的乐趣；科学教育应密切联系幼儿的实际生活进行，将身边的事物与现象作为科学探索的对象。[①]

幼儿园科学领域教育的指导可以从以下几个方面来进行：

(一)通过专门的科学教育活动来进行

幼儿园专门的科学教育可以通过幼儿园课程中与科学直接有关的学科或领域(如科学、自然常识等)的活动来进行，也可以通过课程设置中其他各学科或领域(如语言领域、健康领域、社会领域、艺术领域等)的活动来进行。在幼儿园科

① 教育部基础教育司：《幼儿园教育指导纲要(试行)解读》，第 34 页，南京：江苏教育出版社，2002。

学教育中，教师要尽量提供条件让幼儿积极参加探究活动，注重让幼儿充分体验科学探究、科学发现的过程，从而培养幼儿的科学情感和科学探究的能力，引导幼儿养成良好的科学行为和科学习惯。

（二）通过非正规的科学教育来进行

幼儿园非正规的科学教育，常常是通过幼儿在活动区、室内外对各种科学现象的探究、幼儿园科学环境的创设以及教师对幼儿进行集体的或个别的指导等方式进行的。教师要为幼儿的科学活动创设安全的探究环境，营造安全的氛围，教师要允许幼儿出错，并善于发现他们出错的真正原因；支持鼓励幼儿大胆提出问题，接纳幼儿不同的意见，多给予幼儿激励性的评价。教师要因地制宜地为幼儿提供丰富的、有意义的材料，鼓励幼儿自由选择并运用材料。幼儿园科学教育要做到生活化，利用幼儿身边的事物和现象作为科学探究的对象。同时，幼儿的一日活动包含了许多科学教育素材，教师可以将科学教育灵活地渗透于幼儿的一日生活中，在幼儿的一日生活中进行科学教育，让幼儿去发现问题、解决问题。

在幼儿园科学领域的教育中，常用的方法有观察、推论、分类、科学小实验、提出假设、测量、讨论、参观访问、讲解和示范等。

第五节　幼儿园课程的艺术领域与教育

幼儿园艺术领域的教育可简称艺术教育，它是幼儿全面发展的有机组成部分。通过艺术教育，可以培养幼儿的美感、塑造幼儿健全的人格，从而促进幼儿全面的、可持续的发展。因此，幼儿园艺术教育是幼儿园课程的重要组成部分。

一、幼儿园艺术领域教育的目标

《幼儿园教育指导纲要（试行）》规定幼儿园艺术领域教育的目标是：能初步感受并喜爱环境、生活和艺术中的美；喜欢参加艺术活动，并能大胆地表现自己的情感和体验；能用自己喜欢的方式进行艺术表现活动。[①]

由上述目标可见，在幼儿园艺术教育中，教师要激发幼儿参与艺术活动的兴趣，让幼儿体验审美的愉悦，并且促进幼儿艺术这一表达方式的发展与提高。在幼儿园的教育实践中，艺术教育主要从音乐教育和美术教育两个方面来进行。依据《幼儿园教育指导纲要（试行）》的规定，以及幼儿身心发展的规律，我们把幼儿园音乐教育和美术教育的目标分别表述如下：

---

① 教育部基础教育司：《幼儿园教育指导纲要（试行）解读》，第 35 页，南京：江苏教育出版社，2002。

（一）幼儿园美术教育的目标

幼儿园美术教育旨在通过为幼儿提供有计划、有目的的美术教育活动，满足幼儿表现和创造的需要，陶冶幼儿的审美情趣，培养幼儿欣赏美和表现美的能力。幼儿园课程中美术教育的目标应包括以下几个方面：

第一，引导幼儿积极参与美术活动，愿意以多种方式，自由地表达自己的想法，引导幼儿感受美术活动的乐趣，培养幼儿的审美情感和表达能力，促进幼儿人格健全、和谐地发展。

第二，帮助幼儿掌握一些基本的美术技能和方法。通过提供给幼儿对多种美术工具和材料的操作机会，培养幼儿的审美表现力和审美创造力。

第三，通过美术活动，使幼儿初步感受并喜爱生活和艺术中的美，使幼儿在具体的美术教育活动中，发展感受力、创造力、表现力与理解力，提高幼儿对美的敏感性，逐步形成良好的审美价值判断。

（二）幼儿园音乐教育的目标

幼儿园音乐教育旨在通过为幼儿提供有计划、有目的的音乐教育活动，满足幼儿表现美、表达美和创造美的需要，陶冶幼儿审美的情趣，培养幼儿表现美和欣赏美的能力。因此，幼儿园课程中音乐教育的目标包括以下几个方面：

第一，激发幼儿积极参与音乐活动的兴趣，教师要根据幼儿的年龄特点，选用合适的活动内容，并采取活泼、生动、有趣的形式培养幼儿参与音乐活动的兴趣。引导幼儿愿意并能运用音乐大胆地表现自己的情感和体验的行为。

第二，帮助幼儿掌握一些基本的音乐技能和方法。能初步学会使用一些简单的音乐材料和道具，通过歌唱活动、韵律活动、欣赏活动和乐器演奏等音乐活动，初步感受音乐的旋律、节奏、速度等音乐表现手段，培养幼儿的音乐思维能力、想象能力和创造能力。

第三，通过音乐活动，使幼儿能初步感受并喜爱生活和音乐作品中的美，培养幼儿对音乐美的敏感性，提高幼儿的审美能力。

第四，通过集体音乐活动中的自我表达和人际沟通，引导幼儿体验音乐活动的乐趣，陶冶幼儿的情操，培养幼儿健全、和谐的人格，以及高尚的道德品质。

二、幼儿园艺术领域教育的内容

《幼儿园教育指导纲要（试行）》指出幼儿园艺术领域教育的内容与要求是：引导幼儿接触周围环境和生活中美好的人、事、物，丰富他们的感性经验和审美情趣，激发他们表现美、创造美的情趣；在艺术活动中面向全体幼儿，要针对他们的不同特点和需要，让每个幼儿都受到美的熏陶。对有艺术天赋的幼儿要注意发展他们的艺术潜能，为他们提供自由表现的机会，鼓励幼儿用不同的艺术形式大胆地表达自己的情感、理解和想象，尊重每个幼儿的想法和创造，肯定和接纳他们独特的审美感受和表现方式，分享他们创造的快乐；在支持、鼓励幼儿积极参加各种艺术活动并大胆表现的同时，帮助他们提高表现的技能；指导幼儿利用身边的物品或废旧材料制作玩具、手工艺品等来美化自己的生活环境或开展其他活动；为幼儿创设展示自己作品的条件，引导幼儿相互交流、相互欣赏、共同提高。①

根据上述关于幼儿园艺术领域教育内容的规定，我们从幼儿园美术教育和音乐教育两个主要方面来理解幼儿园艺术教育的内容。

(一)幼儿园美术教育的内容

幼儿园美术教育的内容主要包括绘画、手工和美术欣赏等内容。

1. 绘画

幼儿园绘画教育活动是指幼儿借助简单的绘画工具和材料(如蜡笔、油画棒、彩色水笔、彩色铅笔、水粉笔、墨水、布等)，通过线条、构图、色彩等手段，创造出视觉形象，以表达自己的审美体验的过程；同时还包括学习正确的绘画姿势以及养成集中注意力完成作品的良好绘画习惯。

2. 手工

幼儿园手工教育活动是指幼儿在教师的引导下，借助各种手工工具和材料(如剪刀、笔、尺、胶水、纸、橡皮泥、木、布、豆类、果壳等)，通过贴、撕、剪、折、串、塑等方法，制作不同形态的手工制品，以表达自己的审美感受和美化生活情感的一种美术教育活动，同时，在手工活动中，还应该引导幼儿养成干净、整洁、耐心、细致、有序等良好的手工活动习惯。

3. 美术欣赏

幼儿美术欣赏活动是指幼儿通过感受和欣赏美术作品、自然景物及周围环境中的美好事物，了解对称、均衡等形式美的初步概念，体验美术欣赏活动的快乐，从而丰富幼儿的美感经验、审美情感和审美评价能力的一种教育活动。美术欣赏活动的教育内容主要包括感受和欣赏美术作品、自然景物和周围生活中的美好事物，感受形式美和内容美，丰富幼儿的审美经验，同时，在美术欣赏活动中，还应该鼓励幼儿学习用语言、动作等表达自己的审美感受。

---

① 教育部基础教育司:《幼儿园教育指导纲要(试行)解读》，第35页，南京：江苏教育出版社，2002。

(二)幼儿园音乐教育的内容

幼儿园音乐教育的内容是实现幼儿音乐教育目标的中间环节,其内容主要有唱歌活动、韵律活动、打击乐演奏和音乐欣赏活动。唱歌活动的教育内容主要是学习唱歌的简单知识和技能、表现形式(如独唱、齐唱、合唱等)以及歌曲的演唱。韵律活动是指在音乐伴奏下所进行的以身体运动和身体造型为表达途径的一种艺术活动。韵律活动的教育内容主要是学习韵律活动的知识技能、韵律动作(包括走、跑、跳、点头、弯腰、屈膝、击掌等基本动作,鸟飞、鱼游、刮风、花开等模仿动作及舞蹈动作),以及各种韵律活动的表现形式(如独舞、双人舞、集体舞等)。打击乐演奏活动是幼儿在早期阶段最容易介入的乐器演奏活动。打击乐演奏的教育内容主要是学习打击乐演奏的知识和技能(如铃鼓、串铃、三角铁、锣、木鱼等打击乐器的演奏、配器、指挥等)及演奏的常规。音乐欣赏一般指幼儿通过聆听音乐作品获得审美享受的音乐活动。这种活动是与歌唱活动、韵律活动、打击乐演奏等音乐表演活动相对应的。但是,在音乐欣赏活动中,幼儿需要通过更多直接参与的活动来感知、理解音乐,并从音乐中获得审美享受、获得相关音乐欣赏的知识和能力。因此,音乐欣赏的教育内容主要是学习音乐欣赏的简单知识和技能、感受和欣赏音乐作品、学习倾听周围环境中的声音等。

幼儿的美感多处于直观感受阶段,具有形象性的特点。教师要发掘幼儿生活中各种美好的人、事、物等,引导幼儿进行欣赏。在感受美的基础上,教师要通过艺术活动帮助幼儿发现美、表现美。同时,幼儿园艺术教育应充分开发和利用各种自然资源,让幼儿在大自然中感受美、发现美、表现美,并能通过多种艺术形式表达自己的感受、情绪情感和意愿等。在幼儿园艺术教育中,要面向全体幼儿,针对每个幼儿的不同特点、兴趣和需要来进行教育,让每个幼儿都能受到美的熏陶。

三、幼儿园艺术领域教育的指导

《幼儿园教育指导纲要(试行)》指出幼儿园艺术领域教育的指导要点是:艺术是实施美育的主要途径,应充分发挥艺术的情感教育功能,促进幼儿健全人格的形成。要避免仅仅重视表现技能或艺术活动的结果,而忽视幼儿在活动中的情感体验和态度的倾向;幼儿的创造过程和作品是他们表达自己的认识和情感的重要方式,应支持幼儿富有个性和创造性的表达,克服过分强调技能技巧和标准化要求的偏向;幼儿艺术活动的能力是在大胆表现的过程中逐渐发展起来的,教师的作用主要在于激发幼儿感受美、表现美的情趣,丰富他们的审美经验,使之体验自由表达和创造的快乐。在此基础上,根据幼儿的发展状况和需要,对表现方式和技能技巧给予适时、适当的指导。[①]

由于幼儿园艺术领域的教育主要以美术教育和音乐教育为主，下面分别介绍美术教育活动和音乐教育活动的指导。

（一）幼儿园美术教育的指导

在对幼儿实施美术教育时，既要提供适宜的环境，又要激发幼儿充分发挥想象力和创造力的热情，既要通过运用幼儿自身创造的符号表现出来，又要通过教学使幼儿能够在教师指导下学习进行美术活动所必需的技能和方法。

1.幼儿园正规的美术教育活动

正规的幼儿园美术教育活动可以通过幼儿园课程中与美术教育直接相关的学科或领域（如美术、艺术等）的活动进行，也可以通过课程设置中其他各学科或领域（如语言领域、健康领域、社会领域、科学领域等）的活动来进行。

2.幼儿园中非正规的美术教育活动

幼儿园中非正规的美术教育活动常常通过幼儿在活动区的自由活动、自由游戏、幼儿园美术环境的创设，以及教师对幼儿随机进行的美术指导等方式进行的。

在幼儿园美术教育活动中，教师常用的方法有启发、诱导、讲解、示范、练习等。

（二）幼儿园音乐教育的指导

1.幼儿园正规的音乐教育活动

幼儿园正规的音乐教育活动可以通过幼儿园课程中与音乐教育直接相关的学科或领域（如音乐、艺术等）的活动来进行，也可以通过课程设置中其他学科或领域（如语言领域、健康领域、社会领域、美术领域等）的活动来进行。

2.幼儿园中非正规的音乐教育活动

幼儿园非正规的音乐教育活动常常通过幼儿在活动区的自由活动、自由游戏、幼儿园举行的音乐表演、音乐环境的创设，以及教师对幼儿随机进行指导等方式进行的。

在幼儿园音乐教育活动中，教师常用的方法有示范、模仿、练习、启发、诱导等。

幼儿园艺术教育要以幼儿为本，注重发挥幼儿的主体性、主动性，教师要改变以往将艺术教育当成技能训练的做法，善于启发和引导幼儿，在激发幼儿感受

---

① 教育部基础教育司：《幼儿园教育指导纲要（试行）解读》，第 35 页，南京：江苏教育出版社，2002。

美、表现美的基础上，促使幼儿不断创新表现方式，从而促进幼儿的发展。

【案例分析】

《快乐的国庆节》(大班)[①]

活动目标

1. 乐于与同伴交谈，并按老师的要求参与到“快乐的国庆节”的谈话活动中。

2. 有耐心，并能听懂他人的谈话。

3. 能清楚地表达自己国庆节所去地方的特色及当时的感受。

4. 通过谈话活动，了解祖国的旅游景点，培养幼儿爱祖国、爱家乡的情感。

5. 能够根据要求进行绘画，并与同伴进行交流。

活动准备

1. 幼儿在国庆节期间照的相片。

2. 幼儿在国庆节期间从景点买来的纪念品。

3. 画纸、画笔若干。

活动过程

1. 创设情境，激发幼儿谈话的兴趣。

教师：“今天，小朋友们从家里带来了国庆节期间出去玩时照的照片和买的纪念品。现在，请小朋友们向你们身边的同伴介绍一下你的照片和纪念品，比如，照片上是在哪个地方，你和谁一起去的，那里有什么好玩的东西，你在那里玩得开心吗，为什么，等等。

2. 幼儿围绕话题自由交谈。

(1)幼儿同伴之间自由交谈。幼儿可以请其他小朋友来观看自己的照片或纪念品，并向同伴介绍照片和纪念品的相关信息；幼儿之间进行交谈。

(2)教师以平等的交谈者的身份参与到幼儿的谈话中。

3. 教师引导幼儿扩大谈话范围

在幼儿自由交谈的基础上，以提问的方式引发幼儿扩大谈话范围。比如，请你谈一谈国庆节期间，自己觉得在哪个地方过得最开心？为什么？说一说明年准备去哪里过国庆节长假。

4. 针对每个问题，教师先请幼儿与他身边的同伴进行交流，使每个幼儿都能参与到谈话中来，然后请个别幼儿向全班幼儿介绍自己的想法。

5. 教师示范谈话经验

教师拿出自己国庆节时拍的照片，谈谈自己度过快乐的国庆节的过程以及

① 参见周兢、余珍有《幼儿语言教育》，北京：人民教育出版社，2004。

自己在旅游时注意保护环境的经历。

6.请小朋友们把自己带来的照片和纪念品，摆在展览区，供小朋友集体参观和交流。

活动评析

第一，该语言活动的目标中包含了知识和能力、过程和方法、情感态度和价值观等方面的目标，在设计上体现了语言谈话这个落脚点，并体现了目标之间的整合性。

第二，该语言活动的内容是幼儿感兴趣的，并在幼儿生活经验的范围内，与幼儿以往的语言经验有一定的联系，并且该谈话内容与活动目标相一致。

第三，该谈话活动过程完成了谈话目标，体现了谈话内容，采用了适当的教育方法，而且每个环节的内容安排都富有逻辑性，幼儿在每个环节中都能获得相应的发展，教师在谈话活动中根据实际情况做了示范活动，并引导幼儿逐步扩大谈话范围。

▶阅读推荐◀

1.高敬.幼儿园课程.杭州:浙江教育出版社,2010

2.唐淑,孔起英.幼儿园课程基本理论和整体改革.南京:南京师范大学出版社,2009

3.李志宇.幼儿园课程改革理论指导.北京:中国广播电视出版社,2003

4.夏力.学前儿童科学教育活动指导(第二版).上海:复旦大学出版社,2009

5.张加蓉,卢伟.学前儿童语言教育活动指导(第二版).上海:复旦大学出版社,2009

6.郭亦勤.学前儿童艺术教育活动指导(第二版).上海:复旦大学出版社,2009

7.麦少美,孙树珍.学前儿童健康教育活动指导.上海:复旦大学出版社,2005

8.周梅林.学前儿童社会教育活动指导(第二版).上海:复旦大学出版社,2009

▶思考与探索◀

1.幼儿园健康领域教育的目标和内容主要是什么?

2.幼儿园语言领域教育的目标主要是什么?

3.幼儿园社会领域教育的目标和内容主要是什么?

4. 幼儿园科学领域教育的内容主要是什么?

5. 幼儿园艺术领域教育的目标和内容主要是什么?

6. 幼儿园健康领域教育的指导要点是什么?

7. 幼儿园语言领域教育的指导要点是什么?

8. 幼儿园社会领域教育的指导要点是什么?

第五章
幼儿园课程的编制

【内容提要】 幼儿园课程编制是幼儿园课程的核心内容。本章以幼儿园课程编制的步骤为线索，从幼儿园课程编制模式、目标、内容、实施和评价等方面介绍了幼儿园课程编制的相关理论、课程编制的基本环节、课程编制的价值取向和影响因素等等，回答了幼儿园课程是什么、为什么、怎么做、做得怎样等问题。

【学习目标】 通过本章的学习，学生应识记课程模式、课程目标的概念；了解幼儿园课程目标的层次与结构，幼儿园课程内容的选择取向和课程实施的取向，幼儿园课程评价的类型和常见的评价模式；理解目标模式与过程模式的区别及其在幼儿园课程编制中的平衡，理解幼儿园课程目标的取向和表述；掌握课程实施的影响因素、幼儿园课程评价的要素。

第一节　幼儿园课程编制模式

模式意指一种小的模型或系统，它内含着一定的思想取向和结构，并表现为一定的操作规则、方法和步骤。课程模式指在课程开发过程中，根据某种思想和理论，选择和组织课程内容、教学方法、管理手段，以及制定课程评价原则而形成的一种形式系统。在幼儿园课程编制过程中，不同的课程编制模式有着不同的教育哲学和心理学基础，代表不同的课程组织结构和教学过程，反映课程与相关领域的不同关系，也导致课程的编制以不同的方式展开。目前在我国幼儿园课程编制中，采用较多的是目标模式和过程模式。

一、目标模式

目标模式是一种以科学管理为原则而建立的、在课程实践中产生广泛影响的课程范式。它指以目标为课程编制的基础和核心,围绕课程目标的确定及其实现、评价进行的课程编制模式。也就是先预设具体化的行为目标,然后根据目标设计和组织课程内容,教学就在于使这些内容能被学生掌握,达到预期的结果。在这一过程中,课程被看做实现教育目标的手段,只要"准确无误"地按目标操作,就能起到最佳效果,实现课程目标。因此,目标模式又被叫做"工学模式",即学校是加工厂,学生则是产品。

(一)目标模式的基础

目标模式在美国兴起,是在当时杜威的实用主义价值观的影响下,受行为主义心理学和泰勒的科学管理思想的影响而形成的。行为主义把学习看做刺激—反应的连接,这就使目标模式的课程编制关注学生的行为,把学生的行为表现作为课程的最终目标。科学管理的思想则强调目标—手段、效率—控制、预期—验收,强调技术化、操作化和标准化的运行机制。因此,目标模式将目标作为课程开发的基础和核心,强调先确定目标,再以精确表述的目标为依据进行评价。该模式通常被看做课程开发的经典模式和传统模式。

20 世纪初,由于受工业和科技进步的影响,在欧洲和北美出现了一股追求"功效"和"唯科学主义"的潮流,崇尚科学成为当时的时代精神。在这种思潮的影响下,教育也开始着眼于科学化,出现了"教育功效化运动"和"教育科学化运动"。在课程领域,也从"功效"、"经济"的角度重新审定学校课程,提出采用科学方法开发课程的种种设想,其中最令人瞩目的是美国的博比特(F. Bobbit)。

博比特 1918 年在《课程》一书中,首先提出了"课程科学化"的问题,他认为科学的时代要求精确性和具体性,因此,教育目标必须具体化、标准化。1924 年在《怎样编制课程》一书中,博比特论述了教育目标的重要性和确定教育目标的基本方法,主张围绕教育目标编制课程,并具体列举了 10 个领域的 800 多个目标。

(二)泰勒原理

如果说,博比特创造了课程编制的目标模式的雏形,那么,美国的课程专家泰勒(R. V. Tyler)则建立了目标模式的经典形态。20 世纪 30 年代以后,泰勒在对多年的研究经验进行总结的基础上提出了课程编制的基本程序、步骤和方法。在他的代表作《课程与教学的基本原理》一书中,泰勒系统地阐述了课程编制的目标模式的基本观点,此观点也被誉为"泰勒原理"。

泰勒认为,在课程编制过程中,编制者必须回答 4 个问题,它们是:(1)学校应该达到哪些教育目标;(2)提供哪些教育经验才能实现这些目标;(3)怎样才能有效地组织这些教育经验;(4)我们怎样才能确定这些目标正在得到实现。[①] 这4个问题被看做课程编制过程中的4个步骤,即课程目标的确定、学习经验的选择、学习经验的组织和学习结果的评价。尽管泰勒原理从4个方面提出了课程编制的模式,但确定课程目标是最重要的一步,泰勒认为"教育目标是指导课程研制者所有其他活动的最为关键的准则"。在目标模式中,学习经验的选择、学习活动的组织以及对学习结果的评价都被置于课程目标的下位,课程目标是课程编制的出发点,一切都是围绕目标而展开的。

目标模式非常注重"行为",以预先确定的精确、具体、可操作的行为目标来预测学生的变化和评价课程的成败。在《课程与教学的基本原理》中,泰勒用儿童行为的方式来陈述课程目标,课程目标与行为目标几乎成为同义词,为此,泰勒被人们称为"行为目标之父"。此外,泰勒对学习经验的选择、学习经验的组织和学习结果的评价等也提出了一系列的原则。

泰勒的目标模式是一种典型的线性加工模式,以直线的方式安排课程编制的顺序。它预先规定具体的、行为化的目标,然后以此来组织课程内容,通过对课程内容的实施,来评价对目标的达成度。英国课程论专家惠勒(D. Wheeler)认为以直线的方式安排课程编制的顺序的弊端是当评价的结果与预设的目标不相符合时,就会因为缺少反馈这一环节而难以检讨课程编制中存在的问题。因此,惠勒对泰勒模式中课程编制程序的排列方式予以改造,将直线型的目标模式改为圆环型的目标模式,即确定目标—选择学习经验—选择学习内容—组织、统合学习经验与内容—评价—调整目标、确定新一轮目标。

(三)过程模式对幼儿园课程编制的影响

课程编制的目标模式对幼儿园课程的编制产生过重要的影响。在幼儿园课程编制过程中,强调课程目标的制定,强调课程目标的层层分解并落实于具体的教育活动中,强调根据课程目标是否落实和达成来评价教育的结果。可以说,这样一些指导思想和做法都来自于课程编制的目标模式。

目标模式自产生以来经不断地修正、改造并逐渐完善,已经成为现代课程论中最具影响力的理论形态之一,对课程理论和实践运用产生了极其深远而广泛的影响。

二、过程模式

过程模式是英国课程理论家斯坦豪斯(L. Stenhouse)于20世纪五六十年代

---

① (美)泰勒著,施良芳译:《课程与教学的基本原理》,第17页,北京:人民教育出版社,1994。

代建立起来的，被公认为是继目标模式之后出现的又一重要的课程编制模式。

(一)对目标模式的批判

斯坦豪斯过程模式的建构是从对“泰勒原理”的批判开始的。在1975年出版的《课程研究与开发导论》一书中他提出目标模式所依据的假设存在两个致命的弱点：一是误解了知识的性质。知识不是现成的、确定的和外在的东西，知识的本质在于可以通过知识的运用进行创造性思维。而目标模式却把知识视为一种统治与控制的工具，因此，它歪曲了知识的本质。课程应该考虑与关注知识的不确定性，鼓励学生个体化的、富于创造性的学习。二是误解了改进实践的过程的性质。斯坦豪斯认为，目标模式是一种通过使目的明晰化来改善实践的尝试，但是在实践中，预定的统一目标框架往往在很大程度上束缚了教师与学生，很难真正地改进实践。改进实践的过程应依靠教师发现自己在教育实践中存在的问题，并提出解决问题的办法得以实现，而不是通过教师去执行远离实践的专家所设计的方案来实现的。

(二)过程模式的基本观点

过程模式是建立在与目标模式完全不同的教育观、知识观以及方法论原理的基础之上的。在教育观和知识观上，斯坦豪斯深受英国教育哲学家彼得斯(R. S. Peters)的关于教育准则和“程序原则”、赫斯特(P. H. Hirst)的“知识的形式”以及拉思(J. D. Rath)对于鉴别具有内在价值的活动的准则等思想的影响。他认为有价值的知识必然是思辨的，因而学生的学习结果是不确定的，学生的行为结果也是无法预测的，因而教育应当引导学生去探索知识，让学生的学习过程变得更自由，更具创造性。在方法论上，斯坦豪斯受发展心理学的影响，认为儿童不是知识的被动接受者，而是知识的主动探究者，学习过程是个体能动地与外界环境交互作用的过程。所以过程模式是以过程或程序为焦点，详细说明内容和过程中的各种原理，主张课程开发的任务是选择活动内容，建立关于学科的过程、概念与标准等知识形式的课程，提供实施的“过程原则”。

过程模式的逻辑起点是内容的选择，强调知识、活动的内在价值。内容的选择不是以预期的学生行为为依据的，而是以教育本体功能和知识本身固有的价值为标准。因此，在过程模式中，如何选择和鉴别知识及活动的内在价值，是非常关键的。为此，斯坦豪斯引用了拉思提出的用以“鉴别看来是含有内在价值的活动”的12条标准。

过程模式认为课程是一个开放的而不是封闭的系统，儿童的学习不是被动的反应过程，而是主动参与和探究的过程，教师的身份是“和学生一起学习的学习者”，是学生学习的引导者、咨询者和参考资料的提供者。在课程评价中，教师应是诊断者，而非评分者，评价应以教育本体功能和知识内在价值为标准，而不是以预设目标达成度为依据。

斯坦豪斯并没有绝对反对目标，但是，他所提出的过程模式的目标与目标模式的目标有着本质上的区别：第一，过程模式的目标只是总体教育过程的一般性的、宽泛的目标；第二，这些目标不构成评价的主要依据；第三，这些目标是非行为性的，可以以此为依据确定课程编制的指导性原则和方法，使教师明确教育过程中内在的价值标准及总体要求，而不是课程实施后的某些预期结果。

（三）过程模式对幼儿园课程编制的影响

课程编制的过程模式对幼儿园课程的编制产生过相当大的影响，并将进一步产生重要的影响。在幼儿园课程编制过程中，淡化课程目标的预设，强调儿童活动的过程；淡化教师在教育活动组织中的计划性和控制性，强调根据儿童的兴趣和需要组织活动，尊重儿童的选择和创造；淡化根据客观标准对幼儿园教育进行评价，强调过程性评价，强调教师自我在教育评价中的作用，这样一些指导思想和做法都与过程模式的基本思路一致。

三、目标模式与过程模式的比较与评价

（一）比较

关于目标模式和过程模式之间的不同，我们可以用下表来总结。

表 5—1 目标模式与过程模式的比较

比较点	目标模式	过程模式
教育观、知识观	知识是固定的让人接受的信息，教育就是让学生掌握这些既定的知识	知识是思维的载体，教育是学生在能动地与外界环境交互作用中自由、创造性地探索知识的过程
课程目标	层层分解、精细，控制性强，关注目标的结果	宽泛、动态，注重引导，关注过程，关注学生的兴趣的满足
教师	课程的执行者，技能性强，需短期培训	课程的参与者、讨论的主持人，观念和能力要求高，需长期学习
学生	接受者	建构者、探索者
方法、手段	讲授、传递，目标控制，易操作	讨论、探究，难把握
效果、评价	明显、快速，评价指标明确，评价简易	不明显、长远，评价指标较模糊，评价较难

（二）评价

1. 对目标模式的评价

目标模式是现代课程论中最具影响力的理论之一，它确定了课程编制的基

本思路，几十年来对包括学前教育在内的教育实践，特别是课程和教育方案的设计和教材的编写起到了功不可没的作用。

目标模式的优势表现为：

(1)课程结构清晰。目标模式以课程目标为统领，使课程内容的选择和组织以及课程的评价都有一个中心。

(2)计划性、可控性、操作性强。目标模式采用行为目标的方式设置课程目标，并以此为出发点编制课程，目标明确、具体，教师组织活动时目标明确，评价简单易行，大大提高了幼儿园教育教学过程的计划性、可控性和可操作性。

但是，也正是目标模式的这些特征，使依据目标模式编制的幼儿园课程存在着很多弊病：

(1)课程目标的成人视角，很难与发展中的幼儿相适应。课程目标是由课程编制者确定的，具有明确的成人视角，虽说课程编制者确定目标时会考虑幼儿的特点，但迄今为止，人们对幼儿的发展水平、学习规律以及他们的兴趣和需要还认识甚少，特别是幼儿的富有创造性的行为在很大程度上具有不可预知性。而目标模式强调目标的预先设定，课程编制者很容易带上自己的主观意愿，从而使课程目标成为强加于教师和幼儿的东西，课程开发与教学设计过程中的创造性、人的学习的主体性可能就被忽略了。因为幼儿园幼儿的特殊性，这种弊端就会更为明显。

(2)课程目标注重外显行为，忽视内隐因素。课程目标以儿童行为来确定，课程就会很自然地强调那些可以通过儿童行为明确识别的方面，而忽略那些难以转化为行为的方面。在教育实践中，很多有教育价值的东西，如儿童的态度、情感、价值观等方面是需要通过幼儿园的隐性课程来培养的，很难用外显的、可观察的行为来预先具体化，而这些方面对于学龄前儿童本身而言更为重要。

(3)目标的分解和细化与学龄前儿童整体地学习知识和获得经验的方式相矛盾。为了按行为目标的方式确定课程目标，目标模式将课程目标分解成为相对独立的部分，从而也将幼儿的学习经验分割成“碎片”，通过训练来达成，这种方式与学龄前儿童整体地学习知识和获得经验的学习方式之间存在着一定距离。虽然，泰勒并不主张将目标过分具体化，但是，在按此模式进行操作时，行为目标往往被层层分解，具体到每一个细节，幼儿的学习过程变为一个可预先决定和操纵的机械过程。这样，该模式的弊病在幼儿园教育教学的过程中就更加明显了。

2. 对过程模式的评价

过程模式只有较短的发展历史，对教育实践的影响作用并没有目标模式那么广泛。但是，由于它所倡导的一些思想和原则与当今学前教育领域中人们对教育价值判断所发生的变化比较接近，因此，它对于近年来幼儿园课程的编制影响很大。

过程模式的优势表现为：

(1)强调过程评价，强调教师自我在评价中的作用。过程评价强调教育和知识内在的本体价值；强调在教育过程中对具体情境的诊断；强调“教师即研究者”所应发挥的作用。

(2)强调关注幼儿的活动过程，重视对幼儿主体精神和创造性思维的培养。过程模式淡化教师在教育活动组织中的计划性和控制性，强调根据幼儿的兴趣和需要组织活动，尊重幼儿的选择和创造，这对于在教育中更多体现的民主精神和人文精神都十分有益的。

但是过程模式是在对目标模式的批判中提出的，它的弊端也是显而易见的：

(1)目标作用相对被忽视，操作性差，主观色彩浓厚。过程模式虽然指出了目标模式的“病症”，提出了很好的课程编制思想，但却没有提出明确而具体的程序及方案，致使人们在运用过程中往往跟着感觉走，缺乏科学性、计划性和系统性，对教育的评价往往因缺乏客观标准而带有过多的主观色彩。这些缺陷，虽然对于相对独立和非正规的学前教育而言，所产生的消极影响会比学校教育小一些，但也应该引起关注。

(2)“教师即研究者”赋予教师过于理想化的角色。斯坦豪斯提出的“教师即研究者”的口号是十分诱人的，有益于扩大教师自主性的发展和专业的成长，使教师成为课程的主动反思者和实践者。但是，过程模式对教师要求过高，在教育实践中往往会因为教师难以达到这样的境界，而使教师不能把握课程的要义，从而降低课程的有效性，甚至在根本上使课程遭到扭曲和异化。在教育实践中，过程模式不易被推广。

四、目标模式与过程模式之间的平衡

在理论上，目标模式和过程模式是两种对立的模式，但是，在幼儿园课程编制的实践中，课程编制者可以在这两种课程模式之间建立互补关系，各施其长，共存并用。编制课程时，既有目标的统一性，又不限制幼儿的主动性；既有明确细致的目标，又有一般的、宽泛的目标；既有行为目标，又有生成性和表现性目标。这样，才能最终达到课程编制的科学性和艺术性、课程目标的预设性与生成性、课程内容的稳定性与可变性，以及课程评价的终结性与形成性之间的平衡。

第二节　幼儿园课程目标及其制定

课程目标是构成课程的第一要素。课程内容的设计和课程的实施，基本上是以人们对课程目标的把握和变通为重要前提的；课程评价的实施也是以课程目标的实现程度和水平为重要依据的。可以说，课程目标的制定与实现贯穿于

课程设计与实施的全过程。

一、幼儿园课程目标的含义与作用

(一)课程目标的含义

在教育领域中,目标有不同的层次,最上位的概念是“教育目的”。教育目的是指教育要达到的预期结果,反映了教育在人的培养规格标准、努力方向和社会倾向性等方面的方向。[①] 广义的“教育目的”含有不同层次预期实现的目标系列。其结构层次有上下位次之分,依次为:教育目的—培养目标—课程目标—教学目标等。1995 年我国《中华人民共和国教育法》规定我国的教育目的是:“教育必须为社会主义现代化建设服务,必须与生产劳动相结合,培养德、智、体等各方面全面发展的社会主义事业的建设者和接班人。”可见,教育目的是对受教育者总的要求,是教育活动的出发点和归宿,也是教育实践活动的第一要素和前提。

“培养目标”是教育目的的下位概念,它所体现的是各级各类教育的价值,如幼儿教育、中等教育、高等教育等分别有不同的培养目标。我国《幼儿园工作规程》所规定的幼儿园培养目标为:“对幼儿实施体、智、德、美诸方面全面发展的教育,促进其身心和谐发展。”

“课程目标”是培养目标的下位概念,是教学目标的上位概念,规定着课程开发与教学设计中课程的具体价值和任务。在教学实践中,课程目标的确定对课程内容的选择、课程的组织、课程的实施以及课程的评价起着方向性的指导作用。

教学目标是教学活动预期达到的结果,是学生学习以后预期产生的行为变化,表现为对学生学习结果及终结行为的具体描述,具有指引教学方向、指导教学结果的测量与评价、指导教学策略的选择和运用,以及指引和激励学生学习等功能。

从上面概念的分析中,我们可以看到,教育领域中的目标,从上位到下位是一个从一般化、概括化向具体化、可操作化转化的过程。越下位的目标应越具体、明确。如教学目标是课程目标的载体,是课程目标的具体化,只有将课程目标转化为一系列具体的可操作的教学目标,并最终达成,课程目标才能实现。所有的课程目标都实现了,才能使某一阶段的培养目标得以实现。每个阶段的培养目标都实现了,才能保证我国“培养德、智、体等各方面全面发展的社会主义事业的建设者和接班人”的教育目的最终实现。

---

① 十二所重点师范大学联合编写:《教育学基础》,第 57 页,北京:教育科学出版社,2002。

（二）幼儿园课程目标

幼儿园课程目标的含义就是幼儿园课程力图促进幼儿的身心发展所要达到的预期结果。它包含 3 个要点：一是时限。即幼儿园阶段，包括从起点（2～3岁）到终点（6 岁）的年龄期限；二是幼儿在这一阶段最终的发展状态和发展水平。发展状态表明幼儿的整体素质是否得到全面、主动、和谐的发展，发展水平则是指幼儿基本素质的发展所达到的高度；三是社会的期望。即课程要符合社会和时代发展的要求，它是决定幼儿发展状态和发展水平的依据之一。

如我国在 2001 年 6 月颁发的《幼儿园教育指导纲要（试行）》中，把幼儿园的课程分为健康、社会、语言、科学与艺术五大领域，各领域都有明确的目标。

（三）幼儿园课程目标的作用

幼儿园课程目标在学前培养目标与幼儿园课程之间起到了衔接作用，使幼儿园教育的特定价值观能在课程中得到体现。幼儿园课程目标的确定，使幼儿园课程编制的方向得以明确，使课程内容的选择和组织以及课程的实施和评价等与课程目标成为一个有机整体。

二、幼儿园课程目标的结构与层次

（一）幼儿园课程目标的结构

课程目标的结构是对课程目标体系的横向分析。幼儿园课程目标的结构既要考虑幼儿心理发展的结构，也要考虑课程内容的结构以及幼儿心理发展的年龄差异。

美国心理学家布卢姆（B. S. Bloom）等人在《教育目标分类学》中曾以儿童身心发展的整体结构为框架，为教育目标的建立提供了一个比较规范、明晰的形式标准，他把教育目标分为认知、情感、动作技能 3 个领域。每个领域又按其性质由易到难、由简到繁、由低级到高级分为若干层次，如认知领域分为知识、领会、应用、分析、综合和评价 6 个层次；情感领域分为接受、反应、价值评价、组织和性格化 5 个层次；动作领域分为反射动作、基本—基础动作、技巧动作、知觉能力、体能 5 个层次。

布卢姆等人的教育目标分类标准体现了对儿童全面发展的价值关注，我国幼儿园课程确定目标时也应涵盖认知、情感与动作技能三大方面。

课程目标的实现，需要通过具体课程内容的组织和实施来实现，因此，课程内容中的健康、科学、社会、语言、艺术等领域也是确定课程目标时必须考虑的因素，在每个领域中，都要涵盖认知、情感与动作技能 3 个方面的发展。

幼儿心理发展的年龄差异也是确定幼儿园课程目标需要考虑的重要因素之一，幼儿年龄小，身心发展迅速，不同年龄阶段的幼儿在注意力、记忆力、想象力、思维能力等方面存在明显的差异，不同年龄段的幼儿的发展目标是不同的。

因此，幼儿课程目标的结构是一个包含着幼儿心理发展结构、课程内容结构和幼儿年龄结构的三维立体结构。

（二）幼儿园课程目标的层次

幼儿园课程目标细分起来可包括宏观、中观和微观 3 个层次。

宏观目标是国家、地方对幼儿园课程的整体要求，反映了国家、地方对幼儿成长的总体要求以及课程改革的总体精神。具体体现在国家、地方的教育纲要、课程指南等纲领性文件中，它是一种相对比较宏观的、概括的、抽象的长期目标，一经制定，便不会随意变动。

如我国教育部颁布的《幼儿园教育指导纲要（试行）》中规定的幼儿园阶段的课程领域总目标为：①

健康

1. 身体健康，在集体生活中情绪安定、愉快；
2. 生活、卫生习惯良好，有基本的生活自理能力；
3. 知道必要的安全保健常识，学习保护自己；
4. 喜欢参加体育活动，动作协调、灵活。

语言

1. 乐于与人交谈，讲话礼貌；
2. 注意倾听对方讲话，能理解日常用语；
3. 能清楚地说出自己想说的事；
4. 喜欢听故事、看图书；
5. 能听懂和会说普通话。

社会

1. 能主动地参与各项活动，有自信心；
2. 乐意与人交往，学习互助、合作和分享，有同情心；
3. 理解并遵守日常生活中基本的社会行为规则；
4. 能努力做好力所能及的事，不怕困难，有初步的责任感；
5. 爱父母长辈、教师和同伴，爱祖国、爱家乡、爱集体。

科学

---

① 教育部基础教育司：《幼儿园教育指导纲要（试行）解读》，第 30～31 页，南京：江苏教育出版社，2002。

1.对周围的事物、现象感兴趣，有好奇心和求知欲；

2.能运用各种感官，动手动脑，探究问题；

3.能用适当的方式表达、交流探索的过程和结果；

4.能从生活和游戏中感受事物的数量关系并体验到数学的重要和有趣；

5.爱护动植物，关心周围环境，亲近大自然，珍惜自然资源，有初步的环保意识。

艺术

1.能初步感受并喜爱环境、生活和艺术中的美；

2.喜欢参加艺术活动，并能大胆地表现自己的情感和体验；

3.能用自己喜欢的方式进行艺术表现活动。

中观目标是幼儿园层面根据国家、地方课程改革的精神和幼儿园的实际，将观念层面的课程目标具体化，制定出适合本幼儿园实际的园级课程总目标。

幼儿园制定的课程总目标要具有一定的系统性，要明确幼儿园课程与国家学前培养目标之间的衔接关系，体现国家、地方幼儿园课程的总目标精神，以确保这些要求在幼儿园课程目标中得到体现，同时又要考虑本园的实际（如幼儿园的定位、师资、设备等）及价值取向。

微观目标就是具体各年龄阶段目标。在幼儿园课程总目标的引领下，还需要幼儿园根据幼儿的年龄特点，制定出每一年龄阶段的分目标，一般包括托班、小班、中班及大班4个年龄层次。由于年龄阶段目标是在一个学年中完成的，所以年龄阶段目标又可称为“学年目标”。年龄阶段目标是幼儿园层面的课程目标在幼儿园4个不同年龄段的具体分解和落实。

如黄山市某幼儿园制定的2～3岁幼儿年龄阶段的课程目标：

第一，熟悉集体生活环境，情绪愉快，有安全感，愿意亲近老师，与老师、同伴一起活动。

第二，会用调羹独立进餐，愿意吃各种食物。

第三，会自己洗脸、刷牙，会正确使用毛巾及手帕。

第四，会脱简单的衣服，并放在固定的位置，能安静入睡。

第五，知道自己的姓名、年龄、性别和身体的主要部位，并能听从成人有关安全的提示。

第六，不舒服时会告诉成人，并配合医务人员进行体检和治疗。

第七，认识周围生活中的各种声音和常见的各种形状、颜色的物品，觉察其声响、颜色、大小、多少等明显的不同。

第八，乐意与熟识的人打招呼，会说“早”、“再见”、“谢谢”等礼貌用语，并学用语言表达自己的需求。

第九，协调走、爬、钻等基本动作，会根据简单的口令或音乐较合拍地做模仿操或徒手操。

第十，会玩中小型运动器械，喜欢与小朋友一起活动，在活动后知道合作收拾、整理小型体育器具。

当然，幼儿园的年龄阶段目标在制定时要考虑各年级间的衔接，应体现出某一课程目标在幼儿不同年龄阶段的循环发展。

如黄山市某幼儿园的科学领域的年龄阶段目标：

小班：观察周围自然现象的明显特征，并获取粗浅的科学经验；

中班：了解四季的特征及其与人们生活的关系，观察简单的自然现象，获取感性经验；

大班：获取有关季节与人类、动植物、环境等关系的感性经验，形成春、夏、秋、冬四季的初步概念，探索周围生活中常见的理化现象，获取有关的科学经验。

三、幼儿园课程目标的制定

（一）确定幼儿园课程目标的依据

泰勒在《课程与教学的基本原理》一书中，把学习者的需要、当代社会生活的需求和学科的发展并列为课程目标的3个来源。虽然泰勒将这3个来源机械罗列，没有探讨三者之间的关系。但此后这3个方面却成为课程开发的3个维度，成为确定课程目标的依据和制约课程的3个因素，得到中外教育专家的重视。课程实践也证明，这3个因素“无论忽视哪一个要素，或者无论偏重哪一个要素，都会使学校课程失去平衡，以致不能完整全面地实现教育的培养目标”。[①] 所以课程目标的制定是对制约课程三因素的科学整合。因此，幼儿园课程总目标的制定依据，主要有3个方面：对儿童的研究、对社会的研究和对人类知识的研究。

幼儿园教育的对象是幼儿，课程目标的一个基本职能是要促进幼儿的身心发展，所以首先要了解幼儿的身心发展特点、兴趣、爱好和需要，才能促进幼儿的可持续发展。

社会的需要也是幼儿园课程目标确定的重要因素，幼儿教育是人生教育的起始阶段，是整个人生教育的重要基础。对社会需要的研究可了解社会对人才素质的需求标准，了解对幼儿成长发展的期望和要求，从而来确定幼儿发展的方向，确定幼儿应当具备哪些素质，将来更好地为社会服务。

此外，人类知识本身有其逻辑性，幼儿园作为正规教育机构，向幼儿传递人类社会长期以来所积累的、有价值的各领域的知识，为中小学教育打下基础也是

① 吕达：《课程史论》，第357页，北京：人民教育出版社，1999。

幼儿教育的重要任务，因此，对知识的研究也应成为制定课程目标最主要的依据之一，即确定幼儿学习的领域，确定幼儿应该获得和积累哪些基本经验。

当然，由于每所幼儿园都有自己的教育理念和办园宗旨，每所幼儿园的办园背景和条件也各不相同，因此，具体到某个幼儿园确定自己的课程目标时，既要考虑儿童、社会、知识3个方面的一般性的、概括性的课程目标，还要结合自身的理念和特点，进行进一步的筛选和具体化，确立适合本园的幼儿园课程总目标。

（二）幼儿园课程目标的制定原则

由于制约课程目标的因素比较多，包括儿童、社会及知识等，幼儿园课程目标的制定也就显得十分复杂。所以幼儿园课程目标制定的具体过程还要遵循一些基本原则。

1.全面性原则

实施全面发展是我国教育的总目标，幼儿园教育是人生教育的起始阶段，幼儿园课程目标的确定要有发展的眼光，促进幼儿全面、持续、和谐地发展。因此，幼儿园制定的课程目标首先应具有全面性，包括德、智、体、美各个方面，健康、科学、语言、社会、艺术各个领域都要涉及，在每个领域提出适合幼儿年龄特征和心理发展的子目标，促进幼儿全面、和谐发展。

幼儿园课程不局限于显性的、正规的课程，还包括隐性的课程，如校园环境、教室的布置等，因此，幼儿园课程目标的确定不仅要考虑显性目标（如知识、技能等易测目标），也要考虑隐性目标（情感、态度等难以量化的目标）。

2.系统性原则

幼儿园课程总目标的实现要靠各个层次目标的层层落实，为此，各层次的课程目标之间要环环相扣，形成体系，每个层次的目标都应该是上一层次目标的具体化。同时，各年龄阶段的课程目标要相互衔接，体现儿童心理发展的渐进性与递进性的特点。

3.可行性原则

可行性原则是指幼儿园课程目标的制定应考虑到本地区、本幼儿园、本班幼儿的实际，课程目标通过各方面教育者的努力最终是可以达到的，制定目标要以儿童的身心发展成熟程度即可接受程度为基础，不可揠苗助长，使儿童失去学习的兴趣和信心。另外，还要注意城乡差异、地区经济发展水平的差异、民族风俗习惯的差异，因地制宜，因园制宜。

4.时代性原则

教育是为社会服务的，是一个国家社会政治、经济、文化等方面情况的反映。我国《基础教育改革纲要（试行）》中就强调了课程与生活和时代相联系的目标，所以在制定幼儿园课程目标时，要关注社会、关注时代的发展。只有这样，才能制定出符合社会与时代要求的、富有现实意义的课程目标。

国际21世纪教育委员会在《教育——财富蕴藏其中》一书中明确提出教育要培养学生4种基本的学习能力——学会认知、学会做人、学会共同生活和学会生存。在制定幼儿园课程目标时，要充分考虑当今时代对人才素质的要求，如培养幼儿的责任感、创新能力、应变能力、处理人际关系的能力和团结、合作的精神等。

5. 方向性原则

制定幼儿园课程目标时，应依据《幼儿园工作规程》、《幼儿园教育指导纲要(试行)》等国家法规及地方性幼教法规，以国家、地方幼教法规文件中规定的宏观课程目标为指导，使制定的课程目标符合人才培养方向正确的要求。

四、幼儿园课程目标的价值取向及表述

对儿童发展、社会需求和知识的性质以及这三者之间关系的不同理解和关注，使课程目标存在不同的价值取向。在幼儿园课程中，常见的目标取向有行为目标取向、生成性目标取向和表现性目标取向。

(一)行为目标取向

行为目标是以儿童具体的、可被观察的行为表述为课程目标，它指向的是实施课程以后在儿童身上所发生的行为变化。

行为目标的早期倡导者是博比特，他认为，20世纪已进入科学的时代，而“科学的时代要求精确性和具体性”，他在《课程》中提出了“课程科学化”的问题，认为课程目标必须科学化、标准化。在他的《怎样编制课程》一书中，他曾用“活动分析法”对人类经验和职业进行了系统分析，由此提出了10个领域中的800多个目标，为行为目标在课程领域的确立奠定了最初的基础。

泰勒在《课程与教学的基本原理》一书中系统地发展了博比特等人的行为目标理念。泰勒改变了博比特等人把课程目标无限具体化的倾向，主张在课程目标的概括化与具体化之间找到一个“度”，提出了影响至今的经典目标原理。泰勒的主张为行为目标的健康发展打下了坚实的基础，又为其进一步发展指明了方向。

20世纪五六十年代，布卢姆等人继承并发展了泰勒的行为目标的理念，他们借用生物学中“分类学”的概念，在教育领域建立了“教育目标分类学”，把课程目标分为认知、情感和动作技能3个领域，每个领域又按照从简单到复杂的原则，细化为不同的部分，从而把行为目标发展到新的阶段。

20世纪六七十年代，梅杰、波法姆等人总结并发展了前人的行为目标理念，领导发动了“行为目标运动”，该运动将行为目标取向的发展推到了顶峰。

行为目标以儿童应达到的可见行为作为判断课程是否获得预期效果的标准，具有客观性和可操作性，为教师教学尤其是评价提供了可把握的客观标准，

在学校课程中有着现实意义，在我国的幼儿园课程的编制中，也常能看到这种目标取向。如一幼儿园小班语言活动的目标表述为：学说故事中的对话，会正确使用“早”、“再见”、“谢谢”等礼貌用语，并学用语言表达自己的需求。

（二）生成性目标取向

生成性目标是指在教育过程中幼儿、教师与教育情境之间相互作用而生成的课程目标。如果说行为目标关注的是结果，那么生成性目标关注的则是过程。以生成性目标为取向的学者认为，教育是一个演进过程，课程目标反映的应是此过程的方向和性质，反映的是儿童经验生长的内在要求，反映的是问题解决的过程和结果。

生成性目标这一取向可以追溯到杜威的“教育即生长”理论。杜威明确反对把外在的目的强加于儿童，他认为目的是在教育过程中内在地决定的，是教育经验的结果，所以教育目的就是促进儿童的成长，除此之外别无目的。

斯坦豪斯的“过程模式”给予生成性目标另一种意义。由于目标模式存在缺陷并由此招致了太多的批评，斯坦豪斯放弃了“目标”一词，而借用彼得斯的“principles of procedure”表述他的生成性目标取向。他认为，学校教育是由4个不同的过程构成的：(1)技能的掌握；(2)知识的获得；(3)社会价值和规范的确立；(4)思想体系的形成。如果说前两项还能用事先预定的行为陈述目标的话，那么对后两项来说肯定行不通。所以，他提出的课程编制的过程模式认为，课程不应以事先规定的目标（或结果）为中心，而要以过程为中心，即要根据学生在课堂上的表现而展开。他特别指出，教育的本质是“引导”，即引导儿童进入知识学习状态的过程，教育成功的程度即是它所导致的儿童不可预期的行为结果增加的程度。斯坦豪斯认为，课程可以规定教师所要做的事情，但教师不能把这些规定看做教育的目的或结果，以此评价儿童的学习结果，而应在处理这些所要做的事情的过程中，对儿童的发展持一种审视、研究和批评的态度，从而引导儿童不断地发展。

生成性目标取向在人本主义课程理论中发展到了极点。人本主义心理学家罗杰斯(C. R. Rogers)认为，凡是可以教的东西，相对而言都是无用的，对人的行为基本上不会产生什么影响，而真正能够影响人的行为的知识，只能是他自己发现并加以同化的知识。因此，课程要为儿童提供有助于个人自由发展的学习经验，应强调儿童个人的成长、个性的完善，而不是关注如何界定和测量课程本身。

以生成性目标为取向的早期儿童教育课程和教育方案在西方国家并不少见，这与西方早期教育课程中强调儿童发展的价值取向有关。但也被批评为过于理想化。因为生成性目标关注的是过程，关注儿童经验成长的内在要求，要求教师根据幼儿的已有经验和生活、学习过程中对幼儿的了解，确立灵活的、符合幼儿兴趣和当前发展情况的目标，这就对教师提出了严格的要求，他们不仅要熟悉各科知识和儿童的身心发展，而且要有敏锐的观察力，在生活、学习过程中根据儿童的兴趣和需要生成目标。另外，生成的目标具有很大的不可预测性和不可控制性，完全以生成性目标为导向，也容易使教师对教育活动的评价因缺少客观依据而带有主观色彩。

近年来，生成性的主题课程在我国幼儿园发展迅速，越来越多的教师在活动中尝试用生成性目标来组织课程。

（三）表现性目标取向

表现性目标是艾斯纳（E. W. Eisner）提出的一种目标取向，他在自己所从事的艺术教育的研究中发现，在艺术领域里，预定的行为目标不适用，因此提出以表现性目标作为补充。

艾斯纳认为，在编制课程时，存在两种不同的教育目标，即教学性目标和表现性目标。教学性目标是课程中预先规定好的，规定儿童在完成学习活动结束后应该习得的知识、技能等，它适合于表述文化中已有的规范和技能，对于大部分儿童而言是共同的。表现性目标则是指向每一个儿童在教育情境中所表现出的个性化、创造性反映，它适合于表述复杂的智力活动。与教学性目标不同的是，表现性目标并不表述学生从事某种活动后所获得的行为改变，即学生即将学到什么，所表述的是学生教育上的经历。表现性目标追求的不是儿童反应的同质性，而是反应的多元性。

艾斯纳提出“表现性目标”这一概念，其用意并非在于替代教学性目标，而在于完善教学性目标。在艺术领域的教育里，幼儿在图画、音乐、手工制作中，最重要的标准应该是创造，而不是事先规定的教学目标，如果教师希望幼儿富有想象力地运用技能和观点，希望幼儿能形成某种完全属于自己的行为或观点，那么表现性目标极为合适。表现性目标以表现技能为基础，而教学性目标针对的是表现所必需的某种技能的发展。艾斯纳说：“表现不仅仅是感情的发泄，而是感情、意象与观点转化成某种材料的表达，一旦转化了，这一材料就成为表达的媒介。在此种转化中，技能是必需的，因为没有了此种技能，转化就不会发生。”①

（四）各种课程目标取向在幼儿园课程中的互补

不同的课程目标取向具有不同的特点和表述方式，有的是规定性的，即预先设定课程结束后儿童的行为自觉发生哪些变化，这就是行为目标；有的目标不能提前设定，而是在教育情境中伴随着儿童与教师的相互活动，在过程中生成的，

① （美）艾斯纳著，孙宏等译：《儿童的知觉与视觉的发展》，第150页，长沙：湖南美术出版社，1994。

如生成性目标；有的则是唤起的、非规定性的，学生围绕学习的主题或情境表现出的个性化的反应，这就是表现性目标。每一种目标取向各有其长，也各有其短。而且课程目标从行为目标取向发展到生成性目标取向，再发展到表现性目标取向，体现了课程发展对人的主体价值和个性解放的追求，反映了时代精神的发展方向。但这并不是说，后者可以取代前者，我们在制定幼儿园课程目标时，特别是在制定具体教育活动目标时，可以各取所长、共存并用。

行为目标取向的课程目标表述注重教育活动的结果，目标具体、明确，便于操作和评价，在幼儿园课程中，一些知识和技能的传授，行为习惯的训练，可以运用行为目标的方式表述课程目标，因为这些活动采用行为目标取向编制课程，往往能收到较为直接的、理想的效果。

而生成性目标和表现性目标是关注教育活动的过程，关注儿童的较高层次的兴趣和需要，注重活动中儿童的表现，因此儿童学习能力和学习兴趣的培养、个性发展和创造性的表现可以运用生成性目标和表现性目标来表述。

课程目标的确定要具有开放性，允许教师在教育过程中生成新的目标，鼓励儿童的个性发展和创造性的表现。

总之，在制定课程目标时，必须巧妙使用好这几种课程模式，确定好课程目标的取向。目标取向确定了，课程目标的选择和目标的陈述就具备了一定的基础，从而也就决定了一个幼儿园课程内容的选择和课程实施的安排及相应的评价。

第三节　幼儿园课程内容的选择与组织

课程内容是实现课程目标的载体，要解决的是“教师教什么”和“幼儿学什么”的问题，也是课程编制者价值取向的体现。如何选择与组织课程内容则是课程编制过程的一部分，是课程编制的基本环节之一。

一、3 种不同的幼儿园课程内容选择取向

什么是幼儿园课程内容？这一问题的答案，反映了课程编制者对课程内容的不同理解，体现的是不同的教育目的取向。影响着幼儿园课程内容的选择与组织的逻辑形式。

（一）课程内容即教材

教材，又称“教科书”，是指以文字和图形等形式反映一定课程内容的教学用书，它是课程内容直接的物质载体。将课程内容看做教材的取向，是与将课程内容看做向儿童传递知识这一观点联系在一起的，而知识的传递是以教材为依据的。

所以对课程内容持这一取向的，会较多考虑知识本身的系统性和逻辑性，并力图在教材中体现出来，使之成为教师教学和学生学习过程中的基本材料。

在幼儿园课程中，虽然教材的作用不像中小学那样突出，但是，在我国较长时间的“知识本位”学科中心课程价值取向的影响下，也曾经主宰着幼儿园课程实践，把幼儿园课程内容用教材的形式加以确定和体现。如 1981 年教育部颁布了《幼儿园教育纲要(试行)》，据此，教育部组织编写了全国统编幼儿园教材，由人民教育出版社出版，供全国幼儿园使用。这套由专家参与编写的教材，一度被认为是幼儿园课程内容的权威体现，成为教师教学的基本参照。

课程内容即教材的取向，认为课程内容是课程编制者确定的，反映的是人类最精华的知识，系统性和可操作性强，使教师在教学过程中有据可依。由于具有这些长处，课程内容即教材的取向在幼儿园课程编制过程中经常被采用。

但这一取向使教师主要研究教材，根据教材备课、上课，考虑的是“如何把教材中的内容落实在具体的教学活动中”。忽略了教师作为课程研究者、创造者的作用，忽略了教学过程中可能生成的新的内容。而且课程内容选择取向易使课程实施脱离幼儿的实际。规定的内容，不一定是儿童需要的和感兴趣的内容。正如杜威所言，是让学生“在他高兴地尝着某些完全不同的东西的时候，吞下和消化一口不可口的食物”。[①]

(二)课程内容即学习活动

将课程内容看做学生的学习活动，强调课程与社会生活的联系，强调儿童在学习中的主动性的代表人物是杜威。博比特、查特斯(W. W. Charters)、塔巴(H. Taba)等人也主张课程应对当代社会的需要作出反应，主张通过研究成人的活动，识别各种社会需要，把它们转化为课程目标，再把这些目标转化成学生的学习活动，构成课程内容，这就是所谓课程内容设计的“活动分析法”。活动分析法被认为是课程内容选择的一种有效方法。

与课程内容即教材取向不同的是，学习活动取向关注的不是向儿童呈现一些系统化的理论知识，而是要求儿童积极从事各种活动，注重儿童外显的学习活动。在幼儿园课程编制中，该课程内容选择取向较多见。课程编制者设计和安排大量的活动并让儿童在参与活动的过程中去探索和发现，是一种探究式、发现式的教学，强调了儿童在学习中的主动性。

但课程内容即学习活动的选择取向对系统学科知识有所忽视，强调外显的、动态的“活动”，似乎把课程内容等同于儿童的直接经验和探究活动，对于儿童内在

① (美)杜威著，赵祥麟等译：《学校与社会·明日之学校》，第 130 页，北京：人民教育出版社，1994。

的、深层次的心理活动和变化则关注较少，活动容易流于形式，导致教学质量下降。

（三）课程内容即学习经验

课程内容即学习经验的取向把将儿童在学习过程中所获得的经验作为选择和组织课程内容的出发点。代表人物为泰勒，他认为课程内容即儿童的学习经验，而学习经验是指学生与外部环境的相互作用。根据这种取向，知识是儿童自己"学"会的，而不是教师"教"会的；课程内容应由儿童决定，而不是由学科专家支配。

在幼儿园课程编制中，这种取向会使课程编制者关注幼儿园环境的创设，重视儿童在与环境交互作用中经验的获得和知识的建构，而不是特定知识的传递。知识只能是"学"会的，而不是"教"会的，这是一种建构主义的观点。在课程改革的背景下，课程内容即学习经验的取向对我国幼儿园课程内容选择的影响越来越大，幼儿园教师在选择课程内容时，重视幼儿原有的生活、学习经验，强调幼儿已有兴趣、需要及知识经验对课程内容的支配作用。但是，这一取向也增加了课程选择的难度，儿童的经验主要还是儿童自己的心理体验，这是一种主观的东西，课程编制者和教师都难以把握，所以，容易使课程内容过分泛化。

二、幼儿园课程内容的选择

课程内容的不同选择取向会对幼儿园课程内容的选择有重要的影响。

课程内容即教材的取向，使教师在选择课程内容时注重内容的基础性和逻辑性，但也容易使教师成为教材的奴隶。在选择课程内容时，由于片面强调知识系统，忽视幼儿的兴趣和现实生活的需要，易使幼儿学习的知识缺乏现实感和实际意义，甚至背离幼儿健康发展的需求。

课程内容即学习活动的取向，使教师在选择课程内容时，以活动为中心来安排课程内容，关注幼儿活动中的兴趣和表现。但该取向容易使教师只注重幼儿外在的活动形式而忽略幼儿内在的心理需要和心理结构。

课程内容即学习经验的取向，充分顾及幼儿的兴趣、需要和能力，关注幼儿的经验的获得。教师选择课程内容时，注重联系幼儿的生活实际，注重环境的创设，注重儿童与环境之间有意义的交互作用。但由于经验具有主观性和个体差异性的特点，教师选择课程内容时的难度加大，可操作性相对较差。

其实，在选择幼儿园课程内容时，课程内容要适合儿童发展特征、贴近社会生活以及顾及基础性。这3个方面并不矛盾，也不相互排斥，只是不同的教育价值取向在涉及课程内容选择的问题时，以不同的方式平衡这三者之间的关系而已。

三、幼儿园课程内容的发展趋势

当代中国社会正处于急剧转型时期，社会的变化无时无刻不在影响着教育的发展和变革，课程是社会政治、经济、文化发展的反映，幼儿园课程作为基础教育课程的有机组成部分，其内容必然受到基础教育课程改革的影响，基础教育课程改革中“以学生发展为本”的课程改革目标、终身学习、多元文化课程、开放系统等理念都影响幼儿园课程内容选择，呈现出一些新的特点。

（一）整合性

课程综合是近年来国际教育发展的共同趋势之一，是课程改革与发展的方向。幼儿园课程内容综合化，既是课程发展的国际趋势在学前教育领域的表现和反映，更是幼儿身心发展需要以及学前教育性质的客观要求。儿童的思维是综合性的，而不是分析式的。幼儿掌握的知识有限，不可能以某一学科的知识与环境相对话，而是以整体身心与环境发生作用，综合化内容正可以利用幼儿反应的整体性优势，发展其综合思维和心理综合机能。幼儿的生活也是整体的，在幼儿的活动中，生活的方方面面都会对幼儿产生影响。

《幼儿园教育指导纲要（试行）》明确指出：“幼儿园的教育内容是全面的、启蒙性的，各个领域的内容应相互渗透，从不同角度促进幼儿情感、态度、知识、技能等方面的发展。”与学科相比，领域是一种组织知识较为广泛的形式，一个知识领域可能包括两个或两个以上的学科。当然整合不是几个学科的简单叠加，因此，教师在进行课程编制时，应充分挖掘和利用各领域内部及各领域之间的内在联系，以某一领域为主，将各个领域的内容联系起来，使各领域的内容有机渗透，从而对课程内容进行合理的、有效的整合。

（二）开放性

当前伴随着儿童观、知识观的演变，幼儿园课程不仅仅是静态的预设的书面文本内容，还表现为生活中幼儿动态生成的内容，表现为教师和幼儿在具体的、丰富的活动中共同构建的动态内容。教师只是从宏观上调控课程的进展，其心目中的目标和计划可以随着儿童的兴趣、需要和疑难，以及课程实施过程中的偶发事件而改变。因而，幼儿园课程内容呈现出较大的灵活性和变通性。

幼儿是带着各自的兴趣、需要和已有经验参与到教师组织的活动中的，并在此基础上与客观世界发生作用。而幼儿的兴趣、需要具有不确定性，常常因情境而发生变化，因此，教师要以开放的眼光来看待课程内容，尊重幼儿的经验、兴趣和需要，发现、捕捉幼儿的兴趣与需要并生成新的课程内容。

（三）生活性

《幼儿园教育指导纲要（试行）》强调课程内容要“贴近幼儿的生活来选择幼儿感兴趣的事物和问题，有助于拓展幼儿的经验和视野”。将课程内容的选择融入了幼儿的生活世界，是课程回归生活化的表现。对于学龄前幼儿来说，最有效的学习是他们感兴趣的学习，最有效的学习内容就是他们可以感知的、具体形象的来自于幼儿现实生活的内容。幼儿的生活是丰富而广泛的，生活中有大量的人、事、物和活动，幼儿通过交往、参与、探究等活动获得知识，锻炼动作和技能，丰富情感，形成个性。

幼儿园课程内容与现实的距离越近，就越能引发幼儿的学习兴趣，幼儿的学习也就越有效。当然，现实生活是多层次的、复杂的，生活中有有益的经验，也有无益的甚至是有害的内容，编制课程时必须进行过滤，使之成为有效的内容。

（四）主题性

传统的知识观认为，知识是客观世界的表征，是对世界的描述和解释，对于学习者来说，知识是被掌握的，与自身的经验和认知方式无关。新知识规则认为，知识是一种关系体系，是儿童通过与周围环境的相互作用而获得的信息及其组织，是一个有机的整体。以主题作为教育活动的载体，在主题中分项目、设置任务、学做一体化，将各领域学习内容相互渗透、融合来编制幼儿园课程，更有利于儿童身心的全面发展。

（五）多元性

在世界全球化、一体化的今天，伴随着文化的多元化，课程理论、课程模式、课程的价值取向都呈现出多元化的特点，课程内容的多元化也就成为学前教育课程发展的另一重要趋势。《幼儿园教育指导纲要（试行）》只为教师选择课程内容做了方向上的规定，具体到某一地区、某一幼儿园要采用什么样的课程内容，则由幼儿园综合考虑多方面因素并根据具体情况而定，切忌搞“一刀切”。这使得幼儿园教师可以根据幼儿的特点和发展水平，灵活地选择和设计课程内容，开发具有特色的地方课程和园本课程。

四、幼儿园课程内容的组织

（一）幼儿园课程内容组织的原则

1. 逻辑顺序与心理顺序

逻辑顺序指的是根据学科本身的系统及其内在的联系组织课程内容；心理

顺序指的是以适合儿童心理特点的方式组织课程内容。主张以逻辑顺序方式组织课程内容者，强调学科本身的逻辑顺序，而较少考虑这种逻辑顺序与幼儿有何联系。主张以心理顺序方式组织课程者，强调根据幼儿发展特点以及幼儿的兴趣、需要和能力组织课程，而较少考虑学科的逻辑顺序。

在幼儿园课程编制中，是要以逻辑顺序组织课程内容，还是要以心理顺序组织课程内容，这历来是有争议的，二者各有长处，但也都存在相当的困难和问题。如对每门学科本身的逻辑顺序问题就存在争议，即使是学科专家们也难达成一致的意见，因为人们对许多学科的基本结构的认识尚缺乏深度。根据幼儿心理特征组织课程内容的做法存在更多的问题，这不仅是因为人们对幼儿心理特征的认识还很肤浅，而且还因为每个幼儿都是一个独立的个体，课程内容要适合每一个心理特征各不相同的幼儿就更为困难，难以达成一致的意见。取长补短，以达到和谐的统一是幼儿园课程内容组织常见的一种有益做法。

2.纵向组织与横向组织

纵向组织指的是按照课程组织的某些准则，以先后顺序排列课程内容；横向组织指的是打破传统的知识体系，以儿童生活中的一些项目或主题活动来组织课程，使课程内容与儿童已有经验连为一体。

在幼儿园课程中，纵向组织与横向组织课程内容的做法都很常见。纵向组织方式强调知识和技能的层次性，按照从简单到复杂、从具体到抽象的过程依次推进，有利于幼儿对知识技能的掌握。横向组织强调的则是各种知识的融合，强调知识的运用，强调知识与幼儿成长的联系，而不是知识本身，这种组织的方式与学龄前儿童的发展特征和学习方式更为接近，也是我国近年来幼儿园老师编制幼儿园课程时常用的方式。

3.直线式组织与螺旋式组织

直线式组织指的是将课程内容组织成一条在逻辑上前后联系的直线，使前后内容互不重复；螺旋式组织指的是在不同的阶段，课程内容会重复出现，但是这些重复出现的内容在深度和广度上都有所加强。

直线式组织与螺旋式组织对儿童思维方式有不同的要求，前者强调逻辑思维，后者强调直觉思维。低幼儿童的思维是以直觉思维为主的，因此，螺旋式组织在我国基础教育课程编制中是常见的方式，特别是幼儿园课程的编制。

直线式组织有益于儿童逻辑性地思考问题，对于一些接受性知识和技能的传递，具有较好的效能。螺旋式组织有益于儿童在与环境交互作用的过程中逐步获得经验，有益于儿童创造性思维的发展。在幼儿园课程内容组织过程中，这两者也可以根据需要而相互结合，取长补短。

(二)幼儿园课程内容的组织方式

1.分科课程

分科课程是我国传统的课程组织方式，是一种典型的按学科的逻辑顺序，以纵向方式组织课程内容的方式。分科课程将幼儿园课程内容按学科分为语言、计算、音乐、美术、体育、常识等，并按每门学科内在的逻辑顺序组织课程内容。分科课程的组织方式，结构性强，有利于保持课程内容的系统性，但往往难以充分考虑儿童的心理特征和心理需要。

2.综合课程

综合课程是一种课程内容的横向组织方式，是课程编制者根据儿童年龄特征而确定的。较多的是考虑儿童的心理特征而不是考虑学科本身的逻辑顺序。综合课程打破了学科界限，常以各种主题为核心，使各种课程内容之间保持综合性。符合儿童认识事物的特点，是我国当代幼儿园课程变革中正在着力建设的一种新的课程方式。

从我国幼教目前的情况看，综合课程的类型主要有3种：学科领域课程、主题课程、项目活动。

(1)学科领域课程。学科领域课程是以学科为中心来组织的，但学科知识的分类并不像分科课程那样严格、精细，而是把相关的知识囊括在一个相对大的"领域"内，再按一定的逻辑顺序和学生的心理特点进行组织。如将地理、物理、环境、生物等学科的内容综合为"科学"领域，将政治、历史等学科内容综合为社会领域。学科领域课程是针对分科课程过于注重学科知识体系、忽视儿童的心理发展的弊端而形成的，是分科课程综合化的体现。

如较早的有北京市教育局幼儿教育教研室于1979年编制的《北京市幼儿园教学大纲和教材》，由"语言与常识"、"算术"、"体育"、"音乐"和"美工"等学科科目组成，每一科目都有"教学大纲"、"教学注意事项"、"教学法参考"、"教学内容和教材分月安排"以及"教材"等内容。课程要求教师除了在上课时完成各科教学大纲外，还要注意在游戏和日常生活中去完成。这种课程是"文化大革命"后教育秩序开始恢复走向正常化的一套学科领域课程，后来在课程综合化的影响下，我国在20世纪八九十年代还出版过很多种类的幼儿园学科领域课程教材。

(2)单元主题课程。单元主题课程打破了学科之间的界限，将各种学习内容综合加以考虑，以主题的形式将内容串联起来，在一段时间内围绕一个中心组织教育教学活动。单元主题课程以幼儿生活中的某一事件或某一中心为主题，围绕它来组织教育教学活动，幼儿自然能获得比较整体的知识，这些知识中自然也包括多学科的知识。单元主题课程是目前我国的课程编制中常用的方式。《安徽省幼儿园教师指导用书》就是根据《幼儿园教育指导纲要(试行)》而编写的一套主题式课程。课程以主题为线索，整合各学科知识，根据儿童的兴趣、需要，以及季节、节日、常规工作等特点设计内容。如小班(下)主题有“香香甜甜”、“我爱我家”、“春来了”、“可爱的小动物”、“走走看看”、“过‘六一’”、“大大小小”、“夏天真热”等，每个主题由一系列活动组成，每个月有2个主题。如“香香甜甜”主题，设计了13个活动，具体见下表：

表5－2 香香甜甜主题活动

活动名称	活动目标	涉及领域	配套材料
活动一：品品尝尝	乐意与同伴交换食品；在游戏中分享与同伴一起品尝的快乐	社会、语言	
活动二：各种各样的糖果	运用多种感官，感知各种各样的糖果；用简单的语言来描述糖果的特征；知道吃糖果要适量	科学、健康、艺术	
活动三：漂亮的糖纸	欣赏糖纸的色彩和图案，了解对称美；乐意参与欣赏活动，大胆表达自己的想法	艺术、科学、社会	
活动四：泡泡糖	熟悉音乐旋律，体验游戏的快乐；学习小圆变大圆的队形，能按规则愉快地进行游戏	艺术、社会、科学	磁带
活动五：香甜的水果	能按要求进行操作活动；学习手口一致地点数“4”以内的实物，初步理解“4”的实际意义	科学、社会、语言	幼儿操作材料
活动六：老虎拔牙	了解牙齿的外形特征，知道吃多了糖果会长蛀牙，影响身体健康；愿意与同伴一起参与活动，学习正确的刷牙、漱口的方法	健康、科学、语言	幼儿操作材料
活动七：送南瓜	愿意参加活动，体验游戏的乐趣；游戏中学习发声母n、l的声音	语言、社会	
活动八：香喷喷的饭菜	喜欢吃幼儿园的饭菜，不挑食、不偏食；观察炊事员的劳动过程，观察、感受炊事员的辛勤劳动	社会、健康	幼儿操作材料
活动九：怎么不见了	对探索活动有兴趣，体验实验的乐趣；了解糖、盐在水中溶解的现象；养成良好的实验习惯	科学、健康	
活动十：汉堡包	尝试用换食品名称的方式创编歌词，体验创造的快乐；初步学会演唱歌曲，知道吃东西前要洗净小手	艺术、健康	磁带
活动十一：甜甜的棒棒糖	体验创造的乐趣、对泥塑活动产生浓厚的兴趣；尝试用团、压、搓的技法塑造出不同形状的糖果	艺术、科学、社会	
活动十二：好吃的胡萝卜	初步养成自己收拾学具的习惯；能按要求取出相应数量的物体	科学、语言	幼儿操作材料
活动十三：小兔送糖果	积极参与活动，初步具有克服困难的精神；掌握双脚并拢向前跳的方法，并能听信号做动作	健康、社会	

这种单元主题课程考虑到不同地区差异、幼儿发展的不均衡性，有意识地提

供了较多的活动设计内容，教师可全面实践，也可部分选用，给学生更多的空间，强调过程、强调学生的参与和体验等方面。

(3)项目活动课程。项目活动课程也称“方案课程”，是受意大利瑞吉欧的课程影响而在幼儿园被广泛运用的一种整合课程。项目活动主要是指教师与幼儿在活动中围绕大家感兴趣的一个课题共同讨论，在师幼合作研究中发现知识、理解意义、建构认识的一种整合课程类型。

项目活动与单元主题课程都是围绕主题展开的，强调幼儿的兴趣与经验，都主张以完整的活动促进幼儿的整体发展。但单元主题课程的主题是事先设计好的，而项目活动的主题则更强调生成，强调教师在教学过程中不断根据幼儿的反应对主题作出调整、修订。

项目活动是一种生成性内容更多、更具弹性的课程方式，当然对教师的要求也就更高。在实践中如不重视儿童的兴趣，不注意抓住师幼活动中生成的新内容，项目活动很容易成为以教师为主导的传统的主题活动。

第四节　幼儿园课程的实施

课程实施是将课程计划付诸教育实践的过程，是达到预期课程目标的基本途径。课程实施是课程编制过程中的核心环节和实质性阶段。确定好课程目标，选择、组织好课程内容后，就要按照所制定的课程计划，实施课程。但课程实施是师生通过一定的活动来实现的，过程中受各种因素的影响，有众多生成的内容，所以课程实施是课程的“再调整”活动，课程实施在课程编制中的作用更为明显。

一、课程实施的 3 种取向

课程实施的取向是指对课程实施过程本质的不同认识以及支配这些认识的相应的课程价值观。即研究者应该采取何种立场去理解或者判断在课程实施过程中发生的现象。课程实施的取向集中表现在对课程计划与课程实施过程关系的不同认识上。根据美国课程专家辛德尔(J. Snyder)、波林(F. Bolin)和扎姆沃夫(K. Zumwalt)归纳，课程实施有 3 个取向：忠实取向、相互适应取向和创生取向。

(一)课程实施的忠实取向

课程实施的忠实取向将课程实施的过程看做忠实执行课程计划的过程。这种取向的基本假设是：课程实施要忠实地反映课程设计者的意图，从而达到预定的课程目标。

忠实取向认为，课程如同一套程序，课程内容是由课程专家选择、组织和提供，并经教育行政部门认可的，教师的角色只是课程计划的忠实执行者，是课程的“消费者”，因此，教师应严格按照课程专家为课程编制的“使用说明”实施教学，并以此作为评价依据。

忠实取向认为课程变革也一样是专家制定课程变革计划教师来实施的过程，课程变革是否成功，主要取决于教师是否不折不扣地实施了此变革计划。由于课程专家编制的课程计划不一定能被教师把握和实施，因此，在课程实施前需要对教师进行适当的培训，并在课程实施中，对教师的教学进行支持和监督。

受“技术理性”的支配，在研究方法上，忠实取向强调课程决策者、课程计划制定者与课程实施者之间的单向线性关系，如强调课程决策者和计划制定者应对课程实施者实行有效的控制，而课程实施者应服从课程决策者和计划制定者的权威性。

（二）课程实施的相互适应取向

课程实施的相互适应取向将课程实施的过程看做课程计划者与实施者之间通过协商而相互适应的过程。这种取向的基本假设是：课程实施不可能预先规定精确的实施程序，课程实施的过程应由实施者自己把握和决定，由实施者根据自己的实际情况做出最为适当的选择。

相互适应取向认定，课程不仅是一套程序，还包括教育实际情境中的各种因素，这些因素会影响甚至改变课程实施。教师是课程专家所制定课程计划的积极“消费者”，不是被动地接受课程方案所规定的思想和价值，而是根据实施对象的兴趣和需要，还要考虑教育现场中的各种条件和状况，作为一个主体主动地对其进行感知、理解和调适。因此，课程实施者根据特殊情境的需要把“计划的课程”变为“修改的课程”，是成功的课程实施的基本要求。

相互适应取向认为，课程变革是一个复杂的、不可预知的、非线性的过程，课程变革的实施过程是一个“实施驱动”的过程，具体地说，课程变革中所发生的一切，不管是否与预期的目标相一致，都会成为课程有意义的组成部分。

受“实践理性”的支配，在研究方法上，相互适应取向采用“质的研究”，强调课程决策者、计划制定者与课程实施者之间的相互理解和对事件所赋予的意义的解释，强调课程变革的复杂性和过程性。

（三）课程实施的创生取向

课程实施的创生取向将课程实施的过程看做课程实施者自身创造的过程。这种取向的基本假设是：课程实施是在具体教育情境中创生新的教育经验的过程，而已有的课程计划只是为这个经验创生过程提供的平台而已。

创生取向认定,真正的课程是教师与儿童联合缔造的教育经验,这些经验都是教师和儿童在实际中能够体验到的,是情景化的和人格化的。课程实施在本质上是在具体的教育情境中缔造新的教育经验的过程,而课程计划和教学策略只是可供这个经验缔造过程选择的工具而已。教师和儿童不是知识的接受者,而是课程知识的创造者,课程创生的过程是教师与儿童共同成长的过程。

创生取向认定,课程变革是教师和儿童个性成长与发展的过程,课程变革是一系列的变革,包括课程内容,人的思维、情感和价值观等。因此,成功的课程实施,需要接受、理解和认同变革参与者的主体性。

受"解放理性"思想的支配,在研究方法上,创生取向也强调"质的研究",特别是对个案性质的"深度访谈法"倍加推崇。创生取向强调教师与儿童在课程实施中的主体性和创造性,尊重参与者的价值观,强调个性自由和解放,将课程创造和开发的过程视为个性成长和完善的过程。

从理论上讲,这3个取向并无优劣之分。忠实取向强调的是所实施的课程与预定的课程方案之间的符合程度;相互适应取向则关注实施过程中发生了哪些调适,以及如何调适;课程创生取向则关注课程在师生的演化建构中的形成过程。

二、幼儿园课程实施取向

课程实施的忠实取向、相互适应取向和创生取向并不是非此即彼的,而是处于一个连续体上的不同的位置。见图5—1。

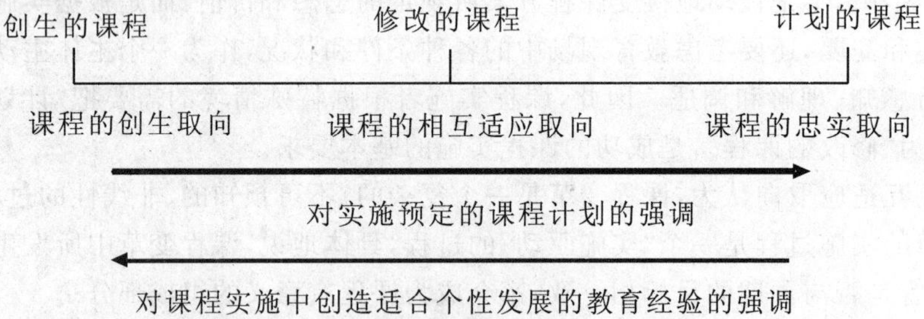

图5—1　幼儿园课程实施3种取向的连续体①

由图5—1可以看出,在幼儿园课程实施的3种取向的连续体上,课程的忠实取向和课程的创生取向分别处于课程取向连续体的两端,它们实施的分别是计划的课程和创生的课程,而课程的相互适应取向则在连续体的中间,实施的是修改的课程。课程实施取向之间的差别,表现为程度上的差别。持忠实取向,课程实施就越强调实施预设的课程计划;持创生取向,课程实施就越强调在课程实

① 张华:《课程与教学论》,第336页,上海:上海教育出版社,2000。

施中,实施者共同创造适合个性发展的教育经验。

课程实施的3个取向并无优劣之分,对课程实施取向的选择和定位需权衡课程实施过程中各种影响课程实施的因素以及它们之间的关系,选择适合的取向。

新课程理念认为,课程的实施是一个动态过程,是课程规划者与课程实施者之间相互适应的过程,也是教师和幼儿在具体情境中创造新的教育经验的过程。也就是说,教师要在规定的或已有的课程方案基础上,联系幼儿的经验、幼儿园的情况和社会发展的要求,对课程方案作出自己的理解和认识,根据幼儿的具体情况作适当的调整和修改,课程的实施要经过自己的加工处理,这是一种互相适应和创生的幼儿园课程实施取向。

由于幼儿园课程管理的自主性和多元性,幼儿园没有国家或地方统一的课程计划,幼儿园课程实施更多地表现为幼儿园教师执行自己制定的课程计划。但即便如此,在课程实施过程中仍有许多不确定的因素,如幼儿行为的不可预测、幼儿活动的不稳定,教师会发现预先设定的课程内容常常不符合幼儿当前的兴趣,幼儿感兴趣的问题未及时纳入课程中,从而导致教师难以根据预先设想的课程目标和教学程序、进度、重点等来实施。这就需要教师坚持课程实施的相互适应取向和创生取向,在活动过程中进行灵活调整,同时根据幼儿的兴趣、需要,在具体的教育情境中主动生成课程。

三、影响幼儿园课程实施的因素

课程实施会受多种因素影响,既有积极方面的影响,对课程实施起促进作用,也有消极方面的影响,对课程实施起阻碍作用。

影响幼儿园课程实施(包括幼儿园课程变革和幼儿园教育活动实施等)的因素,主要有以下几个方面:

(一)社会、文化背景的影响

幼儿园课程的变革和教育活动的实施不可能脱离社会、文化而进行,社会、文化的价值观会通过各种方式影响幼儿园课程的实施。长期以来,重视孩子的教育一直是我国的传统,特别是在现在家庭子女数少的情况下,子女承载着父母的期望,我国的文化一直是较为关注"结果"的文化,家长对幼儿园课程的选择和要求往往与考试制度联系在一起,关注孩子最后掌握多少知识,考试得多少分。因此,"过程"取向的幼儿园课程在实施过程中往往会承受很大压力。

(二)行政制度的影响

首先是各级教育行政部门领导对课程实施的支持程度。在我国,由于体制原因，各级教育行政部门运用其行政的合法性以及行政资源，通过对课程的审定、推行、监督和评估等措施，推动和支持某种课程实施取向，从而对幼儿园课程的实施起到重大的影响。

其次是幼儿园课程实施的管理和运行机制的影响。幼儿园建立各种规章制度及管理和运行机制，促使幼儿园课程的成功实施。其中特别是对课程实施者教师的管理，直接影响课程实施的效果。幼儿园园长要运用人性化的管理方式，与教师形成良好的工作关系，才能让教师在受尊重的情况下自愿地去进行课程变革，在课程实施过程中克服因“习惯性”而造成的惰性以及对新课程计划的排斥，从而使课程实施得以顺利进行。

(三)课程方案的特性

编制新的幼儿园课程，为的是变革和替代原有的课程，弥补原课程的不足。课程方案的特性影响着课程实施。如新编的幼儿园课程本身具有较高的质量，具有可传播性、可操作性，与现实需求和公众认识相吻合，那么，课程实施的有效性就会增加。

(四)园长和教师的理念和能力因素

园长是课程实施的直接领导者和组织者，园长的取向、变革的风格决定了课程实施的力度，以及幼儿园为教师课程实施提供的资源、条件的支持。教师是幼儿园课程实施者，教师的水平和能力，对课程方案的认同、理解也在相当程度上决定了幼儿园课程的实施情况。课程政策制定者的意图再“先进”，课程编制者的课程计划再完美，但如果幼儿园课程实施者的水平不高、能力不强，仍然不可能使课程实施达到良好状态。

四、幼儿园课程实施的形式

从课程实施中参与的幼儿人数来看，课程的实施形式可分为3种：集体活动形式、小组活动形式和个别活动形式。

(一)集体活动

集体活动即全班活动。其实施形式是全班幼儿在同一时间内参与教师安排的活动，教师进行组织和指导，进行集体教学。

集体活动最大的特点是效率高，也有利于培养幼儿的集体观念和纪律观念。然而由于幼儿的人数多、幼儿间的个别差异大，集体活动难以发挥幼儿的主体性，也难以照顾到每个幼儿的兴趣和需要，因此，集体教学活动在幼儿园课程实施中不能多用。

（二）小组活动

小组活动即幼儿被分成几组，分散地参与教师安排的活动。

小组活动的学习内容既可以是同样的，如集体教学的内容让幼儿分小组自己去探索；也可以是不同的，如区角活动的内容。就分组形式而言，有幼儿自由分组及教师指定分组两种情况。

小组活动最大的特点就是既为幼儿提供了和同伴及教师交流、讨论、合作的机会，又让幼儿以自己的速度和方式去活动和学习。活动中既有教师的指导、同伴之间的交往，又有幼儿自己的学习和操作的机会。但是，小组活动的组织相对比较松散，这给教师的组织和指导带来了一定的难度。

（三）个别活动

个别活动即幼儿自发、自由的活动。一般在自主的游戏活动中，幼儿以个别活动的形式为主，可以自由交往、自由结伴、自由互动。

个别活动最大的特点是满足了幼儿的个体需要，给幼儿提供了自主活动的机会，同时，教师可以因材施教，对幼儿进行个别指导。但是，个别活动中由于活动内容和活动方式的不同，教师的指导也要具有针对性，这对教师的指导能力来说是一个挑战。

一般来说，幼儿年龄越小，越适合个别、小组活动。因为幼儿年龄小，知识经验、合作经验都比较少，活动中需要成人的引导，而且，幼儿年龄越小，个体间的差异就越大，个别、小组的课程实施形式，相对集体活动更有利于教师照顾幼儿的个体差异。另外，低龄幼儿注意力容易分散，情绪波动大，个别、小组的课程实施形式，方便教师及时调整课程，引导幼儿的活动，同时也使教师与幼儿有近距离的接触，有利于活动的完成。

第五节　幼儿园课程评价

评价从本质上讲，是一种价值判断的活动，是对客体满足主体需要程度的判断。所谓“课程评价”，就是以一定的方法、途径对课程的计划、活动以及结果等问题的价值或特点作出判断的过程。[①] 通过对课程的评价可以对课程进行比较和选择、确定课程目标达成度、判断课程实施的成效，从而诊断课程，改进课程。

① 李雁冰：《课程评价论》，第2页，上海：上海教育出版社，2002。

一、幼儿园课程评价的要素

幼儿园课程评价是针对幼儿园课程的特点和组成成分，分析和判断幼儿园课程的价值的过程，即评估由于幼儿园课程的影响所引起的变化的数量和程度。① 幼儿园课程评价在整个课程编制环节中具有举足轻重的作用，因为它既是幼儿园课程运作的“终点”，又是幼儿园课程继续发展的“起点”，伴随着课程运作的全过程。

（一）幼儿园课程评价的目的

1. 诊断课程、完善课程

课程评价具有诊断功能，通过评价，可发现幼儿园现有课程存在的问题、问题产生原因、影响因素，并以此为依据，调整和改进课程，使现有的幼儿园课程更为完善，也可以根据现有课程评价，或者从根本上改革课程，开发新的幼儿园课程。

课程编制过程也是课程编制相关人员专业成长的过程。通过课程评价，参与课程编制的专业人员、幼儿园教师、教育行政管理人员可以积累经验，提高课程编制的水准。

2. 管理课程

课程评价还具有鉴定功能，在评价过程中，通过对不同课程进行分析、比较，对课程的实际效果进行评定，对课程是否值得推广、在什么范围内推广以及如何推广等给出结论。从而使幼儿园课程政策制定者、幼儿教育行政管理人员等获得课程信息，有效地对课程进行管理，也为国家、地方，为整体的幼儿园课程改革提供客观的依据。

（二）幼儿园课程评价的对象

幼儿园课程评价主要针对 3 个大的方面。

1. 对幼儿园课程方案本身的评价

对课程方案本身的评价，主要是评定幼儿园课程所持有的基本理念、所强调的主要价值取向是否科学，与幼儿园教育实际状况是否相契合；课程方案的科学性和可行性是否具备，活动安排及各活动的时间比例是否科学合理；课程方案适合各年龄幼儿发展水平的程度、满足幼儿整体和个人需要的程度；课程的目标、内容、方法和评价等因素是否在课程理念的统合之下形成一个协调的整体，并发

---

① 朱家雄：《幼儿园课程（第二版）》，第 187 页，上海：华东师范大学出版社，2011。

挥其总体的功能。

2. 对幼儿园课程实施过程的评价

对课程实施过程的评价，主要是考察和评定课程实施过程中的诸多动态因素，如师生互动的质量、幼儿和教师在课程运行过程中的态度和行为、幼儿园环境的创设和利用，以及动态变化中的各种因素之间的关系，等等。

(1)师生互动的质量。主要看教师在活动过程中，是否关注幼儿的活动，关注幼儿与环境、幼儿与同伴之间的相互作用，并作出恰当的判断，正确的引导，及时、积极地与幼儿互动，有效地促进幼儿的发展。

(2)教师和幼儿在课程运行过程中的态度和行为。教师在教育过程中是否关注、尊重来自幼儿的信息，并作出回应，在必要时及时调整与修改活动计划。教育教学活动是否既符合大多数幼儿的发展水平和需要，又顾及幼儿的个体差异，使每个幼儿都取得进步，获得成功的体验。幼儿在活动过程中是否积极主动地参与活动，是否真正对活动本身有兴趣，是否是自主探索与思考。

(3)教育环境的创设。评价主要看教师创设的环境是否符合幼儿的年龄和兴趣，是否切合课程的特点；在活动中教师是否提供了适宜的活动材料，是否注重材料的丰富性和多功能性，是否有助于幼儿自由选择、探索与表现；师生活动的总体氛围是否安全、温馨，是否满足了幼儿的心理需要。

3. 对幼儿园课程效果的评价

幼儿园课程效果评价包括幼儿学习后的发展状况，幼儿发展状况与课程目标的符合程度；产生的非预期结果；教师课程实施能力的变化和教学水平的提高等。

由于课程效果有的是显性的，有的是隐性的；有的是长效的，有的是短效的；有的是预期的，有的是非预期的，所以，对课程效果的考察和评定，要具有多元性、科学性。

(三)幼儿园课程评价的人员

评价人员即评价者。行政管理人员、园长、幼儿园教师、幼儿以及幼儿家长均可是幼儿园课程的评价者。但为了做到课程评价的全面性、科学性和有效性，在具体确定课程评价的人员时，特别是在确定专业评价人员时，应根据评价的目的具体考虑。

佩恩(Payne)曾提出，课程评价人员在下述领域内应能充分胜任：①

(1)确定制定评价计划需要的信息；

(2)制定一项用于评价某一具体课程的计划；

① 朱家雄：《幼儿园课程(第二版)》，第189页，上海：华东师范大学出版社，2011。

(3)确定、理解、综合相关的研究、测试和评价文献；

(4)以适当的形式确定评价目标和基本数据的需要；

(5)批评性地评价一项评价方案和研究；

(6)阐述理论评价模式和“真实生活”需要；

(7)阐述输入、处理和结果变量；

(8)在与评价小组和课程实施人员共同工作时，具备适当处理人与人之间关系的能力；

(9)区分横向与纵向研究的利弊；

(10)进行系统、功能和任务分析；

(11)制定一种有效的测量—管理过程方案；

(12)从几种体系中编制出一种主要的评价系统；

(13)以计算机程序设计或数据处理术语，描述评价方案和分析条件；

(14)确定评价方法的选择或制定标准；

(15)应用适当的数据收集程序；

(16)应用适当的数据处理程序；

(17)为特定课程制定一种成本—效益分析；

(18)利用评价资料来制定关于课程的决策；

(19)设计课程计划预算系统；

(20)控制评价课程单元的活动；

(21)设计描述形式、职责、程序、接受体以及日程的数据表达体系；

(22)合适时重新设计并改善评价方法。

桑德斯(Sanders，J. R.)对佩恩的这一细目作了补充，他提出，评价人员还应有以下评价能力：①

(1)描述对象——了解什么内容正在被评价，其范围、重要特征是什么以及能把对象本质是什么告诉别人；

(2)描述评价背景——了解围绕评价有什么因素对对象和评价具有或可能具有显著效果；

(3)使评价的适当目的概念化——能清晰地阐明各种目的，确定评价方向的一种方法；

(4)确定评价对象的价值或优点——能区分并证明标准的正确性，这些标准将用于准备对评价对象作判断性或价值性论述，然后系统地应用那些标准；

(5)坚持道德标准——表明具有正确的职业行为知识。

---

① 朱家雄：《幼儿园课程(第二版)》，第189页，上海：华东师范大学出版社，2011。

(四)幼儿园课程评价的标准和指标

幼儿园课程评价标准是衡量幼儿园课程设计、实施状况和实施效果的标尺。

幼儿园课程评价指标是评价标准的具体化。设计幼儿园课程评价指标时,可采用因素分解法和内涵分析法。

因素分解法指抓住事物的全部属性或相关属性,把和被评价对象有关的因素组成因素群,分析每一个因素与指标的关系。就幼儿园课程的内涵而言,其因素群可涉及课程方案、课程实施和课程效果等,评价者可以依据这些因素来设计评价指标。

内涵分析法是指从对内涵的分析入手,抓住事物的本质属性,然后把这一属性的行为外在表现确定为指标。

评价的指标体系除一系列具体指标外,还包括指标的权重系数。权重系数是每一指标重要程度的数量标志。

学前教育专家和有关行政人员就幼儿园课程评价指标曾作出一定的探索。如项宗萍(1995)根据因果关系模型研究影响儿童发展的相关因素,提出了幼儿园课程评价的指标内容。①

1.教师对儿童活动的安排

(1)让儿童使用玩具材料的时间占非餐点时间的比重;(2)让儿童自选玩具材料与操作内容的时间占学与玩时间的比重;(3)伙伴可交往时间占非餐点时间的比重;(4)安静、纪律与等待时间占非餐点时间的比重;(5)非学前技能的学与玩时间占非餐点时间的比重;(6)无目的、无材料、无教师差异的自由活动时间占非餐点时间的比重。

2.教师行为

(1)教师在一日活动中对儿童亲切温和与尊重儿童人格态度的用语情况;(2)教师听儿童说、关注儿童情绪态度变化的频度;(3)教师对儿童积极肯定的评价频度;(4)教师参与儿童学与玩的频度;(5)教师面对每一个儿童的行为取向;(6)教师完全脱离儿童活动的时间占非餐点时间的比重。

3.儿童活动的积极性

(1)儿童在园时的言语伴随频度;(2)儿童在园时与伙伴交往的频度;(3)儿童在园时无所事事的行为频度。

王坚红(1994)从多方面提出评价指标和评价工具,用于评价幼儿园课程的

---

① 项宗萍:《从"六省市幼教机构教育评价研究"看我国幼教机构教育过程的问题与教育过程的评价取向》,载《学前教育研究》,1995(2)。

独特性。见课程独特性评价框架表。[①]

表 5－3 课程独特性评价框架表

评价方面	指标项目	工具或方法
时间安排	每天各类活动占用时间； 每周各类活动占用时间； 每次各类活动占用时间； 各过渡环节占用时间	教师填写调查表； 查阅园、班教学计划； 现场观察与记录
教师情况	素质与专业训练时间； 教育观念； 教育态度； 教育效果	教师问卷； 查阅教师档案； 课堂观察
组织形式与教育方式	分组方式； 教育方式； 辅导方式； 个别教育方式； 内容组织形式	随机化时间取样录像； 观察； 教师座谈； 课程方案与教案分析
师生关系与互动	交往性质； 交往方向； 交往频率； 交往效果	日常观察； 时间取样录像观察； 抽样谈话(幼儿与教师)
教材内容与方法	各类教材数量； 教材内容难度； 教学方法原则； 内容与方法的相宜度	教材的书面分析； 教材的专家评定； 课堂观察； 教师自省
家长参与情况	参与意识与态度； 参与程度(时间、形式、作用)； 与教师、幼儿园的关系； 交流频率与反馈效果	家长问卷与座谈； 教师调查； 书面分析(家长来信、日记、幼儿园经验总结)

课程评价是极为复杂的事，是对课程的价值做出判断。而价值观是相对的，从不同的价值观出发会对同样的课程做出不同的判断，所以从不同的价值观出发，就有可能以不同的评价标准和指标作为课程评价标尺；以不同的目的、不同

① 王坚红：《学前教育评价》，第 284 页，北京：人民教育出版社，1994。

的方式所作的课程评价也会以不同的评价标准和指标作为课程评价标尺。

二、幼儿园课程评价的类型、价值取向

(一)幼儿园课程评价的类型

依据不同的标准,可以将幼儿园课程评价分为不同类型。

1. 形成性评价和总结性评价

根据评价的作用、性质的不同,可将幼儿园课程评价分为形成性评价和总结性评价,这是幼儿园课程评价中最为常见的评价分类。

形成性评价和总结性评价是美国课程专家斯克瑞文(Scriven. M)于 1967 年在《评价方法论》一文中提出的两种评价类型。①

幼儿园课程形成性评价是指在幼儿园课程实施过程中,对过程中所表现出的各种现象进行评价。它是在幼儿园课程实施过程中进行的,通过对课程发展过程中所获得的材料进行分析和判断,了解课程实施过程的不足,为进一步改进课程、完善课程提供依据。幼儿园课程形成性评价是一种过程评价,可以在课程设计阶段和早期试验阶段,通过评价,使课程设计和编制者获得有关信息,发现问题,及时修正目标、方案;也可以在课程实施阶段,通过评价,检查课程的有效性,逐步使课程定型;还可以在课程推广阶段,通过评价,使课程的推广者了解其意义和示范作用,以便在实践中被采纳。

幼儿园课程总结性评价是在课程实施之后进行的,对幼儿园课程实施以后所获得的效果进行整体的判断。它是一种事后评价,目的是获得对所编制出来的课程质量的一个"整体"的看法,以验证课程的成功程度和推广价值。它通常是在课程计划完成后,并在一定范围内实施后进行。它的焦点在整个课程计划的有效性上,以便就这项课程计划是否有效作出判断。

"形成性评价关注的是课程问题的起因,总结性评价关注的是课程问题的程度;形成性评价的结果主要是为课程编制者改进课程所用,总结性评价的结果主要是为课程决策者提供制定政策的依据;形成性评价关注的是课程计划的改进,总结性评价关注的是评定课程计划整体效果"。②

2. 目标本位评价和目标游离评价

根据课程评价与预定的课程目标之间的关系,可将幼儿园课程评价分为目标本位评价和目标游离评价。

---

① 李雁冰:《课程评价论》,第 9 页,上海:上海教育出版社,2002。

② 施良方:《课程理论:课程的基础、原理与问题》,第 154 页,北京:教育科学出版社,1996。

目标本位评价是以课程目标为依据而进行的评价。目标本位评价，通常要判断的是课程目标的实现程度，因此，这类评价往往要求精心描述可以辨别的目标。目标本位评价的典型代表是泰勒的评价模式和布卢姆的评价体系。目标本位的评价特点是标准清晰，任务重点集中、易于把握，在实践中，目标本位评价被广泛运用，在课程评价中至今仍占有重要的地位。但目标本位评价过分强调目标，往往窄化评价的内容，一些有教育意义的结果却落在了评价的范围之外，压抑了教学的自主性。

目标游离评价正是针对目标本位评价的缺陷而提出的一种评价类型，它要求脱离预定目标，以课程计划或活动的实际结果为评价对象，尽可能全面客观地展示这些结果。目标游离评价的倡导者提出，事先不应把课程的目的、目标告诉评价者，而应当让评价者全面地收集关于课程实际结果的各种信息，不管这些结果是预期的还是非预期的，积极的还是消极的，这样才能真正对课程作出正确的判断。他们认为，目的本位评价容易受计划的目的的限制，因而也就很容易使计划受使用者和设计者的影响。而且正式规定的目的往往内容狭窄，容易导致简单化、表面化。严格按目的行事往往会大大地限制评价的范围及其深远的意义。采用目标游离评价则评价重点由“计划想干什么”转变为“计划实际干了什么”，评价者就可以在没有偏见的情况下自由地肯定其优点。但目标游离评价也不是一种完善的评价，它没有正式的定义，没有组织结构的详细说明，没有数据采集与发布的体制，没有进行的程序等。所以虽然目标游离评价对许多评价者的工作都产生了影响，但未能在实际评价中被广泛应用。

3. 效果评价与内在评价

效果评价与内在评价也是由斯克瑞文提出的，这两种评价的区分，代表着两种不同的思想取向。效果评价是对课程或教学计划实际效用的评价，它注重课程实施前后学生或教师所发生的变化，至于课程运作的具体状况、变化产生的原因等则被置之度外。因此，效果评价往往是根据前测与后测之间、实验组与控制组之间的差异作出判断。这种评价也因而被称为“暗箱式评价”——只关注输入、输出之间的不同，忽略中间的过程。

内在评价则是对课程计划本身的评价，而不涉及课程计划可能有的效果。比如，评价可以只就课程计划所涉及的学生经验的类型、课程内容的性质和组织等，来对课程计划作出判断。至于其效果，则在评价关注的范围之外。或者说，在内在评价的提倡者看来，只要有好的课程计划，就一定能取得好的教学效果。

效果评价与内在评价，一个关注结果、一个关注过程，二者具有互补性。理想的课程评价体系的建构应当善于把这两种评价结合起来。

4. 内部人员评价和外部人员评价

根据评价人员的不同归属，可将幼儿课程评价分为内部人员评价和外部人员评价。

内部人员评价是指评价由课程设计者或使用者自己实施。由于评价者了解课程建设方案的内在精神和技术处理技巧,评价的结果亦可进一步用于课程方案的修订和完善。但缺点是评价者有可能只注重自己的设计思想,不了解其他人对课程设计的需要,致使课程评价缺乏应有的客观性。

相对地,外部人员评价则是指评价由课程设计者或使用者以外的其他人来实施。外部人员评价虽不了解课程计划的内部思想,但却可能有更为开阔的评价思路,评价会更客观。

在幼儿园课程评价中,内部人员评价和外部人员评价结合起来使用,能发挥这两种评价各自的长处,避免各自的短处。

(二)幼儿园课程评价的价值取向

幼儿园课程评价的价值取向是指每一种课程评价所体现的特定的价值观,它支配着课程评价的具体模式和操作取向。所以,幼儿园课程评价的取向实际上是对评价的本质的集中概括,从取向的维度看,我们可以把课程评价取向归纳为3种:目标取向、过程取向、主体取向。[①]

1.目标取向的评价

目标取向的课程评价是将评价视为将课程计划与预定的课程目标相对照的过程,课程目标是课程评价的唯一标准。

课程评价的目标取向在课程开发科学化运动兴起以后在课程领域渐居支配地位,其主要代表是泰勒和布卢姆等人。目标取向的评价追求评价的"客观性"和"科学化",它以"自然科学范式"为其理论基础。因而,这种评价取向的基本方法论就是"量化研究"方法。为了使评价结果"客观"、"准确",这种评价取向往往将预定的课程目标以行为目标的方式来陈述。这种评价的直接目的是获取判断被评价的课程计划或教学结果是否"达标"的数据。

目标取向的评价在本质上是受"科技理性"或"工具理性"支配的,其核心是追求对被评价对象的有效控制和改进。在这里,评价者是主体,被评价者是客体。这种评价取向推动了课程评价科学化的进程,它简便易行、好操作,容易推广和施行。但这种评价取向忽略了人的行为的主体性、创造性和不可预测性,忽略了过程本身的价值,将课程运行的过程看成了一个简单化的、机械的过程。

2.过程取向的评价

过程取向的评价强调把教师与幼儿在课程开发、实施以及教学运行过程中

① 张华:《课程与教学论》,第384页,上海:上海教育出版社,2000。

的全部情况都纳入评价的范围，强调评价者与具体评价情境的交互作用，主张凡是具有教育价值的结果，不论是否与预定目标相符合，都应当受到评价者的支持与肯定。

这种评价取向以美国的斯克瑞文和英国的斯坦豪斯等为代表。在方法论上，这种评价取向既倡导"量化研究"方法，也采用"质性研究"方法。过程取向的评价在本质上是受"实践理性"支配的，它强调评价者与被评价者的交互作用、强调评价者对评价情境的理解、强调过程本身的价值。这种评价取向的价值在于开始承认评价是一种价值判断的过程，把人在课程开发、实施及教学运行过程中的具体表现作为评价的主要内容，对人的主体性、创造性给予一定的尊重。但是，过程取向并没有完全摆脱目标取向评价的影响，对人的主体性的尊重还不够彻底，评价过程的可操作性不够强。

3.主体取向的评价

主体取向的评价认为，课程评价是评价者与被评价者、教师与幼儿共同建构意义的过程。评价是一种价值判断的过程，但这种价值是多元的。在评价情境中，不论是评价者还是被评价者、不论是教师还是幼儿，都是平等的主体。这种评价取向认为教师作为课程与教学情境的"内部人员"在评价中具有主体性，而不是被动的、供"外部人员"评价的对象；幼儿也是评价的主体，是意义建构过程中不可或缺的组成部分。这种评价取向反对量的评价方法，主张质的评价，因为量的评价与评价的主体性追求是相悖的。

主体取向的评价在本质上是受"解放理性"支配的，它倡导对评价情境的理解，是人的自由和解放，是每个主体对自身行为的反思，而不是对被评价者的控制。这种评价取向尊重差异，尊重价值多元，将个性解放置于重要的位置。但是，这种评价取向也因为其多元性、不确定性和随意性，使课程评价在操作上有相当的难度。

三、幼儿园课程评价的模式

模式作为一种理论研究方法，意指一种小的模型或体系，它内含着一定的思想取向和结构，并表现为一定的操作规则和方法、步骤。所以课程的评价模式是评价人员或研究工作者依据某种教育理念、课程思想或特定的评价目的，选取一种或几种评价途径所建立起来的相对完整的评价体系，它对评价的实施作了基本的说明。因此，每一种课程评价模式，都体现出自身的价值取向和课程理念。

课程评价的模式很多，具有代表性的课程评价模式主要有目标达成评价模式、差距评价模式、CIPP 评价模式、外貌评价模式、回应评价模式、描述评价模式、教育鉴赏与教育评论模式等。

（一）目标达成评价模式

目标达成评价模式是泰勒在他的“八年研究”中采用的一套课程评价模式，后来他在《课程与教学的基本原理》一书中，将这一模式与课程的其他内容一起作了详细的阐述。

泰勒的课程编制分为4个阶段，即确定课程目标、选择课程内容、组织课程内容、评价课程。其中课程目标的确定是课程编制最重要的工作，因为它引导着整个课程编制过程。评价则需按照目标，设计搜集资料的方法，判断目标达到与否。如果目标已达到，整个课程方案便算成功，否则即为失败。泰勒将评价程序分为7个步骤：(1) 确定目标；(2) 根据行为和内容界定目标；(3)确定目标的情境；(4) 设计呈现情境的方式；(5)设计获得记录的方式；(6)确定评价时使用的计量单位；(7)设计获得代表性样本的手段。泰勒还指出，课程编制的4个阶段是一个整体，课程评价不是第四个阶段才关注的事，前3个阶段可对学习经验做初步的评价，但这只能大致上预计可能产生的效果。因为在实际实施过程中，所涉及的变量很多，可能发生各种各样的变化。

目标达成评价模式的主要关注点是确定课程预设的目标与课程实施的结果之间的契合程度。首先，强调评价从目标入手，因此，明确地阐述目标是课程评价的重要环节，可以使课程评价者知道课程目标实际达成程度；其次，要确定课程评价的情境，使幼儿有机会表现出课程目标指向的行为；再次，目标达成评价模式也特别强调评价的工具和手段，因为它们直接影响评价结果的信度和效度。目标评价方法有执笔测试、观察、交谈、问卷调查等。

目标达成评价模式应作为课程评价领域中第一个较为完整的理论模式，以其结构紧凑、逻辑脉络清晰、易于操作等优点在教育评价中占据重要地位。但是，目标达成评价模式强调了预期的课程目标，而相对忽视了课程实施的前提和过程，以及其他许多与课程预期目标无直接关联的因素；目标达成评价模式强调了评价工具和手段的客观性和可操作性，而相对缺乏对课程目标价值判断合理性的关注，特别是往往将诸如创造性、自主性、好奇性等一些不易测量，却有价值的方面排斥在课程目标之外，因此，目标达成评价模式的运用存在着相当的局限性。

（二）差距评价模式

差距评价模式是由普罗弗斯(M. M. Provus)提出的。他指出，一些评价模式只重视几种课程计划之间的比较，没有注意该计划本身所包含的成分。而事实上，一些自称在实施某种课程计划的学校，并没有按照该课程计划来运作，所以，这类计划之间的比较并没有什么意义。差距评价模式旨在揭示课程计划的标准与课程实际运行状况之间的差距，以此作为改进课程的依据。差距评价模式是目标取向的课程评价模式。

差距评价模式包括5个阶段：(1)设计阶段，即界定课程计划的标准，以此作为评价的依据。课程计划的标准，包含3个成分：课程的目标(预期结果)、实现目标所需的人力和物力(前提条件)、为达到目标所从事的活动(教育过程)，对这3个成分的详细描述，就是所谓的评价标准的界定，有了评价标准，才能确定课程是否在按标准运行。(2)安置阶段，此阶段的任务是收集课程的运行资料，包括所采用的课程目标、前提条件和教育过程，并与界定的评价标准进行对照，了解所执行的课程与计划的课程之间的符合程度。(3)过程阶段，即要了解导向最终目的的中间目标是否达成，并进一步了解前提条件、教育过程和教育结果之间的关系，以便根据情况对它们作出调整。(4)产出阶段，在此阶段，要判断所实施的课程计划的最终目标是否达成。(5)成本效益分析阶段，此阶段的目的在于通过对已完成的课程与其他相当的课程做比较，确认哪种课程最为经济有效。

在这个评价模式中，除了最后一个阶段，前4个阶段都需要找出标准和实际表现，比较这两者之间的差距，探讨差距产生的原因，并据此决定是继续到下一阶段，还是重复这一阶段，或是中止整个计划。

差距评价模式关注的是课程计划应该达到的标准(应然)与课程实施各阶段的实际表现(实然)之间的差距，并关注造成差距的原因，以便作出合理的抉择，这种形成性的课程评价方式有益于课程改革和发展。但是，差距评价模式在运用过程中，由于自由度大，易产生标准的易变性和不适宜性问题，在“应然”与“实然”之间，也会牵涉许多价值判断的问题。

(三)背景、输入、过程、结果评价模式(CIPP评价模式)

CIPP评价模式是用4种评价方式的第一个英文字母命名的，即背景评价(Context Evaluation)、输入评价(Input Evaluation)、过程评价(Process Evaluation)和结果评价(Product Evaluation)。

CIPP评价模式是由斯塔费尔比姆(D. L. Stufflebeam)提出的，他认为，评价是为作出某种决策而描述、获得和提供有用信息，而不应该将评价局限于评定课程目标达成的程度。与4种评价方式相对应，CIPP模式分为4种评价决策类型：确定目标的计划决策、设计教学程序的建构决策、管理和改善程序的实施决策、对结果进行判断和反映的再循环决策。具体见下表。①

① 林智中、马云鹏：《课程评价模式及对课程改革的启示》，载《教育研究》，1997(9)。

表 5－4 4 种评价方式的主要内容

	背景评价	输入评价	过程评价	结果评价
目标	明确现实背景、确定教育对象并评估其需要，确定提供这些需要的机会，判定满足这些需要的问题，确定提出的目标是否满足这些需要	确定和评估系统的能力，可选择的策略，执行这些策略的程序、经费和日程表	确定或预测程序设计或执行中的缺陷，提供先前决策的信息，记录和判断执行过程中的事件和活动	对结果进行描述和判断，建立结果与目标、背景、输入和过程阶段提供的信息之间的联系，解释它们的价值和优点
方法	运用系统分析、调查、文献分析、倾听、访谈、诊断测验和 Delphi 技术等	列出和分析可利用的资源，解决问题的策略，相关的程序设计方法，设备和经费等。运用学术探究、范例考察、预试等方法	检查活动中潜在的程序性障碍，关注非预期的事件，获得与决策有关的信息，描述实际的程序，连续观察教育者的活动	对结果的标准作出操作性定义和测量，从实际中搜集与结果判断有关的资料，作质与量的分析
与改革过程中决策的关系	有利于作出如下决策：确立与需要或现有条件相适应的目标（计划决策）	有助于决策者选择有用的资源、解决问题的策略和设计程序等（建构决策）	有助于执行和提炼课程计划的设计和程序，如有效的过程控制，为实际运用提供具体方法等（实施决策）	有助于作出继续执行、修改或重新审视某项改革活动的决定，并提供一个清楚的实施效果的记录（再循环决策）

背景评价是最基本的评价方式，是为计划决策服务的。背景评价试图在一个教育情境中分离出目前所具备的条件和暂时不具备、但按照要求应当具备的条件，明确在这些背景下存在什么问题，由此确定教学计划的目标。

输入评价是课程计划的可行性评价，为决策者提供如何利用资源达到教育目标的信息，它是为构建决策服务的。

过程评价着眼于教学计划的操作和实施，它的目的是鉴别教学设计中的不足，特别是在接受一项教学设计且刚刚实施的时候，所以，过程评价是为执行决策服务的。

结果评价是试图测量和解释教学计划所产生的结果。这种评价不仅要在教学计划结束时进行，通常在其进行的过程中也要加以评价。在结果评价中，有关结果的信息是与教学目标直接相关的，运用这些信息进行比较分析，作出对教学计划是继续执行，还是修改，抑或是重新选择的决定。所以，结果评价是为循环决策服务的，它是控制课程质量的一种手段。

因为 CIPP 评价模式涉及影响课程计划的诸多因素，比较全面，综合性强，可以在课程发展的任何阶段进行，可为课程决策提供持续往复的信息，对课程决策人员有广泛的服务性功能。但是，该评价模式没有提供评价者的价值判断，只是通过提供信息，要求决策者根据这些信息作出判断，因此，评价的效能取决于决策者本人，此外，该评价模式的操作过程比较复杂，难以把握，而且评价成本较高。

（四）外貌评价模式

1967 年，斯塔克（R. Stake）在《教育评价的外貌》一文中批判了 20 世纪 60 年代占主流的目标模式的缺陷，并提出了评价的外貌模式，这为后来的回应模式奠定了基础。

斯塔克首先继承了泰勒关于评价是确定目标达成程度的观念，但他同时也指出实践中目标模式的一些弊端。他既点明了基于随意观察、主观判断、含蓄目标等非正式评价的不足，也指出了正式评价存在的只注重少数因素，忽视先在因素、实施条件对教育结果的影响的狭隘。主张教育者要考察评价的全貌，提出了课程评价的外貌模式。

外貌评价模式要求评价者从 3 个方面收集有关课程的资料，其一是先在因素，即在课程实施之前已存在的某种条件，如幼儿的年龄、态度、知识和经验、智力状况、教育机构的资源、师资条件、课程内容等等；其二是过程因素，即课程实施过程中评价对象的各类活动和交往，如师幼之间和幼儿之间的交往、教学活动、游戏、环境气氛等等；其三是结果因素，即课程实施所产生的影响，如幼儿从教学过程中获得的能力、成绩、态度和积极性，教学对于教师、幼儿学习环境、设备材料等方面的影响作用等等。

外貌评价模式要求评价者对 3 个方面的因素既要做出详尽的描述，又要进行适宜的评判，而且在评价过程中，评价者应当区分描述和判断，因为，描述和评判有各自的价值，只有将两者结合起来，才能完成对课程的全面评价。因此，外貌评价模式包括描述和判断两大矩阵，前者包括课程计划的意图和实际观察到的情况，以及实际观察到的资料与课程计划意图之间的符合程度；后者包括标准和判断两个方面，应注意针对与各类因素有关的特点标准，做出适宜的判断。此外，为了完整把握课程的意图，评价人员还需了解该方案的哲学主张和理论基础。这样就构成了斯塔克的外貌模式图，如图 5－2 所示。[①]

① 李雁冰：《质性课程评价研究》，第 27 页，上海：华东师范大学出版社，2000。

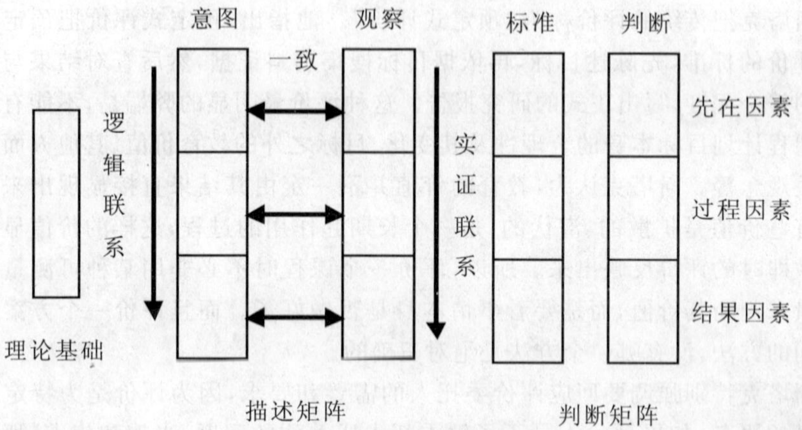

图 5—2 斯塔克的外貌模式图

如图所示，斯塔克的外貌模式实质上是关于课程评价的一个组织框架。在其中，评价者的任务是为两个矩阵(即描述矩阵和判断矩阵)搜集资料，对它们进行处理。对描述部分的评价资料的处理，可以从两个方面入手，一是指出先在、过程和结果这3个因素之间可能存在的关系，考察实际观察到的这三者之间的关系是否与预期的相一致；二是考察课程意图与观察之间的一致性，即对意图与观察相对应的信息和资料进行比较，考察在评价过程中的观察是否针对了预期的意图。对判断部分的评价资料进行处理，是先将从描述性评价资料中所获得的结果与某种标准进行比较，然后由评价者对比较的结果进行判断。最后，由评价者写出评价报告。

外貌评价模式是一种对课程进行比较全面评价的模式。它不仅要看一个具体的课程产生什么样的结果，还要重点分析产生特定结果的各种条件和所运用的方法。因此，运用这种评价方式可以对课程的全貌进行评价，进而比较深入地了解课程的优点和不足，也能比较准确地找出课程在哪些环节或哪些内容上存在问题。但由于这种评价方式所了解和处理的内容繁多，因此，对研究资料做出准确的分析比较困难。

外貌评价模式是在泰勒评价模式的基础上发展而来的，仍是目标取向的一种评价途径，20世纪70年代，斯塔克才从目标取向中解脱出来，开发出评价的回应模式，因此，一些评价专家把外貌模式看做从目标模式向回应模式过渡的桥梁。

(五)回应评价模式

1973年，斯塔克在对目标模式进行批判反省的基础上提出了自然的和非正规的评价方法——回应评价模式。

斯塔克把传统的评价称为“预定式评价”。他指出，预定式评价把预定目标作为评价的标准，先陈述目标，再依据目标搜集资料证据，然后查对结果与目标之间的符合程度，写出正式的研究报告。这种评价最明显的弊端是，不能有效地反映课程计划目标本身的合理性及其变化、目标之外的教育价值、其他方面人士的有关观念等。斯塔克认为，教育的价值并不一定由其结果直接显现出来。教育的有些价值是扩散的、潜伏的，是一个长期起作用的过程，这样的价值显然不可能被即时的评价反映出来。所以，评价一个课程时不必非用某种可测量的结果变量来判断其价值，而是要看事情本身是否做好了。而且评价一个方案可以用不同的方法，没有哪一个方法是绝对正确的。

斯塔克特别强调要回应评价委托人的需要和要求，因为评价是为特定的人们提供的服务，如果评价人员不了解委托人所关注的问题、兴趣和焦点，那么任何评价的结果都可能是毫无用处的。

总之，回应评价模式更注重对课程过程的评价，而不是注重对课程目标和结果的评价；更注重非正规的、自然的交流和评价，而不是注重正规的、标准化的评价。在对课程进行评价时，回应评价模式关注的是对课程的描绘，而不是标准和目标这类的客观资料；采用的是个案的叙事的方式，而不是实验的分析报告。

（六）描述评价模式

描述评价模式是赖特福特（S. L. Lightfoot）借用了“人种学”的研究方法创造的评价模式。描述评价模式要求课程评价者亲临教育现场，观察课程发展情况。如通过观摩教育现场的环境、观察教师和幼儿的表现、查阅文档资料、进行采访和调查等等，获取有价值的信息和资料，对课程进行初步的描述。在完成了对课程的初步描述以后，评价者对初步描述的具体内容做说明和解释，并完成评价报告。深度描述包括 5 个部分：(1)描述环境和活动；(2)记录和评价系统中相关人员的活动；(3)参与对话；(4)解释情景；(5)记录印象深刻的事件。

由于描述评价模式运用的是“人种学”研究方法，因此，在课程评价的过程中，评价者不仅要能对事件进行描述，还要会探究行动背后的原因，特别是要抓住事件的本质，揭示课程计划和实施中的中心问题。

（七）教育鉴赏与教育评论模式

教育鉴赏与教育评论模式是艾斯纳（E. W. Eisner）在批判以往的“科学”评价方式，并借鉴非量化评价方法的基础上提出来的，是一种质性评价模式。艾斯纳认为，“科学”评价方法强调的是控制与预测，但教育现象十分复杂，实际上是无法完全控制和预测的。科学方法将复杂的教育现象简化为数字，即将“质”还原为“量”，凡是不易量化的都被抛弃了。科学方法只重视对结果的评价，不重视影响结果的条件、过程和互动因素，因此，对学习结果的改进帮助不大。

艾斯纳认为在课程评价中，要采取科学以外的方法，注重那些不易测量的品质，关注那些不易量化的内容。应借鉴评酒员和艺术鉴赏家凭自己的经验对一种酒或一件艺术作品进行整体评价的方法，他称为“教育鉴赏”(educational connoisseurship)。

教育评论(educational criticism)就是把组成课程计划和活动的那些必要的、不可言喻的特质和细节用适当的语言形式表述、翻译或揭示出来。从这个意义上说，评论执行着理解的、中介的职责，是为了让那些缺乏鉴赏素质的人能够更全面地理解这些课程计划和活动。

关于教育鉴赏与教育评论的关系，艾斯纳也指出，教育与艺术一样，有效的评论必须以深刻的鉴赏为基础。

教育鉴赏与教育评论模式的主张，基于以下5个假定：(1) 要能描述教育情境的复杂特质，必须能观察到其中发生的交互作用；(2)要观察到这些特质，不单是感官的作用，还需要按照某些参考框架，识别其中重要的部分；(3)教育情境的特质，可以运用许多方式描述，例如定理、数字、散文、诗歌、录像、电影等；(4)每种呈现方式在表达个人所见的特质上都有其优点与限制；(5)通过呈现方式来描述教室或学校情境，旨在帮助他人更了解当时的情境。

基于以上5个假定，教育鉴赏与教育评论模式要求评价者置身于教育场景中进行质性研究：作为一个观察者参与教室的实地观察，问询有关学校和课程质量的问题，利用师生活动的录像、图片和录音来分析学生的学习情况并加以详细描述；评价者不仅要说明已经完成的事项，还要说明尚未完成的事项，力争描述课程行动的“声音”。

教育鉴赏与教育评论模式在具体操作上比较灵活，更多地表现为评价者个人依据自身的教育修养对课程进行评价，没有固定的操作方式。因此，这种评价模式在实际操作过程中比较难掌握，实际的运用也并不多。但这种评价模式所倡导的评价范围的多样、评价方法的多元，观察之间的联系和整体性背景的评价思想，对我们课程研究是很有启发的。

以上介绍的各种课程评价模式在评价理念和评价操作方式等方面都有所不同，因此，在幼儿园课程评价中具有不同的参考和运用价值。在评价实践中，应根据评价所需解决的问题，选用适宜的课程评价模式。

四、幼儿园课程评价的过程

在幼儿园课程评价中，人们对课程存在不同的价值取向，对课程评价的取向也有不同的看法，因此，在评价过程中会运用不同的评价模式，采用不同的评价方法。

台湾学者黄政杰提出，课程评价过程一般包括8个步骤：(1)确定评价目的；(2)根据评价问题，确定所需资料；(3)进行相关文献的探讨；(4)制定评价计划；(5)依照计划搜集所需资料；(6)整理、分析并解释资料；(7)完成评价报告，推广、反馈；(8)实施评价的评价。[①]

根据黄政杰提出的课程评价过程，幼儿园课程评价过程大致可分为以下几个阶段：

(1)确定评价目的：即课程评价人员要确定他们要评价什么，并据此确定如何设计评价方案。在这一阶段，课程评价人员要详细说明评价的目的，要识别评价是在哪些政策和限制条件下进行的，要决定评价在哪个课程范围(如是整个课程计划，还是某个课程领域，等等)内进行以及如何安排评价的时间，要认定在实施评价后所达到的决策程度，等等。

(2)确立课程评价人员：根据课程评价对象组织相应的课程评价人员队伍。

(3)制定课程评价计划：即课程评价人员确定评价的对象、相应的课程评价标准与指标、评价方法。

(4)搜集信息：在这一阶段，课程评价人员要认清评价所需信息的来源，以及能用于搜集这些信息的方法、途径和手段。

(5)组织评价材料：在这一阶段，课程评价人员要对搜集到的信息进行编码、组织、储存和提取，使之被有效地运用于评价。

(6)分析评价材料：在这一阶段，课程评价人员要选择和运用适当的分析技术，对经由处理的材料进行解释。

(7)报告评价结果：课程评价人员要根据课程评价的初衷，决定课程评价报告的性质，包括报告的阅读对象、报告的形式(是正式的，还是非正式的；是描述性的，还是以数据分析为基础的等)以及有关报告的其他事项。

(8)对课程评价的评价：对所完成的课程评价全过程进行鉴定和判断，并根据反馈进行适当地调整与修改。包括课程评价理念是否清晰、适切，课程评价范围是否适宜、可行，收集和加工的信息是否具有可靠性、客观性、代表性和概括性，报告评价结果的传递是否及时、自由等。

【案例分析】

亲亲水果宝贝[②]

周五下午发水果，月月拿了一个苹果，很响地亲了一口说："真香，就像小宝

① 黄政杰：《课程评鉴》，第267页，台北：台湾师大书苑有限公司，1990。

② 安徽省教育科学研究所：《幼儿园教师指导用书(小班下)》，第237页，安徽少年儿童出版社，2003。

宝一样！”“我喜欢吃苹果！”“香蕉好。”“梨子也好吃。”“我喜欢好多水果！”加入讨论的孩子多了，说的水果种类也多了。看着孩子们热烈地进行讨论，教师根据孩子们的兴趣，生成了新的课程目标：了解水果，喜爱水果；感知水果的外形、颜色、味道等特征；了解水果的营养；学会观察、比较和表达。

分析与思考

幼儿对生活中的事物往往具有强烈的兴趣，水果是幼儿在生活中经常见到的食品，幼儿熟悉，也喜欢，通过生成的这一活动，满足了幼儿的需要，激发了幼儿学习的兴趣。

蝌蚪①

在进行“妈妈和宝宝”主题活动时，教师带来一大瓶蝌蚪到班上，组织孩子们观察，预设的目标是通过一段时间的观察“让幼儿在探索中了解蝌蚪变成青蛙的过程”。出乎意料，一天，孩子们在观察时，怡怡突然问道：“蝌蚪吃什么？”其他孩子听了，积极地讨论开了。

冬冬：“吃饭粒、果冻、冰棒。”

衡衡：“吃鱼虫。”

婧婧：“吃虫子，天上飞的小虫子。”

雅雅：“青蛙妈妈吃什么，小蝌蚪就吃什么。”

怡怡：“虾条屑。”

维维：“饼干。”

砚砚：“我最爱吃苹果，它肯定也爱吃苹果。”

小朋友还想了许多食物，有橘子、面包、香蕉、草莓、树叶等等。

教师：“我们该怎么喂蝌蚪吃食物呢？”

一开始大家想都没想就说将食物直接喂给蝌蚪吃。

教师：“蝌蚪很小，而有的食物很大，该怎么喂呢？”

砚砚：“切碎了喂蝌蚪。”

智智：“要切得小小的，蝌蚪才能咬得动。”

……

最后教师决定把孩子们分成几个小组，让他们给蝌蚪喂不同的食物，每天观察蝌蚪对食物的反应，并以图画的形式进行记录，最后归纳出蝌蚪喜爱吃的食物有哪些。

分析与思考

观察了解蝌蚪的食物并非教师预先设定的课程目标，但通过对课程目标进

---

① 安徽省教育科学研究所：《幼儿园教师指导用书（中班上）》，第 312～318 页，安徽少年儿童出版社，2003。

行调整，使幼儿对蝌蚪的了解更全面了，更符合孩子们的兴趣、需要，而且后来还生成了一些后继的课程目标，如“送小蝌蚪回家”活动，培养幼儿爱护生物、保护环境的意识。

▶阅读推荐◀

1. 张华. 课程与教学论. 上海：上海教育出版社，2000

2. 朱家雄. 幼儿园课程（第二版）. 上海：华东师范大学出版社，2011

3. 李雁冰. 课程评价论. 上海：上海教育出版社，2002

4. 幼儿园教育指导纲要（试行）

▶思考与探索◀

1. 幼儿园课程编制的目标模式和过程模式各有怎样的优势和弊端？在编制幼儿园课程时该如何平衡？

2. 了解一所幼儿园的课程计划，结合计划分析幼儿园课程目标的体系。

3. 访谈一所幼儿园的园长或教师，了解他（她）对幼儿园课程目标的表述。

4. 结合实际分析幼儿园课程内容选择的 3 种取向。

5. 调查一所幼儿园教师的教育活动计划安排，分析其内容组织情况，搜集案例说明幼儿园课程内容的整合性。

6. 幼儿园课程内容组织的方式有哪几种？

7. 阐述课程实施的 3 种基本取向，评述其利弊。

8. 分析影响幼儿园课程实施的因素。

9. 幼儿园课程评价的对象是什么？

10. 幼儿园课程评价的模式有哪些？各有什么利弊？

11. 幼儿园课程评价的类型有哪些？

第六章
几种幼儿园课程活动的设计

【内容提要】 本章主要任务是厘定幼儿园单元主题活动、项目活动以及区域活动的内涵和特点，结合实例阐述这几种课程活动的设计方法，并提出教师在这几种课程活动中的指导方法。

【学习目标】 通过本章学习理解单元主题活动、项目活动及区域活动的内涵和特点，掌握这几种课程活动的设计方法，学会布置幼儿园的各活动区。

第一节　单元主题活动的设计

一、幼儿园单元主题活动的内涵与特点

单元主题活动，顾名思义，就是在一段时间内围绕一个中心内容（即主题）来组织的教育教学活动。其特点是打破了学科之间的界限，将各种学习内容围绕一个“中心”有机联系起来，让幼儿通过单元主题活动，获得与主题相关的较为完整的经验。单元主题活动强调：幼儿生活中的世界是活生生的，不是以抽象出来的学科知识来划分的。幼儿所接触的事物自然而然地包含着各个学科领域内容，他们需要对事物有一个较为整体、全面、生活化的认识，而不是精深但却相互割裂的认识。

如果我们将幼儿园教育分为健康、语言、科学、艺术和社会五大领域，可以用图 6—1 来说明单元主题活动与五大领域的关系。

四、单元主题活动课程教育活动案例

《我喜欢的球》(中班)[①]

主题目标

1. 对常见的球类活动感兴趣,积极参加体育活动,能有目的地比较球的差异,探索球的不同特征。

2. 有兴趣学习投篮、踢足球的运动技能,提高手眼、动作协调能力。

3. 探索感知球类的多样性,喜欢球类运动。

4. 和父母自制简单体育玩具,在玩球的过程中增强自我保护意识。

主题网络

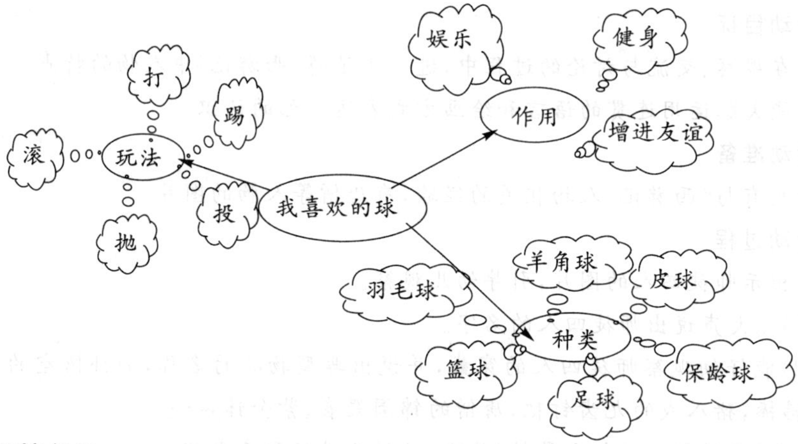

环境创设

1. 主题墙饰:师生共同收集的各种球的图片、体育运动的器材。教师用球的图片、幼儿喜欢的球星图片及幼儿自己设计的球图片装饰墙面。

2. 实物展览:各种各样的小型球类器材展:羽毛球、足球、乒乓球、羊角球、溜溜球等。

3. 区角设置。

语言区:放置画有各种球的图片,引导幼儿自己创编儿歌。

美工区:提供各种彩纸、糨糊、剪刀、水彩笔、橡皮泥等,进行装饰球活动。

科学区:放置废报纸、布、毛巾、木块、橡皮泥、海洋球、乒乓球等,探索让球在毛巾上滚不下来的方法;提供几种小工具,探索把饮料瓶里的乒乓球取出来的方法;提供球类明星图片资料,加深幼儿对球的作用的认识和感情。

---

① 钱爱萍、姜兰芳:《新时期幼儿园主题活动设计与案例》,第 389 页,北京:中央民族大学出版社,2006。

家长工作

1. 充分发挥家长在资源活动中的作用，让他们帮助收集各种球类器材。

2. 教师设计了《给家长的话》，通过多种途径搜集各种关于球的资料。

(1)教师和幼儿、家长一起收集各种球。

(2)发放《我喜欢的球》调查表，幼儿和家长一起从网上或书上查找有关球的各种资料。

(3)和爸爸妈妈一起探索球的玩法。

相关活动

序号	活动内容	重点领域
1	玩皮球	语言
2	大球和小球排队；热闹的足球场	数学
3	各种各样的球	科学
4	我喜欢的球；我喜欢的球类运动；观看足球比赛	社会
5	玩球	健康
6	小足球歌	音乐
7	踢足球	美术
8	小猴投篮；观看球类比赛	健康

相关活动示例

玩皮球(语言领域)

活动目标

1. 理解儿歌内容，在听说活动中感受唱儿歌的乐趣。

2. 能用自然的声音大方地在集体面前朗诵儿歌。

3. 能发准"上"、"球"、"猴"等字的字音。

活动准备

1. 物质准备：画有猴、猪、兔、猫等动物图案的皮球若干。

2. 经验准备：幼儿会拍、滚、抛皮球。

活动过程

(一)出示画有小猴的皮球，引起幼儿描述皮球的兴趣

1. 请幼儿自取一只球，看看上面画着什么，与好朋友说说。

2. 教师捧着皮球："我有一只皮球，上面画个小猴。"

3. 启发幼儿用同样的句式，向同伴介绍自己的球上画着什么。

(二)在拍球的过程中，理解、熟悉儿歌内容，感受儿歌的节奏

1. 讨论：皮球可以怎么玩？(拍、滚、抛……)

2. 幼儿拍皮球，引导幼儿观察玩的过程中球上的小猴会怎样。

3.教师边拍皮球边念儿歌:“我有一只皮球,上面画个小猴。我来拍拍皮球,小猴翻翻跟斗。”(连续2~3遍,速度稍慢,引起幼儿的注意与兴趣)

4.让幼儿尝试用教师的方法边说边玩。(提醒幼儿注意用自己皮球上的动物念儿歌。注意“上”、“猴”、“斗”等字的发音)

5.提出要求(根据拍球节奏念儿歌),幼儿徒手边拍球边念儿歌,感受儿歌的节奏。

6.一部分幼儿练习后,请出其他幼儿,轮流边拍球边念儿歌。

7.幼儿尝试把他们的儿歌念完整。

(三)在继续玩球的过程中,尝试改编儿歌中的某些句子

1.引导幼儿用滚、抛、踢等多种方法玩皮球,看看球上的动物怎么样了。

2.师生边玩皮球,边尝试改编儿歌中的某些字句。

3.请个别幼儿表演自己改编的儿歌。

活动延伸

将幼儿改编的儿歌录下来,再播放给大家听;在玩球时,鼓励幼儿边念儿歌边玩球,增添乐趣。

大球和小球排队(数学领域)

活动目标

1.能不受物体大小、空间排列的影响,积极探索、感知物体的大小、数量与排列长短的关系。

2.运用对应的方法观察物体数量的差异,增强比较能力。

活动准备

大、小球各10个

活动过程

(一)观察大小皮球

出示大小皮球,观察它们有什么不一样。

(二)第一次探索活动:感知数量相同,大小不同的皮球,排列长短不一样

1.讲解操作要领(以小组为单位,在长方形盒子里进行操作)。

(1)以小组为单位合作操作。

(2)在盒子里将球排列好。

2.幼儿操作,让皮球在盒子里“排队”。

3.讲述排列结果,讨论为什么都是10个皮球,队伍不一样长。

(三)第二次探索活动:感知大小不同的皮球,排列长短相同时,数量不同

1.设疑,引导幼儿思考。

2.交代探索要求,幼儿操作。

3.讲述操作结果:队伍一样长时,大球用得少,小球用得多。

(四)游戏:走钢丝

1.教师和幼儿一起走钢丝,脚跟对脚尖一步一步往前走到终点,数数用了几步。

2.想一想:为什么同样长的钢丝,老师走的步子少,小朋友走的步子多。

3.小结:同样长的钢丝,老师脚大,走的步子少;幼儿脚小,走的步子多。

活动延伸

继续将相关内容放在数学区内操作,让幼儿进一步感知数量的守恒关系。

第二节 项目活动的组织

一、项目活动的理念

(一)项目活动简介

所谓"项目活动",又称"方案教学",一般是指集体预先共同设计和计划的一般活动方向、主要目的、活动的基本蓝图和任务,以小组形式,运用多种接近客观事物和主观经验的方式、方法,对于真实的生活事件和日常情景中的现象所进行的长期而深入的探讨和表达等一系列不断重复的螺旋式上升的过程,由此逐渐完整地表达个体或群体的经验和思考,或者完满地解决问题,明了事情真相,并且在此基础上提高幼儿的能力,培养他们对于学习和自我表达的良好的态度、信心(参见凯茨和查德著,陶英琪、陈颖涵译《探索儿童心灵世界:方案教学》)。设计该项目工作最直接的目的在于帮助孩子形成对自身环境和重要经历中的事件和现象有更深刻和更完善的理解。

这种项目活动一般持续时间较长,有时达数月之久。由于没有任何课程表,也没有任何"大纲"和检查的压力,所以教师并不急于结束耗时如此之久的活动,也不会忙着在不同的活动之间换来换去,幼儿有充分的单次活动时间和总体活动时间。围绕着这种项目工作,瑞吉欧发展出一系列独具特色的课程设计和教与学的方法。

(二)项目活动的理念

1.弹性计划

"弹性计划",即教师预先制定出总的教育目标,并依靠他们对孩子的了解以及以前的经验,对将要发生的事情提出种种假设,依赖这些假设,他们形成灵活的、适宜这些孩子需要和兴趣的目标。孩子的需要和兴趣既包括在项目中孩子表现出来的,也包括那些在项目发展中由老师推断和引发出来的。

在瑞吉欧的课程中，并非放弃或忽略教育目标，目标当然是重要的，但更重要的是为什么要有这些目标，以及怎样去实现它们。教师只有真正理解、明白了这些，教学过程才能变得自然、流畅、有效，充满智慧和创造。

瑞吉欧不预先设定每一活动的具体目标，不意味着在活动开展之前教师毫无计划，只是这种计划不是针对活动的具体目标与固定程序，而是考虑到孩子可能有的想法、假设和象征，是对多种可能性的“假设”。瑞吉欧教育体系的教育者认为，如果教师有1000个假设，那么他就容易接受来自孩子的第1001个或第2000个不同的反应。只有当教师自己设想过足够多的可能性时，才更容易接受未知，对新的想法更加开放。因此，瑞吉欧的课程计划是“外出旅行时的指南针，而不是有固定路线和时刻表的火车”。

“弹性计划”不仅使老师对活动接下来的发展阶段有了充分的准备，而且为幼儿的参与、为课程的发展、为那些不期而至的教育契机留下了足够的空间。

在瑞吉欧课程中，活动的进行在很大程度上并不依靠开始的计划（假设），而是依靠幼儿的反应和教师灵活的策略。教师根据自己对幼儿细致的观察，敏感地捕捉蕴含其中的巨大的学习价值，给予及时而适当的引导。可以说，是幼儿和教师一起，共同引导和促成课程的发生、进行和终结。这样，课程就寓于活动之中，寓于生成之中，寓于师幼的互动之中。

2. 师幼合作

在教学方面，瑞吉欧突出的特点在于强调师幼合作对某一问题进行研究。瑞吉欧将教学的过程比作教师和幼儿在进行乒乓球游戏，教师“必须接住幼儿抛过来的球，并以某种形式挡回给他们，使他们想同我们一起继续游戏，并且在一个更高的水平上继续游戏，或许还能发展出其他游戏”。这种游戏中双方的经验水平不对等，但瑞吉欧的教师从不因此试图去控制、限制幼儿的行为，代替幼儿去探究；相反，他们非常强调幼儿自己的主动探索和自由表达。因而瑞吉欧的教师们更多的是通过一些试探性的提问或商谈式的建议，来引发幼儿自己的探索和表达。另外，在这种合作的过程中，作为对活动的结果有所期待、有更多自觉性的教师而言，其重要任务之一是将幼儿的兴趣和努力聚集在一个主题之上，使幼儿愿意继续下去。

当教师发现孩子的讲述和绘画内容不一致时，他们不是直接告诉幼儿，而是思考能以什么样的方式让孩子自己意识到这种不一致，于是，他们让孩子重听以前小组讨论的录音，再对照自己的绘画进行讨论。教师这种花更多的时间和精力使问题“复杂化”的做法的目的在于帮助幼儿聚焦于某一个问题，探索、发现自己的问题所在，很快，孩子们发现了问题，同时也找到了解决的方法。这种师生合作研究的方式贯穿、渗透于瑞吉欧的整个教育教学活动之中，成为其教学的一个重要特点。

3. 档案支撑

瑞吉欧教师所说的"档案"有力地支撑了项目活动的过程。档案指的是对教育过程及师幼共同工作结果的系统记录，包括：幼儿自己的绘画作品以及对幼儿工作过程中具体实例的记录，如记录幼儿在工作进程中的具体实例，正在工作的幼儿的照片、教师写的注释、记录下来的幼儿们的争论和对活动意向的解释以及家长的评议等。这种档案并非简单的文字记载，而是以图画、实物、照片、录音、录像、幻灯、文字说明等多种形式展现出来，它贯穿于项目活动的始终，并在活动结束后延续，档案并不意味着是一个最后的报告，而是幼儿、教师交互学习的过程，是他们共同工作的成果。

一份高质量的档案具有如下几个方面的作用：

(1)促进幼儿的学习。档案为幼儿提供了有关其言行的可见的"回忆"。当看到他们已理解的事物时，幼儿会变得更加好奇、兴奋和自信，并以此为出发点，迈向下一步的学习。另外，这种档案的展出有利于幼儿互相学习，鼓励别的孩子参与到一个对于他们来说是全新的主题中去。同时，教师这种认真对待工作的方式鼓舞着幼儿，使幼儿对于自己的工作负责，积极投入，在整个工作中保持良好的情绪，并积极评价自己和别人的成果。

(2)支持教师的教学。在瑞吉欧，档案记录过程本身对于教师来说是一个极好的观察儿童、反思自身的机会。同时，记录的系统结果又使得教育过程变得"可视化"，每个幼儿的特征、态度、需要和兴趣、行为表现以详细的记录和文件材料的方式得以呈现，这使得教师可以重新听、重新看、重新理解和发现孩子，也可以冷静客观地反思自己的教育策略，捕捉即将到来的教育契机，还可以与同事交流、讨论、产生新的假设和下一步活动的计划。档案成为主要的教育资源。

(3)刺激家长的参与。档案记录的最直接的作用，便是它使得幼儿的学习过程和成果变得清晰可见，并可为一切人所共享。家长借助于档案，认识到幼儿学习的情况以及他们取得的成果，这使得家长有机会与幼儿一起分享幼儿学习的过程，而不仅仅是他们的作品。从而悄无声息地改变家长原来或高或低的期望，使他们重新审视自己的职能和关于幼儿生活经历的观念。

(4)赢得社区的理解与支持。瑞吉欧还将这种档案阵势积极扩展到社区、公众中，以详细完备的方式将一种多层次、多风格的学习形态，展现在公众面前，让更多的人以新的眼光来认识、评价幼儿。同时，这种档案记录体现出一种民主的精神，将幼儿园教育的内容向社会公开，有利于推动学校社会一体化进程。当然，这也为瑞吉欧教育方案自身提供了强有力的例证，赢得了社会公众更多的理解、支持和参与。

4. 小组工作

瑞吉欧的项目活动一般采取小组工作的方式，每个小组一般有 3～5 个人，有时是2个人。瑞吉欧认为这种小组工作的方式有利于保证同伴间的合作研究。项目活动中的同伴合作体现在许多方面,比如,能力强的孩子可以向同伴提供经验或技能上的指导与支持,等等。但瑞吉欧更为看重的是幼儿在共同活动中彼此的调整适应:一方面,借助老师的帮助,一个或几个孩子的问题或观察可以引发其他孩子去探索其从未接触过,甚至从未怀疑过的领域;另一方面,孩子们在合作探索、交流的过程中获得自我认同或发现矛盾、冲突,进而重新评价或改变自己的认识,这就是瑞吉欧所说的儿童间真正的"合作活动"。这种同伴合作,为每个孩子提供了机会,使他们意识到自己的观点与其他人的观点是不同的,从而意识到自己的独特想法,产生自我认同感;同时,在与同伴的交流过程中,也使孩子们发现了其他人的不同观点,意识到世界的多样性。

瑞吉欧也认为小组内同伴间在发展水平上的差异不应过大,应有一个适当的差距,既能因不同而产生观点的交换和切磋,又不要因差异过大而产生过度的不平衡。

5. 深入研究

瑞吉欧的项目活动不是匆忙走过场,而是深入且富有时效的学习。瑞吉欧的项目活动是对某一个主题进行的深入研究,这种深入研究突出地体现在活动中幼儿对同一现象、概念多角度全面认识以及对其在多种水平上不断提升的认识。可见,瑞吉欧的项目活动不是一条直线,而是存在大量的循环和反复,以使幼儿的学习更加充分。同时,这种对特定的主题的深入扩展的学习,又会逐渐发展幼儿深入广泛地探讨问题的能力,而这种极具迁移性的能力将使他们受益终身。

6. 图像语言

在围绕一个"项目"进行研究的过程中,瑞吉欧鼓励幼儿运用他们的自然语言和表达风格,自由地表达和相互交流——包括语词、动作、手势、姿态、表情、绘画、雕塑等等,其中符号性的视觉表征活动(瑞吉欧称其为图像语言)备受关注。轰动西方的名为《儿童的一百种语言》的展览中,儿童用图像语言(包括素描、颜料画、纸工、泥工、拼贴画、雕塑等)表达出来的对事物的认识和对世界的感受几乎感动并征服了所有的参观者。瑞吉欧孩子的工作表明孩子借助于图像语言进行表达、交流,并使自己的认知能力提高,比我们所想象的要完美得多,这使我们意识到在一定程度上我们低估了幼儿的图像表征能力,以及图像表征对幼儿认知和身心发展的价值。

瑞吉欧教育成功的关键在于它的教育理念和实际做法,十分符合当今这个高科技时代对人的主体性,尤其是创造性的高要求,对解决困扰世界幼儿教育的大问题——幼儿园究竟应该教什么,究竟能够教什么,应该如何教,何种经验对幼儿最有价值——提供了借鉴,同时也启发我们深入思考。

二、项目活动的设计

一个好的项目就好比一个好的故事一样，需要有一个好的开始、好的过程、好的结尾。项目活动主要包括5个结构化的部分：讨论、田野工作、探究、表述、展示，这几部分被分在3个自然过渡的阶段。

（一）项目活动的三大阶段

第一阶段：计划并做好准备

一个项目可以有多种启动方式。有一些开始于一个或几个孩子为某一事物所吸引；而有一些则源于老师介绍了一些主题或是在老师与孩子间达成统一协议而选择的主题。

第一阶段通过汇集幼儿对项目已有的信息、想法、经验使他们达成共识，在此阶段，教师帮助幼儿建立一个分享的视角来表述一整套引导他们探究的问题系统。例如在“校车”这个项目中，孩子们会讨论他们的经历，发现有些经验对于幼儿来说是常见经验：等校车，上车，找到座位，坐在车上穿越城市，在学校下车；也会有少数儿童的独特经历分享：是第一个或最后一个上车，错过了校车因此必须用其他方式去学校，遇到司机和警察争吵，早上坐在校车上车却抛锚……

通过这些基本的讨论，教师会鼓励孩子们基于他们的年龄和理解能力讨论相关话题，讨论有关主题的戏剧表演，也可以画出或写出相关主题，或者用其他方式来描述他们当下的理解。在这一阶段，教师扮演的只是建议和意见提供者的角色。在此期间，家长们会被告知此次研究主题，并让他们以某种方式参与到研究中来，也欢迎孩子们从家里带来些相关主题，或为此次主题收集材料。

通过交换个人经历，我们可以分享孩子们的个人经历。这也能帮助教师们了解哪些孩子对某个主题了解更多，哪些孩子了解很少。有时，即使有着共同经历的孩子也会有不同的理解。

教师可以探察幼儿对他们经验的解释并邀请他们来分享他们对事物的理解。这一过程能够帮助教师识别幼儿的经验以及他们对经验的解释。关注幼儿在讨论中的解释使幼儿有机会来思考经验中的因果联系。例如一个家庭选择养一只奇特的宠物，必然是有很多原因的。在“宠物”这个主题进行过程中，必然会表现出对这些原因的关注。

第一阶段的讨论会使幼儿对项目主题的很多部分产生强烈的好奇感，比如为什么很多人选择把蛇、猫、几内亚猪作为宠物呢？喂养不同种类的动物需要花多少钱？宠物们都睡在什么地方？它们吃些什么？很多幼儿都喜欢提出自己的想法。而这些想法的不同之处恰恰可以使教师明确他们要在第二阶段研究的问题。

幼儿和教师可以开发一些指导幼儿探究的计划，为参观作安排，推荐一些访问者，并且设计多样化的、通过探究可以回答的最初的问题。获得建设材料的程序也在此时逐步进行。一些先期调查也在这一阶段被介绍给幼儿。例如，有关"服饰"这个主题就可以从仔细观察幼儿身上的衣服，记录下服饰的颜色、纽扣、带子、纤维的种类等。

第二阶段：项目进行中

在第二阶段，教师的主要关注点在于让儿童学到新的信息和知识。教师会组织一些校外的人员参观或邀请与项目相关的专家来和幼儿讨论一些专门的知识。这一阶段，教师也采集相关书籍、相片、手工艺品等供幼儿在教室中研究。例如，研究"商店"的儿童可以到附近的商店参观，参观是被仔细计划好的，保证即使是学龄前阶段的孩子们，也能知道他们要在田野活动和与专家的交谈中发现什么。到商店参观的活动，可以包括与商店经理和收银员的谈话，买些东西带回教室等等。这样一些共有的经历会带给幼儿一些经验中的共识，方便他们商讨新的理解。这次活动比儿童在教室中玩有关"商店"的角色游戏更加逼真。

在"医院"这个项目中，老师可以安排一个护士和一个医生来和小朋友们谈谈他们的工作，在这次讨论之前，幼儿可以和老师一起讨论他们希望来访者说些什么？谁来提问？幼儿可以掌握新的知识，在和来访者、其他幼儿、教师的互动中发现并纠正自己的误解。

在项目"坐公交车上学"的第二阶段，教师可能会安排对公共汽车本身的细致研究，并且同汽车师傅商讨是否可以早些来以便可以和孩子们一起交流。他们也可以在教室中放一辆公交车模型。幼儿也可以画画、涂色、书写有关公交车的事情、到学校的路线、交通规则、所停站点的数目、不同幼儿到学校的距离和时间等等。幼儿在学习正常的经验和安全预防知识外，也可学习到一些突发、危险事件等。

这一阶段教师的重要角色是鼓励孩子们独立使用他们已有的技能，包括观察、交流、绘画、涂色。大一些的孩子可以发展他们读、写、算方面的能力。在这一阶段，教师也致力于强化孩子们寻找知识、追求对主题的深入了解的倾向。教师提供材料，并为孩子们就想法和发现的方法提供建议。

第三阶段：反思和总结

这一阶段要将小组和个人的工作完成，并总结学到的东西。在这一阶段，我们期望大多数的幼儿可以共同分享对这个话题的理解。让幼儿详细解释学到的东西，有利于他们强化这些知识，并将这些知识转化为自己的知识。笔者认为，只有能被幼儿应用的知识，才真正是他们自己的知识。

对于大些的孩子来说，第三阶段是在一个新水平上练习和反思学习到的知识经验。他们表达的方式不仅限于表演，也可以以墙饰、音乐、戏剧、舞蹈、制作班级书籍、游戏等方式来表现。有时,可以组织一个推向高潮的活动以便让他们向其他同学展示。他们可以要求家长或其他班级的幼儿来看他们的作品,听他们讲述他们作品的故事,讲他们学到了什么,如何学到的等等。

对于3～4岁的幼儿来说,第三阶段往往是项目活动中角色扮演的时间。因此,如果他们想造一间医生的办公室或者商店,这一阶段就会主要包括扮演与环境布置相关的各种各样的角色。

在"公交车"项目的第三阶段,教师可以使用孩子们自己做的"公交车",帮助他们精心设计一场戏剧表演。孩子们可以为戏剧表演讨论可能发生的校车故事:暴风雨中被雷电击倒的一棵树挡在了路中间,于是校车不得不改道到学校;孩子们帮助校车司机更换轮胎。他们可以设计一些相关游戏,也可以编制一些关于公交车的新的歌曲和诗歌。

(二)项目活动的五大策略性的特征

一个好的项目工作是教师明确判断项目结构的结果。成功的项目往往都有一个十分灵活的框架结构,这种结构化的五大特征分别是:讨论、田野工作、探究、表述、展示。这些特征可以帮助教师关注幼儿的兴趣和学习需要,也可以高度地激发幼儿的探索动机,使幼儿感觉到自己在学习中的主人翁地位,在活动中高效率地工作。

1.讨论

讨论可以在全班进行、小组之间进行,也可以仅仅在两个幼儿之间进行。幼儿可以和主班教师、配班教师、家长志愿者、来访的专家进行讨论 很多讨论也可以是非教师直接参与的。幼儿在其中学习相互交流、相互提问,对其他小朋友的观点进行评论,并通过提问获取进一步的信息。项目中的讨论对儿童和成人来说都是非常有意义的,主要从以下5点阐述:

第一,讨论是交换主题信息的一种方式。当孩子们增长了对主题的知识后,他们会自然而然地想把他们的发现分享给他们的伙伴。讨论使他们能够回顾他们学到的知识,使每一个幼儿都能了解其他小朋友在这个过程中学到了什么。

第二,幼儿可以讨论他们在调查和展示中所使用的策略。对策略的讨论可以让所有幼儿都知道获取项目成功的不同方式。

第三,幼儿也可以在这个过程中向伙伴寻求帮助,来解决项目活动中存在的问题。在这个过程中学会向同伴求助,并在各种帮助中增强自己的自信心。

第四,教师可以了解幼儿在不同阶段对项目理解的程度。

第五,幼儿可以和教师一起做计划,促使项目不断发展。

2.田野工作

田野工作可以看做任何在户外的活动。在项目的第一阶段,孩子们可以询问父母这方面的经历。在第二阶段，教师可以把幼儿带到社区，观看相关的物品、交通工具、人、事件的整个过程，让幼儿获得第一手的观察资料。每一个幼儿都仔细观察田野工作中不同的细节，并学会使用田野笔记做观察记录。一种表现方式可以整合绘画、书写、算数等形式。当教师给幼儿提供收集、分类的方法，并让大家相互分享经验的时候，这次田野活动就获得了充实的资料。

3.表述

幼儿可以表述他们的经验、先期知识、问题、研究发现，以及对戏剧表演、绘画、建筑、写作等各种表现方式的意见。任何一个项目在开始时，教师都要帮助幼儿分享知识经验，幼儿可以学习澄清和揭示信息的一些表达策略。

4.探究

项目往往和某种研究紧密相连，一些研究可以通过近距离观察和采访专家等方式得到第一手资料，大一些的孩子我们往往会让他们利用更多的二手资料来研究，例如书籍、视频、网络、博物馆或者是其他研究者提供的材料。

一手的资料研究是可以从田野工作中获得的。在教室里，也可以对材料、物品、物质进行探索实验。而且只要不违背伦理原则，也可以在教室里对一些小动物或昆虫进行研究实验。

5.展示

教师可以使用展板、教室墙壁、架子、桌面来展示信息、幼儿的作品、收集来的物品、单词列表、参考书目、操作步骤的说明书、活动所需要的材料和设备。这些陈列物使幼儿的活动更为独立自主，而教师则把自己的注意力更多地放在观察上，并在适当的时候给予幼儿帮助。这种方法也使得教师能够在教室中移动以便关注到全班幼儿的活动。教师可以在这段时间中恰当地鼓励幼儿，给予相应的建议。

在项目的进行过程中，教师精心地收集和展示幼儿的作品，以讨论和展示的形式向全班同学介绍每组或每个幼儿的活动进展情况。对幼儿的评估在此阶段也不间断地进行。在第一阶段，教师可以用如下方式展示幼儿的先期经验和知识水平：调查的结果；各组经验分布的条形图（例如商店购物、养宠物、当地居住的祖父母）；不同幼儿经验的比较（例如，是坐船摆渡，还是去钓鱼）；一些有标题或注释的绘画（个人对自己经验的解释）；访谈报告（一个没有此种经验的幼儿向有经验的幼儿进行访谈）等等。

三、项目活动案例

实例一 宠物[①]

初步的计划

我观察到孩子们每天都在谈论的一个话题——宠物,我确信他们对宠物产生了兴趣。

第一阶段

我和孩子们一起分享一张小猫的图画,孩子们立即产生了兴趣,开始七嘴八舌地说出有关养宠物的经验。我把讨论录了音以便日后查询,我还制了一张表填入有关的想法和疑问。我分别给家长们写了一封信告诉他们这件事,并问他们能否把孩子与宠物合影的照片带来。第二天照片被带来了。孩子们讲述了他们各自的宠物的故事,我把它们一一记下。随后我们在教室里举办了一次照片展。

下面就是一例孩子讲的故事:

"摩根是我的狗,每天早晨它都和我玩。妈妈把摩根带出去散步。我们每天都喂它吃。我喜欢摩根。"

那些家里没有宠物的孩子(有两个)也讲出了他们所想象的故事。

从这些讨论中我们把班里可能有的宠物情况记录下来,包括一头猪,一只老鼠,一条鱼和一头牛。

第二阶段

令人兴奋的事一件接着一件。我们认为应该了解更多的动物,于是就一个接一个地找。一位父亲来给我们做了演讲,我们的兴趣又转移到鱼身上。

我们美术老师伊丽莎白的画室里有一条鱼。我们约了一个时间访问她和她的鱼。我们把要问的问题列了一个清单。如:你养鱼有多长时间了?你的鱼是从哪儿来的?这条鱼能在学校待到周末吗?我们把问题和伊丽莎白的回答作为下次讨论的内容。我们编了一个组并决定把鱼作为教室的宠物。两周后我组织了一次田野旅行——参观宠物店。

在此之前我们在教室里做了这样的事情:

制表:孩子们把鱼需要的一切列了一张表。如食物、石子等。

讨论:把鱼放在教室的什么地方。

讲故事:如果我们是鱼会怎么样。

绘画:用油画棒、铅笔等画鱼。

---

① 这是一位老师叙述全过程的记录。

阅读：看有关鱼的书。

美工：做一个与鱼有关的墙饰。

旅行到来的前两天，我们用绘有鱼的画布做了一批T恤衫。我们决定穿上它去旅行。

这一天终于到来，我们在宠物店玩得很开心。我们决定买两条橙色的鱼，一些粉色的石头和灰色的鱼食。

第三阶段

我们回到学校开始布置鱼缸。我们讨论如何给这些鱼取名。我们列了一张表，决定第二天投票表决；还决定列张表规定每一天由谁来喂鱼。

第二天，我一到学校就发现有一条鱼已经死了，我把它放在一个盛满水的碗里。当孩子们进来的时候纷纷奔向鱼缸，一个孩子发现有条鱼不见了。我告诉他们我发现这条鱼漂在水面上，我想它是死了。我问他们是否想看那条鱼，他们说“好的”。经过一番观察，他们相信这条鱼的确死了。于是我们一起商量如何处理这条死鱼，家里以前养过鱼的孩子提议说把它埋了或者洗干净。我们讨论了一下然后投票表决，投票结果是把鱼埋葬。我们拿着铲子来到操场，在一个树丛下把鱼埋了。回到教室后，我们用投票的方式给剩下的一条鱼取名字，最后决定叫它“罗斯”。

接下来的几天里，孩子们纷纷猜测那条鱼是怎么死的，每个人都庆幸还有一条鱼是活着的。他们都很乐意观察罗斯，给它喂食。这个项目大约持续了5周，我很高兴和我的孩子们有一次愉快的旅行。让我惊讶的是，在很长一段时间里孩子们依然对此记忆犹新，兴奋不已。

实例二 动物过冬①

项目的开始

深秋的一个中午，几个孩子在厕所里发现了一条毛毛虫，他们开始议论起来，并很高兴地邀请老师一起来看他们的“宝贝”。第二天来幼儿园的路上，一个孩子又发现了一条毛毛虫，并将它小心地抓在手心带到了幼儿园。于是好多小朋友开始关注毛毛虫，他们在草地上、池塘边捉到了毛毛虫，老师建议他们将毛毛虫养在小瓶子里。

项目的发展

寻找毛毛虫！

第二天，冷空气突然来临，天气一下子变得好冷，小朋友都穿上了棉衣或厚外套。这么冷的天，毛毛虫怎样了呢？它没衣服穿会不会觉得冷？它会想什么

① 这是在幼儿园中班开展的一个项目活动。

办法让自己不冷呢？带着这些问题我们开始了寻找毛毛虫的活动。孩子们首先展开了讨论：在哪些地方可能会找到毛毛虫？孩子们各抒己见：有的说在操场边的小树林里，有的说在花坛里，有的说在草丛里，还有的说在种植园地里……于是孩子们一下子分散到自己认为最有可能找到毛毛虫的地方寻找毛毛虫。尽管孩子们找遍了幼儿园的各个角落，也进行了多种努力：用枯树枝挖泥坑；扒开草丛；翻开小石块……可是，原来随处可见的毛毛虫这回一条也不见了。

毛毛虫去哪了？

带着找不到毛毛虫的遗憾，我们与孩子一起开始了关于"毛毛虫究竟去哪了"的讨论，孩子们七嘴八舌："毛毛虫躲起来了，它怕冷！""毛毛虫躲到树洞里去了，它太冷了。""毛毛虫躲到小河里去了。""不会的，躲到河里会淹死的。""是躲到河里去了，河边的泥软，毛毛虫用嘴巴能挖出个洞躲进去。""我看是藏到草下面去了，草下面的土也是软的……"看着孩子都急着想表达的样子，我们建议孩子们将自己的想法及时地记录在画纸上。

毛毛虫怎样过冬？

毛毛虫究竟怎样过冬呢？真像小朋友猜想得那样吗？我们找来了《动物百科全书》并将毛毛虫的过冬方式及其一生的变化介绍给孩子们。有趣的是，孩子们事先捕捉到的一条毛毛虫这时候真的在玻璃小瓶里结了一个茧，将身体全包进了茧中。孩子们对毛毛虫过冬更感兴趣了。

"动物过冬"家庭讨论会。

原来毛毛虫是这样过冬的！那么，其他小动物又是怎样过冬的呢？我们为幼儿提供了许多动物卡片，请幼儿选择一张自己最喜欢的动物卡片带回家，同时还给每个家长一封建议书，请家长协助孩子展开研究、与孩子一起讨论，并将讨论结果做记录带回幼儿园。孩子们有的和爸爸妈妈一起上图书馆翻阅科普读物，有的和爸爸妈妈展开讨论，有的在爸爸妈妈的帮助下上网查询并下载有关信息，有的在自己的儿童读物中寻找答案……

动物过冬交流会。

回到幼儿园，孩子们兴奋极了！他们急着相互交流自己寻找到的答案。我们就组织幼儿进行了"动物过冬"交流会，让孩子们一个个向大家介绍自己的有关经验及获取信息的方法。

动物过冬的故事。

看着孩子们对"动物怎样过冬"产生了浓厚的兴趣，老师也为孩子分头做了许多有益的工作。动物过冬有许多相关的故事，我们把寻找到的故事录制成配乐录音带，还剪辑了有关动物过冬的录像，灌制了"动物过冬知识宫"磁带，让幼儿根据自己的兴趣选择活动内容进行分组探索活动。故事《金黄色的信》孩子们最喜爱，有的孩子还不由自主模仿棕熊吃得饱饱的样子，于是引发了表演故事的活动。孩子们提出表演这个故事需要头饰、树洞、泥洞、蚂蚁的家，还需要梧桐树树叶等。这下可热闹了，大家商量出用积木和小可乐罐搭蚂蚁的家，把泡沫刷上黑色做成泥洞，在大纸盒上挖个洞做树洞让熊可以钻进去，捡些梧桐树树叶来做信……大家分工合作，画画、涂颜料、剪洞口、捡树叶。孩子们一下子把动物过冬的故事演绎成一部稚拙可爱的童话剧。

动物过冬方式归类。

对于动物怎样过冬孩子们真的知道了很多。他们依据自己的经验，把动物怎样过冬都画了下来。于是我们将孩子们自己的作品展列在一块大黑板上，方便孩子们观察并讨论，建议孩子们将过冬办法一样的动物的图片放在一起。大家一边讨论，一边给图片分类。孩子们思考着、争论着，在这个过程中对动物过冬的知识经验趋于系统化。

给动物选个舒适的家。

在孩子们对动物怎样过冬经验越来越丰富时，我们和孩子一起收集了各种玩具小动物，建议给它们造个舒适的家，让它们舒舒服服地过冬。要为哪个动物造家、需要什么材料，孩子们又开始寻找。他们找来了纸盒、积木、泡沫、棉花、树叶和碎布，小动物的家在孩子们手中变得温暖又舒适。

兴趣从动物转移到植物。

正在搭建关心动物过冬并为动物献爱心的时候，有个孩子又将一个新的问题带到了幼儿园："老师，马路上的树，干吗刷上了白颜色？""是呀？为什么呢？"于是我们又开始了关于植物过冬的讨论，孩子们了解了大树脱去绿衣裳；小草在地底下生长得好好的；知道了暖房，给树穿草绳衣服……

（苏州市虎丘区实验小学幼儿园　陈建华）

第三节　区域活动的设计

一、幼儿园区域活动的内涵与特点

（一）幼儿园区域活动的内涵

区域活动，也称"区角活动"、"活动区活动"等，它是教师根据教育目标以及幼儿发展水平和兴趣，有目的地将活动室相对划分为不同的区域，如娃娃家区、美工区、建构区、表演区、科学区等，投放相应的活动材料，让幼儿按照自己的意愿和能力，以操作摆弄为主要方式，进行个别化的自主学习的活动。

(二)幼儿园区域活动的特点

1. 自由性

每个幼儿都可以根据自己的兴趣、需要选择活动。活动区的活动多为幼儿的自选活动,这样就为幼儿提供了更多的按照自己的兴趣和能力进行活动的机会,满足幼儿的个别化需要。

2. 自主性

按照自身发展水平自主选择活动内容和活动伙伴。活动区活动是幼儿的自主活动,他们在没有压力的环境中玩玩做做,活泼、主动、愉快地学习。

3. 个性化

区域活动更关注、尊重幼儿的个别差异,幼儿可以自由地选择区域、活动材料、活动方式、同伴等,在自己感兴趣的活动中获得个性化的发展。

4. 指导的间接性

依靠环境、材料,以语言为媒介,活动区的教育价值主要是附着在各区角的操作材料、情境及相应的活动中。幼儿通过直接参与各种活动而获得多种直接、自然的经验。

(三)幼儿园区域活动的设计理念

首先,皮亚杰的认知发展理论为区域活动的设计奠定了理论基础,他认为,学龄前儿童的心理发展处于感知运动和前运算阶段,强调活动的重要性,提出"操作活动是孩子最重要的活动"。

其次,维果斯基的"最近发展区"为区域活动的设计提供了理论支持。他认为,"游戏活动创造了儿童的最近发展区",由此得出区域活动是儿童在最近发展区里的活动,能为每个孩子提供激发发展潜能的机会,让他们在活动中,超越自己原有的水平,获得新的发展,这符合因材施教的结论。

再次,国内外有关幼儿园区域活动研究的成功范例,给了我们很大的启示。

二、幼儿园区域活动的设计

(一)确定区域活动种类

这是设计活动区首先应考虑的问题,划分区域活动没有明确固定的模式,教师可以根据幼儿各种能力发展需要、各年龄段课程目标实施需要,灵活而有创造性地设置区域和进行区域命名。在设置过程中,要从全面发展的角度考虑区域的种类。

常用的区域活动分法有 3 种:一种是以《幼儿园教育指导纲要(试行)》中提

出的五大领域为基础进行扩展分类命名，如角色区、语言区、数学区、科学区、音乐区、美术区、户外活动区等；第二种是教师根据幼儿各种能力发展的需要进行命名，如感官区、益智区、探索区、生活区、表演区、美工区等；第三种是教师根据幼儿操作内容或材料进行分类命名，如玩沙玩水区、图书区、美工区、建筑区、自然发现区、角色表演区等。

（二）选择适当的活动材料

活动区的种类确定下来之后，教师就应去选择、收集适当的活动材料。这是十分关键的一步。材料的性质及使用方式决定了幼儿能学到哪些方面的经验。

一般来说，各活动区都有一些基本的、相对稳定的材料。

积木区：中大型号的积木、插塑，以及一些辅助性的材料，各种玩具小人、汽车、各种小动物等。

角色扮演区：与娃娃家、银行、商店、医院等相配套的玩具。

科学区：放大镜、天平、尺子等工具和各种适宜于幼儿探索的材料。

语言区：图书、录像机、故事磁带等，也可准备一些小木偶、小幻灯机，另设一个小剧场。

美工区：纸、笔、画架、橡皮泥、胶水、剪刀、各种空纸盒等材料。

木工区：锤子、钉子、锯子，各种木条、木块等。

但活动区材料也不是固定不变的，往往需要根据幼儿的能力或特殊需要与兴趣进行适当的调整或改变。

三、幼儿园区域活动的布置

（一）材料布置的原则

1. 材料投放要考虑其层次性及动态性

区域活动最大的优势在于能为兴趣、能力各异的幼儿提供丰富的、适合其发展的活动环境。这就要求教育者在材料的提供上应注意材料的层次性和动态性，充分发挥活动材料的优势。

（1）材料的层次性：一方面可根据幼儿能力的不同提供操作难易程度不同的活动材料，促使幼儿在原有水平上有不同程度的提高。如在小班“美工角”中，能力强的幼儿就不满足于现有材料的投放了：有位非常喜欢来“美工角”的小朋友，突然有一天对旁边的小伙伴说：“以后我再也不玩‘美工角’了。”哎，这是怎么回事？老师走到他旁边问：“你不是很喜欢‘美工角’的吗？”“我以前喜欢，可现在不喜欢了。”“为什么不喜欢了？”“那些我都会剪了，在家里妈妈让我剪一些以前不看的书上的小动物，我都能剪下来。”“如果明天老师也把一些带有小动物或人物的纸放到'剪剪角',你还喜欢吗?""喜欢!"第二天,当老师把一些有各种图案的旧书投放到"美工角"后,他又高兴地剪了起来。

可见,教师在投放材料时要考虑到不同层次的幼儿发展的差异,如果只考虑大多数幼儿的发展水平,这样就会阻碍一部分能力较强的幼儿的发展。

另一方面从材料的加工程度来讲,可为同一个活动区提供原材料、半成品和成品。

(2)材料的动态性:材料的提供不能一成不变,而要根据教育目标和幼儿能力及时地进行调整、补充。

如教师发现前阶段备受幼儿喜爱的表演区无人问津了,通过对幼儿在区域活动中的表现的观察和了解,发现表演区里的头饰、道具因投放时间长,已不能满足幼儿表演的需求。于是,教师动员幼儿回家和爸爸妈妈一起动手制作新学的故事里的角色头饰,带到幼儿园的表演区和小朋友一起表演故事,而且教师还引导幼儿自己创编故事情节进行表演。果然,表演区又热闹起来了。

因此,教师要及时观察发现活动区材料是否对幼儿当时的活动起到了应有的作用,以便作出调整或更换材料的决定。材料的动态性还体现在各平行班之间的互动上,各班教师应及时沟通、交流幼儿区域活动的情况,做到材料互补、资源共享,让材料真正地为幼儿活动服务。

2.材料投放要结合主题活动进行

(1)区域活动是在主题目标的指导下,教师有目的地引导幼儿开展的系列活动。因此,材料投放应具有目标性,要根据近期的主题目标和幼儿的活动需求及时投放活动材料。如结合"好玩的转转"的主题活动,围绕"寻找周围会转的东西,认识各种交通工具,了解交通工具的结构,探索交通工具的原理"这一活动目标,在图书区里,为幼儿提供了大量的有关交通工具的图片、图书等,供幼儿阅读认识,在结构区为幼儿提供了汽车、飞机、轮船的模型以及可以组装交通工具的积木,供幼儿观察、操作,从而促进了幼儿认知和操作能力的发展。

(2)活动区域中应根据不同年龄段幼儿的身心特点投放不同层次的活动材料,做到有的放矢。同样是结构区,结合小班幼儿善于模仿的心理特点和小肌肉群不够发达的生理特点,可为他们提供体积大、重量轻、便于取放、类别相同的建构材料。而大班幼儿动手能力强、思维敏捷,在提供建构材料时,则要注重多样性和精密性,以满足他们的探究和自主发展的需求。

3.投放区域的材料要有探究价值

材料要能引导幼儿动手、动脑,支持幼儿与区域环境积极互动,引导幼儿根据自己的兴趣爱好对客观事物进行动手操作和动脑思考。探究是幼儿在动脑思考基础上的动手操作,是动脑和动手交替进行的活动。

例如,给幼儿几辆汽车模型,让幼儿观察汽车由哪几部分组成,每一辆各有什么不同，这并不是一种典型意义上的探究活动。如果交给幼儿各种材料，如汽车模型中的门、窗、轮子等让幼儿自己拼出汽车，这就是一种探索活动。因此，我们在材料的提供上，应注意材料的探究性。因为只有具有探究性的活动材料才能真正地引起幼儿的兴趣，使活动具有持久性，也才能起到发展幼儿思考能力和探索能力的作用。

4. 考虑材料投放的数量

区域活动中投放多少材料最合适呢？有的教师认为材料越多越好，也有的教师认为材料不在多，只要用得上就好。在认识磁铁的活动中，教师为了让幼儿进一步探索磁铁的用途，在益智区投放了“钓鱼”的材料——用磁铁做成的小鱼、渔竿。幼儿都喜欢去玩，但是渔竿只有两根，几个孩子便争了起来。老师才意识到材料投放少了。于是便商量和幼儿一起再做几根渔竿和一些小鱼。

总结了这次的经验，在投放娃娃家的材料时老师有意放进了足够多的碗、盘、食品等材料。然而，这次又出现了新问题，每次娃娃家里的小主人光忙着整理餐具了。看来，一味地多投放材料并不见得就好，材料投放的多少要看幼儿活动时需要的量是多少。

区域中材料投放得越多，幼儿选择的余地就越大，然而光在选择材料上就会花掉很多时间，当然也就会影响活动的效率，这在一些区域活动中是不可取的。但是如果材料不够，也会出现问题。比如会出现幼儿争抢材料的现象，对活动的开展也是不利的，所以教师在投放材料时必须考虑材料是否充足，是否能满足幼儿的需要，而且还不能过量。

5. 充分挖掘周围可利用的资源，使材料为我所用

首先，要引导幼儿学会搜集材料，空饮料瓶、饼干盒等等都是可以拿到区域来做材料的。其次，要充分利用自然资源。比如，生活在市郊的幼儿可以将黄豆、玉米，还有花生壳、小石子等作为区域活动的材料；生活在海边的幼儿，可以将他们收集的贝壳放到美工区。所以，只要善于发现、善于利用，很多材料都可以投放到活动区域中。

（二）布置活动区域的基本程序

1. 各活动区的空间分配

（1）干湿与动静分区，避免相互干扰。如科学区、生活区、美工区中的一些活动有时需要用水，可以相对靠近有水池的地方或盥洗室；有些区活动量小，如图书区、数学区需要安静，而有些区如积木区、小舞台、角色游戏区则比较热闹，幼儿容易喧哗，因此，这两类活动区最好离得远些，以满足幼儿不同的需要。

（2）区域之间要有适当的“封闭性”，避免因“界限”不明确而产生消极影响。可以利用各种玩具柜、书架、地毯等现有设备作为各区的分界线或屏障。同时又

要考虑各区活动的方便程度。

(3)活动室内的"交通路线"要力求畅通无阻,以避免幼儿在活动时发生拥挤、碰撞等情况。为此,活动室中央和各个门口最好不要设置活动区。

2. 各个活动区的材料投放

活动区的划分方式和材料投放内容都是不唯一的,下面各个活动区的材料投放和布置仅仅给大家提供一些参考。

(1)安静区的材料和布置。安静是相对而言的,幼儿在安静区进行的项目一般比搭积木、玩角色游戏、演奏乐器等安静一些。有的幼儿园也把这一区域叫做"阅读区"。这个区备有图书、拼图和小型操作游戏的材料。在这里,幼儿玩一些简单的规则游戏,或玩自己创造的游戏。在这些游戏中,他们把东西拆开,重新排列,再把他们装在一起,分类、匹配、比较;在这里,他们也可以看图书、听故事,并在理解书中的故事内容后编自己的故事。

幼儿也可以在这一区域练习新学会的小肌肉动作。如一个刚学会拼好四五块拼图的幼儿,一遍又一遍地拼;也有的幼儿把拼图放在盒子外面拼,把图案倒过来或把拼图的形状描在纸上,自己制作拼图。

安静区的材料也可以作为其他活动区的活动材料,例如,木珠可以当做角色游戏中的玩具钱币,小立方木块可用作积木建筑物上的小装饰品,木钉可当做橡皮泥蛋糕上的蜡烛。

安静区应尽可能远离教室中吵闹的地方。矮柜子的放置能有助于明确安静区的活动范围,这个区可放置一张小小的桌子和几张椅子,供幼儿使用,但因为大多数幼儿都喜欢在地上玩,所以桌子不能太大。

有的教师喜欢把安静区布置得十分舒服,他们在角落里放一张软床垫、一个大枕头。书竖立在书架上,封面朝外,这样方便幼儿了解都有哪些书,而且书要定期更换,每次更换时教师要向幼儿介绍,吸引幼儿前来观看。

相同的安静区材料应放在一起或紧靠在一起,放材料的地方或容器应贴有标记,如轮廓线、图片、照片或真实的物体。干净的塑料鞋盒、冰箱保鲜盒、有间隔的塑料餐盘都是安静区用来盛放小物品的理想容器。在选择安静区材料时,应选择那些具有多种用途的材料。

(2)美工区的材料和布置。幼儿运用颜料、蜡笔、橡皮泥、糨糊、纸张、剪刀、盒子和线能表现出他们看到或想象到的东西。当他们在调制、搅拌、卷、切、拍打、搓、弯折材料时,学习如何使材料发生变化,并观察这种变化:把东西拼在一起,再把它们拆开,排列、组装和转换这些材料。

并不是所有的幼儿都用同样的方式来使用美工区的材料。有的幼儿喜欢对材料进行探究,了解这些材料的功能及使用方法。这些幼儿的主要兴趣在于实验的过程而不是结果。这种过程可能是把纸剪成碎片,把胶带贴在纸上,在纸上涂胶水,或是在废旧报纸上涂糨糊。那些对这些艺术表现形式比较熟悉的幼儿可能专心于这些材料的制作用途。当他们完成了手中的制作,这些幼儿可能热心于描述他们的造型物品和绘画作品,并以此来编故事。

美工区的地点最好靠近水池,有一块易清洗的地面。如果美工区有一个低矮的水池,幼儿就不必穿过教室,也就不会把颜料、糨糊、纸屑弄得到处都是。如果教室中没有水池,也可以在室内放两个大桶,在活动开始前由幼儿或教师给桶装上水。在水源附近放置一卷纸或毛巾,幼儿可以用来擦手,并提供海绵块或抹布用来擦桌子。

因为幼儿很可能把颜料溅得到处都是,所以美工区地面一定要便于清洗。如果教室中没有这样的一块地面,或暂时不可能铺上瓷砖地面,可以用一块塑料布或一块旧地毯应急,或每天在地上铺上旧报纸。

美工区需要一块平整的地面,一张低矮、宽大和坚实的桌子,以及可供挂工作罩衣、晾干画上的水彩颜料的地方,存放半成品以及展示成品的地方。罩衣挂在柜子的背部或顶端,或挂在墙上。有的教师也用直立的衣架来挂工作服。要晾干的画可以挂在晾衣绳上,这些绳子不用时可收起来。

相同的材料要放在一起以便幼儿寻找和取放。纸张最好放在分类架中,既不占地方又易于取放。小的分散物品如蜡笔、水彩笔、铅笔、粉笔、剪刀、水笔、曲别针、牙签等可以放在一个干净的塑料容器内。

在存放材料的地方和容器旁边放上材料的样品或图片,使幼儿容易找到、取放。美工区的边上可用低矮柜子、晾衣架、花架、直立衣柜和储藏箱等围起来。

要随着活动的开展逐步添加美工区的材料,引导幼儿学习如何使用和保管这些材料。保证一些消耗性材料的及时供应,定期检查和补充胶水、颜料、胶带、订书钉、纸张等材料。

美工区的装备

不同规格、质地和颜色的纸

彩色光纸(多种颜色)

白纸、卫生纸、新闻纸、包装纸袋、纸盘、硬板纸、墙纸

用于绘画的材料

颜料、用于画手指画的液体淀粉、肥皂片、画架、颜料挤压瓶、放颜料的有盖的小罐子、点心盘、冰冻食物盘、放颜料的浅碟子

旧报纸、不同规格的刷子、海绵块、纸巾、围裙或工作罩衣、牙刷、网眼布

(3)音乐区的材料与布置。音乐区的活动给幼儿提供了一个体验节奏和练习音乐的技能,并从中获得乐趣,这些技能为以后更为复杂的音乐和节奏表现打下了基础。在音乐区,幼儿可以自己进行独唱、小合唱、自编节奏、乐曲或随着音乐律动。

这个区需要有扮演和跳舞的空间以及安全的、贴有标记的供存放乐器的墙板或架子。磁带或碟片应该竖靠在架子上，或竖立在铁丝网盒子里。录音机可以放在电源附近的地上或架子上。电源不用时最好盖起来，所用的电源插座应装得高一些，不能让幼儿碰到。一台结实的录音机应易于幼儿操作。自己自制的磁带上应贴上相应的图画，便于幼儿查找。另外，可在磁带和磁带盒上贴上相同的标记，这样幼儿在使用后可放回原处。

(4)角色游戏区的材料和布置。角色游戏区是象征活动和角色游戏的中心。在这里，幼儿可以把他们看到的和经历的人和事结合在一起表现出来，这其中有众多的人物，如爸爸妈妈、爷爷奶奶、叔叔阿姨、售货员和顾客、医生和病人、司机和乘客……也有众多的表现场景，如去看病、搬家、参加婚礼、购物、给朋友打电话等等。它给幼儿提供了一个与别人相处、表达情感和思想、用语言交流的机会。因此，角色游戏区的布置尤为重要。

因为角色游戏和积木游戏之间常常发生联系，所以角色游戏区要尽可能地靠近积木区。角色游戏区可用低矮架子、幼儿使用的玩具、放物品的箱子、各色的积木或一个立式镜子围起来。

角色游戏区的装备

娃娃家

娃娃、毛绒动物、娃娃床、婴儿拨浪鼓、围嘴、奶瓶、衣服、尿布、幼儿规格的熨烫板、熨斗、小型桌椅、扫帚、簸箕、玩具烤面包机、镜子、电话机、钟表、各式服装、饭盒、野餐篮、玩具钱币、旧床单、毯子、桌布、浴巾、电视机(空壳和旋钮)、硬板纸盒、可移动的分隔板(硬纸板或纤维板)、植物(真实的和塑料的)、水壶

道具箱

蔬菜商店箱：

外面：贴有售货员、货物袋、顾客的照片

里面：玩具收款机、空食物容器、玩具钱币、纸袋

木工箱：

外面：贴有木工工作、工具和设备的照片

里面：木工围裙和帽子、尺、空颜料罐和刷子、砂纸

邮局箱：

外面：送信人开车、开信箱、一家一家送信和邮局的照片

里面：印有标志的老式邮包或纸袋、邮票或封口纸、信封、纸、邮局称重器、橡皮印章和印泥盒

医院箱

外边：医生和护士的照片

里面：白大褂、护士帽(可以用纸做)、绷带、纱布、胶布、压舌板、药瓶、小公文

包、医生用的小挎包、听诊器、塑料无针头的注射器

加油站箱

外边：加油站、加油工、油泵、加过油的汽车的照片

里面：工作服、工作帽、空油罐、输油管、纸巾、塑料喷雾器、汽车千斤顶和扳手

消防站箱

外边：消防站，消防车，消防队员在消防站、在消防车上或救火的照片

里面：消防队员的安全帽、一件儿童防雨服、一双靴子、橡胶软管

汉堡包食品店：

外边：汉堡包食品店、工人、顾客、汉堡包、炸土豆条、饮料的照片

里面：领班的帽子、围裙、杯子、纸巾、吸管、塑料番茄酱和芥末容器、土豆条(用塑料泡沫剪制)、汉堡包(用硬纸板或油泥制作)、收款机、玩具纸币

鞋店箱

外边：鞋的照片(儿童、男士和女士的鞋)

里边：各色鞋子、尺或其他可丈量尺寸的东西、鞋盒

(5)数学区的装备和配置。墙面上，可以布置有关时间、空间、分类、守恒、排序等与数学内容相关的立体画面，并在旁边的搁架上放置一些相应的操作材料，把幼儿周围的环境都充分利用起来，变单一为多样，变平面为立体，变视觉刺激为多种刺激。为避免幼儿拿放材料时影响别人，可以在地面上画行走的小脚丫路线，暗示幼儿取发材料时顺着脚丫方向行走。在地面上用小鱼、小狗等图像来规定幼儿的操作区域。这样，幼儿就可以在丰富而又互不影响的范围内自由自在地操作。数学区也可以借鉴蒙台梭利的部分教具来发展幼儿的数学思维，例如装在神秘袋中的几何立体组，用于排序的数棒，纺锤棒与纺锤箱，数字与筹码，金色串珠，用于感知加减法的彩色串珠，分数小人，加法板，减法板，乘法板，除法板……如果幼儿园没有购买蒙台梭利教具，那么幼儿园教师也可以仿照这类数学玩教具的特点自制一些玩教具，同样会有很好的效果。

(6)科学区的装备和布置。科学区可以放置一些玩杠杆游戏、齿轮游戏、斜面游戏、重力游戏、电路游戏、光影游戏、现代科技游戏、能量游戏、磁性游戏、自然游戏等的玩教具。科学区还可以放一些有关科学知识的书籍，例如《十万个为什么》，一些供幼儿探究记录的纸和笔。

(7)木工区的装备和布置。在木工区，幼儿能运用真正的木料和工具来学习新的技能、解决问题和制作结实的物体，幼儿还可以给这些物体涂颜色，并且拿到其他活动区去派些用场。有的幼儿会觉得美工区的材料太小，希望能像在家里那样用木块和木条来敲敲打打，木工区可以实现他们的愿望。

木工区的主要条件是远离幼儿走动较多的地方。一张坚实的工作凳可容纳

4 个幼儿同时活动，工具和要用的木料也可以放在凳子上。工具可以挂在一块板上，上面画上工具的轮廓，或者放在低矮的架子上，也可放在工作凳下面贴有标记的箱子里。

在准备木工区的材料工具时，要保证提供足够的榔头，如果工作凳可容纳 4 个幼儿，就应准备 4 个榔头，这样幼儿就不用轮流排队。

木条和木块可以从家庭装修的废料中搜集而来，这些木料可放在纸箱、铁桶或废物箱里。

除了基本的工具外，幼儿可能还喜欢使用美工区的材料如胶水、电线等。

(8)建筑区的装备和布置。一个幼儿园的教室应该有一个宽敞的、装备较好的建筑区，不仅因为搭积木对许多三四岁的幼儿来说是一种有吸引力和富于挑战性的活动，而且幼儿在搭积木的过程中，会遇到平衡、围合等空间和结构的难题，并在建造过程中创造出不同的风格，幼儿还会用积木、小人、动物、家具和玩具车玩象征性地玩游戏。

建构游戏给教师提供了观察幼儿探究、独立或合作性建造、分类、组合、比较和排列物体以及玩角色游戏的机会。

建筑区应有搭积木的空间，还需要有在活动区之间走动的自由，有人在走动时可能会不小心把搭好的东西碰倒。因此，建筑区应设在远离幼儿走动较多的地方，一般可设在不靠门的角落里。建筑区与教室中心区相连可容纳较大的积木建筑，因为有时会有许多幼儿到这一区域活动。

角色游戏经常会从娃娃家区扩展到积木区，因此把这两个区紧靠在一起，或对面设置，将有利于幼儿活动，并将这两个区对别的活动的干扰降低到最低程度。积木可能变成娃娃家中的床、墙、电话、汽车等，而娃娃家的材料也可以用来充实和丰富建筑区的各种活动。

建筑区也像其他区一样，需要用东西围起来，这样能让幼儿感觉到自己是在这个区内。可用放积木的低矮柜子围在没有墙的一边，也可用大积木、木板或纸板、塑料箱子来做隔墙。

许多教师喜欢在建筑区铺上地毯以降低积木游戏产生的噪音。铺上地毯也是给幼儿规定了活动的范围。地毯不一定昂贵，但是要尽可能坚实平整，积木能放平稳，不易倒塌。

建筑区的材料应放在幼儿容易看到和取到的地方。大的笨重的积木、箱子、大型木拖车和玩具可归类放在地上，并贴好标记。标记可用不同形状以区别积木的类别，也给幼儿的排序和分类能力的练习提供了机会。把相同的建筑区材料放在一起并做好标记还可以节省大量的时间。

建筑区的设备材料包括可用来建造、拼拆、注满、倒空和装扮的物品。许多物品可以是废旧品、赠送品以及家长和幼儿一起制作的物品。

建筑区需要留给幼儿运用这些材料的空间。因此，车辆玩具、工作凳、沙箱、桌子和椅子最好不要放在这一区域。因为这些东西会占据很多空间，使幼儿精心搭成的建筑物难以保存。车辆玩具最好收起来，等户外活动时间再拿出来使用。

建筑区玩教具的配备

大型空心积木、斜面积木、混合积木(提供尽可能多的几何形状和不同的尺寸)、硬板纸积木、用鞋盒或牛奶纸盒表面贴上布或纸制成的积木、地毯块、硬板纸块、旧床单、床罩、有机玻璃块、塑料泡沫块、大小不等的箱子、塑料管、线、绳子、滑轮、幼儿积木作品的照片、可拆卸的塑料或木质的卡车和小轿车、大型可拆装的玩具。

(9)玩水玩沙区的装备和配置。大多数幼儿都喜欢玩沙玩水的游戏。幼儿通过混合、搅拌、堆积、倾倒、掏挖、灌注、拍打、筛等活动，进行各种实验活动，了解和发现材料的质地和特征。沙和水也可用于制作蛋糕、铺路和建造房屋等游戏。幼儿可以用沙箱和水箱来实验他们在木工区制作的小汽车和小船。

玩沙玩水区一般安排在一个大的、脚上带有轮子的沙箱和水箱旁边。这些箱架通常用木头做成，箱子是金属或塑料的，箱底有一个用塞子塞住的洞，可供排水。当沙箱不用时，可在上面盖一块板，这样既可以保持沙的湿度，又可当一张工作台使用。如果空间不允许放置一个较大的水箱或沙箱，可用其他物品代替，如用婴儿洗澡盆即可改造，在盆底开一个洞，做一个塞子即可。因为沙和水会弄到地上，可以准备一些旧报纸或一卷塑料布铺在地上，这样也方便打扫。也可以把这个区放在美工区的旁边，这样靠水池也近些，幼儿不需要端着滴水的容器在教室里走来走去。如果玩沙玩水区不能放在水池附近，就需要准备一个结实有盖、装满水的大水桶待用。用于玩沙玩水的器具可放在桌子下面的贴有图画标记的箱子里，也可以放在矮架子上，有的教师还自己设计放置器具的架子。

沙箱和水箱可以被规定好分别只用来放水和放沙，也可以既放沙又放水。在冬天还可盛雪。有的教师还在箱子里盛放幼儿在郊游时捡来的小石子，也有的教师用它来放豆子或塑料泡沫块。在天气温暖的季节，可把沙箱、水箱推至户外，这样教室里可以宽敞一些，打扫也更方便。

(10)动植物区的装备和布置。在动植物区，幼儿能观察动植物的生长和变化，学习饲养、浇水和照看有生命的动植物。动植物区所需的空间可以根据动植物的大小和数量而定。不管动植物区设在什么地方，只要确保笼子和喂养的食品放在一起即可，方便幼儿取用。

植物可选择一些易种植的品种，如仙人掌和绿萝，也可选择那些幼儿自己能种植的东西，如大蒜、豆类、草类、菊花以及本地生长的植物。准备一些罐子、干净的塑料盒和土壤。

3.要注意的问题

(1)安全问题。良好的学习环境首先应是安全的。如家具的摆放要牢固、平稳等。

(2)自理问题。投放的材料应该是幼儿自己就能取到,并能放回去的。

(3)心理气氛问题。应努力为幼儿营造活动所需的心理氛围。如图书区,就应以安静为主,不要大声说话。

(4)规则问题。由于幼儿可能并不熟悉材料使用时应注意的事项,可能会存在一定的危险,或因此而起冲突,妨碍其他幼儿的活动,所以在把活动区完全开放之前,应首先让幼儿知道并熟练掌握相关的规则。

四、幼儿园区域活动的指导

(一)幼儿园区域活动的指导原则

1.目标性原则

这是区域活动实施过程中首先要考虑的问题。教师要依据幼儿园的教育任务和培养目标,确立区域活动的教育目标,并在区域的创设、材料的提供、教师的指导等方面与目标保持一致。

2.自主性原则

这是由区域活动的性质决定的。在区域活动中,幼儿可自由选择区域、选择材料,自由操作、摆弄,活动的时间、次数、速度都让幼儿自己决定,老师的任务是帮助幼儿实现自己的设想,并鼓励幼儿发挥主动性、创造性,发现问题、解决问题,使幼儿的能力在原有基础上有所提高。

3.适应性原则

幼儿的发展存在着差异性,不同的幼儿,其发展状况是不同的。因此,教师必须从幼儿的实际出发来决定活动内容和教育要求,要有层次、有递进性,以适应幼儿的不同需要,使每个孩子都能找到适合自己的位置,充满自信地活动。

4.互动性原则

在区域活动中,教师和幼儿之间是相互影响、相互促进的,教师通过设置的有关的情景,向幼儿提出教育要求,促进幼儿的发展;同时,幼儿在活动中表现出来的各种情况又可改变老师的指导要求。在活动中,教师要采取师生同步的指导行为,使孩子觉得老师是他们的伙伴和朋友,乐意与他们共同享受活动的乐趣。因此,如果活动的气氛是轻松愉快的,活动的效果也就会很好。

(二)幼儿园区域活动的指导步骤

活动区虽然是幼儿自由活动、自主学习的场所,但不等于教师可以撒手不管。教师对活动区的活动的积极关注、悉心指导，能够使活动区教育功能充分地发挥出来。从创设活动区到完全开放活动区，使幼儿达到自由选择、自主活动、自我教育的水平有一个过程，大体分为两个阶段。

1.过渡阶段

这是幼儿尚无活动区活动经验的时期，对于该阶段的幼儿来说，活动区是一个新鲜刺激的地方，他们很愿意进入活动区活动，但往往不清楚该怎样做，于是，容易出现到处乱窜的现象。

所以，教师一开始就要向幼儿介绍各活动区的内容、材料和使用方法，帮助他们建立起活动规则，促使他们自觉遵守这些规则。

介绍活动区时，通常可以采用以下做法：

①先介绍，后开放。介绍一个区，开放一个区，以提高活动区的功效，增强有序性。

②开始最好以小组教育活动的方式进行，以保证每位幼儿都能熟悉各区的内容、材料和工具的使用方法。

③每天每组只介绍一个活动区。这样循序渐进地进行，有助于幼儿很好地领会和掌握。

④介绍的同时，也可以给幼儿提供实际练习的机会。

2.自主阶段

这一阶段，幼儿不再按组进入活动区，而是按各自意愿有序地进入活动区。此时，教师的角色、工作重点、指导方法都必须作出相应的改变。

其主要任务：一是观察幼儿的活动情况，根据幼儿需要及时调整活动区；二是了解幼儿的发展水平，有针对性地进行指导。

可见，这两个任务的完成都必须以观察与评估为前提：一方面是对活动区设置情况的观察与评估；另一方面则是对幼儿活动状况的观察与评估。

对活动区的观察与评估包括：各个活动区的使用频率；活动材料的数量和难易程度；幼儿间的冲突与环境的关系；事故与环境的关系。

▶阅读推荐◀

1.林泳海，刘名卓.幼儿园教学模式与案例.北京：高等教育出版社，2008

2.钱爱萍，姜兰芳.新时期幼儿园主题活动设计与案例.北京：中央民族大学出版社，2006

3.郭星白.幼儿园区域活动设计.福州：福建教育出版社，2008

▶思考与探索◀

1. 什么是单元主题活动，它有哪些特点？
2. 如何设计单元主题活动？
3. 项目活动的设计理念是什么？
4. 如何设计项目活动？
5. 如何布置活动区域？
6. 如何指导区域活动？

第七章
幼儿园课程改革

【内容提要】 本章主要介绍我国幼儿园课程从产生到发展经历的3次较大改革即20世纪二三十年代幼儿园的课程改革、20世纪五六十年代的幼儿园课程改革、20世纪八十年代以来的幼儿园课程改革。论述了3次幼儿园课程改革的时间、历史背景以及具体措施和成果;阐述了我国幼儿园课程改革的发展趋势,即幼儿园课程改革越来越多地关注儿童的发展和需要,幼儿园课程管理越来越多元化、自主化,0～6岁婴幼儿课程的一体化,越来越注重与社区教育相融合,关注传承中华民族优秀文化,重视教师职业水平的提高、课程目标和内容的整合;阐述了幼儿园课程改革对教师的要求,以及幼儿园课程改革与教师专业化的关系。

【学习目标】 通过本章的学习,学习者能了解幼儿园课程发展中经历的3次课程改革的具体情况及其影响;知道我国幼儿园课程改革发展的一般趋势;掌握幼儿园课程改革对教师的要求,以及幼儿园课程改革与教师专业化的相关知识。

在现代教育中,课程改革既是教育改革的核心,又是课程发展变化的动力机制。幼儿园课程的发展是建立在不断改革的基础上的。

第一节　中国幼儿园课程改革

课程改革与教育改革关系密切,它们之间既有联系,也有区别。教育改革是指“改革教育方针和制度或革除陈旧的教育内容、方法的一种社会活动”，[1]课程改革是指“按照某种观点对课程和教材进行改造，是课程变革的一种形式。包括课程观念的变革和课程开发体制的变革，是一项有目的、有计划的行动，以一定的理论为基础”。[2] 教育改革往往是以课程改革为核心的。就内部构成来看，课程改革具体包括课程的价值观念、内容、方法、方式、评价等指导思想和诸要素所发生的变化，它是教育改革的核心问题，因此，教育改革包含了课程改革。就内在性质来看，教育体制、思想观念等教育改革的成果要靠课程改革来实现。教育改革主要是从体制和观念层面的变化深入到内容、方法、方式、评价等层面，而这些正是课程改革的内容，教育改革需要通过课程改革落实到教学实践中。所以，课程改革是教育改革的实践状态，没有课程改革，就没有真正的教育改革。因此，课程改革是教育改革的核心。课程改革是一个继承和发展的过程，前一个阶段的改革是后一个阶段改革的基础，课程改革的结果是对前一阶段课程改革的继承和发展，它不是全盘否定、全面创新的过程。

从 1903 年我国第一个学前教育机构——湖北幼稚园（后改称武昌蒙养院）成立至今，我国幼儿教育已有一百多年的历史。纵观这一百多年的发展史可以明显地看出，幼儿园课程的发展与变革是幼儿教育发展的一条主线，幼儿园课程改革始终是一个动态的发展过程。在这百年发展历程中，我国幼儿园课程从产生到发展，期间经历了 3 次较大的改革，分别是发生在 20 世纪 20 年代至 30 年代、50 年代至 60 年代，以及 80 年代至今的改革。特别需要指出的是，20 世纪 80 年代以来，我国实行的改革开放政策在极大的程度上促进了当今的幼儿园课程改革。这场始于 20 世纪 80 年代，到今天仍在进行的幼儿园课程改革，是在前两次幼儿园课程改革和发展的基础上进行的。

一、我国幼儿园课程改革的历程

（一）20 世纪 20 年代至 30 年代的幼儿园课程改革

1919 年爆发的“五四”新文化运动提倡政治民主和科学进步，反对封建的旧传统、旧道德和旧礼教，为各种哲学流派在我国的传播创造了条件，对我国近现代教育的发展产生过深刻影响。在这种社会背景下，教育界也开始摆脱传统文化的束缚，逐步走上了现代化的道路。20 世纪初，我国开始建立幼儿园，其教育内容、方法、设施等主要是照搬外国的模式，最开始是效法日本，后来又仿效西方国家。福禄贝尔、蒙台梭利和杜威等人的思想相继对我国的幼儿园课程产生过

---

① 顾明远：《教育大辞典（上）》，第 745 页，上海：上海教育出版社，1998。

② 顾明远：《教育大辞典（上）》，第 895 页，上海：上海教育出版社，1998。

影响。特别是杜威的教育思想，它对我国幼儿园教育产生了较大的影响。杜威在1919～1921年间，在中国讲演达200余次，足迹遍及十余个省市。杜威批判传统教育，主张提倡科学与民主的精神、尊重儿童的个性、反对教师的权威与知识灌输、注重教育的生活化和社会化等内容。他的进步主义教育思想和主张给当时中国的幼儿教育带来了新鲜的营养，对包括幼儿园课程变革在内的中国教育产生了重要的影响。

20世纪二三十年代，当时国内以陈鹤琴、张雪门、张宗麟为代表的著名的幼教专家，依据杜威的课程理论，为构建中国化、科学化的幼稚园课程体系而进行了一系列的实验研究，开始探索本土化的幼儿园课程设置。他们一方面接受并引进来自西方的教育思想，另一方面深入地洞察了幼儿园教育完全照搬外国所存在的弊病，从而提出了从幼儿园课程改革入手，使幼儿园教育科学化、本土化的主张，并创立了以活动课程为基础并各具特色的课程——单元制教学、行为课程、社会化课程等等。1923年，陈鹤琴创办了南京鼓楼幼稚园，树立了中国近代学前教育实验的典型。1925年，陈鹤琴提出幼儿园课程以大自然、大社会为中心的想法，实施单元教学，即"整个教学法"，主张采用以游戏为主的方式开展教育，注重增加幼儿的直接经验。陈鹤琴教育思想强调了"五指活动"，并认为幼稚园的课程应该全部包括在"五指活动"中。我国目前的《幼儿园教育指导纲要(试行)》充分体现了陈鹤琴的这一思想。比如《幼儿园教育指导纲要(试行)》中将幼儿园教育内容及目的描述为："幼儿园的教育内容是全面的、启蒙性的，可以相对划分为健康、语言、社会、科学、艺术等五个领域，也可作其他不同的划分。各领域的内容相互渗透，从不同的角度促进幼儿情感、态度、能力、知识、技能等方面的发展。"①著名幼教专家张雪门依据杜威的"教育即生长"，"教、做、学合一"的思想，自1931年起开始了对"行为课程"的研究，他认为幼儿园活动主要是自然活动和社会活动，然后才是美术活动、文学活动、文字活动、音乐活动和游戏。张雪门的行为课程最明显的特点是"生活化"、"行为化"、"本土化"。他把"生活"与"行为"看做相互联系的整体。这一点与《幼儿园教育指导纲要(试行)》中所倡导的精神相一致，可以说他抓住了幼儿教育中最本质的规律。1927年11月，张宗麟创建了南京燕子矶幼稚园，这是中国第一个乡村幼稚园，其主要目的是探索如何创办富有中国特色的、贫民的、省钱的乡村幼稚园。他提出以"生活进程"代替幼稚园课程，从乡村幼儿的生活实际出发编制生活进程。在张宗麟的社会化的幼稚园课程理论中，他强调幼稚园的各种活动都应当是倾向于发展幼儿的社会性的，幼稚园的一切活动，从广义上讲，都应具有社会性。张宗麟认为幼稚园儿

① 教育部基础教育司:《幼儿园教育指导纲要(试行)解读》，第30页，南京:江苏教育出版社，2002。

童的社会与成人的社会不同，它实际上是幼稚生的特有的生活状况。这一精神也体现在《幼儿园教育指导纲要(试行)》中。《幼儿园教育指导纲要(试行)》明确指出："幼儿园应为幼儿提供健康、丰富的生活和活动环境，满足他们多方面发展的需要，使他们在快乐的童年生活中获得有益于身心发展的经验。"[①]这里所提倡的幼儿园课程要贴近幼儿生活，与张宗麟关于社会化幼稚园课程理念的精神有相通之处。

在这次幼儿园课程改革中，对幼儿园课程变革产生过很大影响的一个事件，就是当时国民政府教育部颁布的《幼稚园课程标准》，《幼稚园课程标准》是建立在陈鹤琴主持的南京鼓楼幼稚园的课程试验基础上的。1932 年 10 月，由当时的教育部公布该标准，并于 1936 年 7 月作了修订。这是中国幼儿教育发展史上的第一个幼稚园课程标准，它是在吸收、借鉴西方教育思想的基础上建立的带有中国特色的课程标准，可以说是本土化探索的结晶。《幼稚园课程标准》提出，幼稚园教育的总目标是增进儿童身体健康和心理健康，保证和促进幼稚儿童感受应有的快乐和幸福，培养良好的习惯，协助家庭教养幼稚儿童。《幼稚园课程标准》规定幼稚园的课程包括音乐、故事和儿歌、游戏、社会和常识、工作、静息及餐点等 7 项。幼儿园课程不按学科分类，而是以活动主题为中心来组织课程。20 世纪 20 年代至 30 年代，幼儿园课程改革在理论上确认了幼儿的主体性地位，确定了幼儿园课程内容应来源于幼儿的生活。

总之，在 20 世纪二三十年代，以陈鹤琴、张宗麟、张雪门为代表的中国教育家们在探索科学化、中国化的幼儿园课程的道路上作出了卓越的贡献，对我国幼儿园课程的发展与变革产生了深远的影响。这次幼儿园课程改革在理论上确立了幼儿的主体性，确定了课程内容应来源于幼儿的生活和经验，应该包括幼儿在幼儿园的一切活动，应以自然和社会为中心，同时提出了幼儿园课程的编制应该依据幼儿的心理水平，并且编制应具有整合性的特点，应该是整体的、相互联系的。可以说，这次改革对 20 世纪 80 年代以后开始的幼儿园课程改革产生了很大的影响，提供了理论和实践方面的经验。然而，幼儿园课程变革是与当时的经济、政治、文化等因素相关联的，这次的课程改革也存在着许多不足。例如，课程的目标缺乏层次性；课程内容的系统性、逻辑性较差，易造成内容编制的随意性；课程模式单一(只产生了单元教学一种课程组织形式)等。[②] 20 世纪二三十年代幼儿园课程改革的历史表明，教育理论的完美并不等于教育实践的有效，最终二

---

① 教育部基础教育司：《幼儿园教育指导纲要(试行)解读》，第 30 页，南京：江苏教育出版社，2002。

② 蔡红梅：《20 世纪我国幼儿园课程改革的历史回顾》，载《南京晓庄学院学报》，2005(2)。

三十年代本土化的幼儿园课程没能在中国生根发芽，它于50年代逐渐为全面引进的苏联课程思想所替代，进而被废止甚至被全盘否定。苏联的课程体制与模式成为引进与模仿的蓝本。

(二)20世纪50年代至60年代的幼儿园课程改革

中华人民共和国建立初期，中国处于一个特殊的时期，各项事业百废待兴。为了摆脱外来敌对势力的封锁，尽快地完成社会主义的改造，促进新中国各项事业的发展，当时的中国各个领域都选择了"以俄为师"，教育领域也在其中。在教育全面学习苏联的背景下，幼儿教育也全盘接受苏联的理论和实践经验。20世纪五六十年代，由于苏联的教学理论正值由传统教学走向发展型教学的转变时期，维果茨基的"教学要走在发展的前面"及"最近发展区"等理论，为制定我国20世纪五六十年代幼儿园教学纲要，以及我国长期以来分科教学的幼儿园课程实践提供了依据，直接影响了新中国成立后的幼儿园课程的发展。教育部邀请了苏联的幼儿教育专家戈林娜、卡尔波娃等人来我国讲学，并在我国推广苏联的幼儿教育经验，主要表现为引进了作业，引进了教学大纲为作业规定了时间和内容，通过作业对幼儿进行系统地教学。从1951年起，在苏联专家的指导下，在吸收老解放区幼儿教育经验的基础上，开展了由政府"自上而下"地发起的幼儿园课程改革。幼儿园课程在全国范围内具有统一性，初步形成了我国幼儿园课程的目标与内容体系，教育部制定了《幼儿园暂行规程》和《幼儿园暂行教学纲要》，这两个文件奠定了建国初期我国幼儿园课程变革的基础。这样全国有了统一的教学计划与教学大纲，统一实行分科教学模式，强调幼儿的全面发展与学科知识的系统性。文件规定了幼儿园招收的对象、活动项目、科目及其纲要等内容。其内容主要体现在：幼儿园招收3～7岁的幼儿，活动项目有体育、语言、图画手工、音乐、计算，强调学科本身的科学性和逻辑性，在教学过程中，教师处于主导地位，教师应有目的、有计划地组织幼儿活动，将教育贯穿于幼儿在园的一日生活中。

在20世纪50年代，幼儿园课程的变革还体现在对杜威"实用主义教育"理论和"儿童中心主义"的批判，以及对陶行知"生活教育"和陈鹤琴"活教育"理论的批判。在1951年，政府以法令的形式废除了单元课程教学，要求人们从思想上彻底认清单元课程的本质并反对它。20世纪50年代，我国的学前教育不再使用"课程"一词，这反映了苏联教育学对课程的狭义的理解，即把课程看做学科，幼儿园通过各科的教学对幼儿实施教育。50年代我国的幼儿园课程改革，因为有苏联心理学、教育学的理论作支撑，借鉴了苏联建立在多年研究基础上的分科教育的经验，尽管全盘否定了以往的做法，然而改革却是非常平稳和顺利的。分析其原因，可以把它归结为我国当时的文化和政治能接受分科教育这种形式的教育，而且在高度计划经济的基础上，政府能通过行政途径有效地层层下达。

从20世纪50年代起，逐渐形成和发展的学科课程对我国幼儿园课程的影响是根深蒂固的。例如，以教师为中心、以教材为中心、以课堂为中心的幼儿园课程，将儿童看做被动的客体，统一化的集体教育忽略了幼儿之间的个体差异，过分强调正规化、教师的主导作用等思想，也影响了我国的学前教育工作，如注重计划性、忽视灵活性等方面。这导致了在批判旧教育的同时，也全盘否定了旧教育中的合理部分。这些问题，迄今为止还存在于在幼儿教育中，对幼儿教育产生了较大的负面影响。20世纪50年代，我国刚摆脱多年来战争的困扰，百业待兴，在教育方面需要有新的正常秩序，50年代的幼儿园课程改革形成的学科课程体系，有着明确的教育目标和系统的教育教学内容，教师在教育过程中容易操作。这种注重结果、容易操作的学科课程体系适应了当时教育资源缺乏、师资力量不足、师生比例较小的情况，这种课程对提高幼儿教育质量起了相当重要的作用。

20世纪80年代以来，尽管我国学前教育理论和实践工作者对学科课程的弊端提出了尖锐的批评，尽管他们对非学科课程抱有极大的热情，但是迄今为止，在幼儿教育实践中，这种传统的学科课程仍有影响，仍然占主要的地位。

从1966年到1976年，我国发生了“文化大革命”，这对我国的教育来讲也是一场劫难，学前教育也不例外。“文化大革命”使我国学前教育事业遭到了严重的摧残，以往教育的内容和方法遭到了破坏。经过10年动乱以后，尤其是20世纪80年代以来，教育开始恢复，学前教育事业也得到了前所未有的发展。1979年，教育部颁发了《城市幼儿园工作条例(试行草案)》，规定幼儿园应贯彻保教结合的原则，并规定了幼儿园教育应包含体育锻炼、游戏和作业、思想品德教育等几个方面。1981年，在继承1952年制定的《幼儿园暂行规程》和《幼儿园暂行教学纲要》的基础上，教育部颁布了《幼儿园教育纲要(试行草案)》。《幼儿园教育纲要(试行草案)》规定了幼儿园教育的内容包括生活卫生习惯、体育活动、思想品德、语言、常识、计算、音乐、美术等8个方面，并强调通过游戏、上课、劳动、娱乐、日常生活等各种形式完成教育任务。同时，教育部组织编写全国幼儿园教材，由指定的出版社出版，供全国幼儿园使用。

(三)20世纪80年代以来的幼儿园课程改革

20世纪80年代以后，我国的学前教育工作者以幼儿园课程改革为突破口，展开了大规模的幼儿教育改革运动。随着国外的教育家，诸如蒙台梭利、杜威、布朗芬勃伦纳，特别是皮亚杰等人的思想开始广泛传播，以及我国近现代教育家们的思想，特别是陈鹤琴的思想受到幼教界的重视，掀起了20世纪80年代的幼儿教育改革。这次幼儿园课程改革是从各地自发进行的试验开始的，这些试验从单科扩展到了整体，从城市扩展到了农村，对幼儿园课程改革起了推动作用。这些试验所针对的问题主要是忽视幼儿的活动和经验。在这些试验中，比较有影响的是幼儿园综合主题教育等。

这次课程改革针对学科分离、过分强调系统的单科知识和技能，忽视各学科间的内在联系，忽视情意教育，课程内容和课程设计缺乏开放性和灵活性，以及主体性受到压制等弊端，进行了以培养完整儿童为目标、以改革单一的课程模式为重点的研究，引发了幼儿园课程发展过程中的多元化趋势。最明显之处在于幼儿园课程引进了“主动活动”的课程观，主张教师的任务就是为幼儿提供能主动、积极参与的活动环境，让幼儿在活动中与环境进行互动，通过活动主动地获得发展。课程实施中注重让儿童在熟悉的环境中利用自己已有的经验去进一步建构知识，从而丰富幼儿经验。

随后，人本主义教育理论在我国逐渐兴盛起来，引起了我国幼儿园课程的进一步发展与变革。这次变革建立在人本主义教育“以人为本”的教育观、儿童观的基础上，认为幼儿是一个整体，只有当幼儿全身心地参与到活动中来，将认知、情感和经验融合在一起时，幼儿园课程才会对幼儿产生作用。所以在我国 20 世纪八九十年代的幼儿园课程发展与改革中，普遍倡导整体性的教育观、融合的课程观，强调教师是幼儿学习活动的促进者、鼓励者、指导者。

这场改革最具影响力的举措是原国家教委 1989 年颁布的《幼儿园工作规程(试行)》，这项法规在试行 7 年以后，于 1996 年经过修订后正式颁发。《幼儿园工作规程》反映了幼儿教育要面向世界、面向未来、面向现代化的精神，并通过行政手段，将其规定的内容推向各级各类幼儿园。它的改革精神主要体现在以下几个方面：第一，重视幼儿主动参与活动，教师要为幼儿提供充分活动的机会和环境；第二，重视幼儿的差异性，强调教育要了解幼儿的个体差异并进行适合的教育，促使每个幼儿都能得到发展；第三，强调游戏的重要性；第四，强调教育与生活相联系，寓教育于幼儿园的一日活动之中。《幼儿园工作规程》虽然没有提及“课程”二字，但是根据它的精神，幼儿园的一切活动，只要能对幼儿的行为、态度和价值观产生影响，都可以被看做课程。当时，学前教育理论和实践工作者设计与实施了各种幼儿园试验性的课程，除了综合教育课程以外，还有活动教育课程、发展性课程、游戏课程等。各地区也相继开展了课程改革试点工作，编制了新课程和新教材。但是，这些在改革过程中产生的课程方案大都并不成熟，在很大程度上仍然带有课程变革前幼儿园课程所具有的弊端。例如，许多课程和教材仍以目标模式为主，强调课程的行为目标，并以是否实现这些行为目标作为评价的依据，结果使幼儿园课程变革所强调的幼儿发展和活动过程等沦为空谈。同时，所倡导的“活动区活动”实际上只是西方传统的活动课程。

20世纪八九十年代,随着国际学术交流的日益频繁,我国幼儿园课程的发展与改革也越来越多地受到国外教育思想的影响,幼儿园课程也在中外教育文化的交流中进一步本土化。然而,与前几次不同,这一次是在继承历史经验,充分吸收国外先进的教育理论、课程理论,如皮亚杰的建构论,维果茨基的社会历史文化论、最近发展区理论,意大利瑞吉欧的课程理论及多元智能等理论的基础上,经过认真的思考、实践,并结合本国的情况对新思想、新理论进行本土化的吸收。人们开始认识到,教育文化的引进与外来理论的输入是中国教育发展的必要途径,但这种引进应该是多元的而非一元的。这些经验和观点都明确体现在教育部2001年颁布的《幼儿园教育指导纲要(试行)》中。

2001年7月,国家教育部颁布了《幼儿园教育指导纲要(试行)》,在国家层面上对包括幼儿园课程在内的幼儿园教育进行了宏观指导。《幼儿园教育指导纲要(试行)》中规定:幼儿园要全面落实《中华人民共和国教育法》、《幼儿园管理条例》和《幼儿园工作规程》的相关要求,"城乡各类幼儿园都应从实际出发,因地制宜地实施素质教育,为幼儿一生的发展打好基础"。"幼儿园应与家庭、社区密切合作,与小学相互衔接,综合利用各种教育资源,共同为幼儿的发展创造良好的条件"。"幼儿园应为幼儿提供健康、丰富的生活和活动环境,满足他们多方面发展的需要,使他们在快乐的童年生活中获得有益于身心发展的经验"。"幼儿园教育应尊重幼儿的人格和权利,尊重幼儿身心发展的规律和学习特点,以游戏为基本活动,保教并重,关注个别差异,促进每个幼儿富有个性的发展"。①《幼儿园教育指导纲要(试行)》从健康领域、语言领域、社会领域、科学领域和艺术领域等五大领域界定了幼儿园课程的教育,阐述了课程目标、内容与要求,以及指导要点。《幼儿园教育指导纲要(试行)》在继承《幼儿园工作规程》基本理念的同时,强调了幼儿园教育要以幼儿发展为本,要尊重幼儿身心发展的规律,以游戏为基本活动,要保教并重,关注个别差异,注重幼儿自主性的发挥与发展,为幼儿提供整合的、情景化的和生活化的经验。

自20世纪80年代初起,从民间自发的改革到国家行政力量介入并主导的幼儿园课程变革迄今历时30多年了。虽然这场幼儿园课程变革起始于"自下而上"的民间自发的试验,但起主导作用的却是国家行政部门相继颁布的指导性文件和指令。这次课程改革所针对的问题是明确的,那就是针对过分强调的系统知识和技能、强调教师的作用,而忽视幼儿的发展和需要等提出了挑战,对幼儿教育管理的标准化和统一性提出了质疑。但是,随着社会的发展,随着幼儿园教育实践中各种问题的产生,人们开始从其他视角评价这场幼儿园课程变革,在理

① 教育部基础教育司:《幼儿园教育指导纲要(试行)解读》,第30页,南京:江苏教育出版社,2002。

念和实践层面上提出了诸多的问题。这些问题的提出,反映了幼儿园课程变革的过程不是一成不变的,而是随着时代的变化而有所变化的。因此,我国幼儿园课程的发展与改革,是与整个世界教育的发展联系在一起的,是世界教育发展史的一个缩影,离开了世界学前教育发展的潮流与脉络,也就不存在中国幼儿园课程改革史。

回顾我国幼儿园课程改革的历程,我们可以总结和分析幼儿园课程改革过程中的经验教训,以寻找幼儿园课程发展的规律和趋势。同时,为当前以及以后的幼儿园课程改革提供借鉴。

二、我国幼儿园课程改革趋势

经历 20 世纪 80 年代以来 30 多年的幼儿园课程发展,我国的学前教育理论和实践工作者变得越来越理性、越来越善于思考了。他们在不断学习、反思的基础上,逐渐认识到,发展和完善幼儿园课程理论要综合考虑社会文化、知识体系和儿童发展 3 个方面的要素。在我国几千年来的传统文化中,儿童的发展和需要一直处于从属的地位,但是随着幼儿园课程改革的深入,尊重儿童、保障儿童权利、体现儿童的主体性等一些基本的学前教育理念已经深入人心。这些理念通过行政手段和幼教工作者的自发行为,正在逐渐地转变为教育实践。通过研究和实践,他们对幼儿发展、教师的角色和作用、师幼互动、幼儿园管理、环境的创设与运用、课程设计与实施等一系列学前教育的基本问题有了进一步的认识和理解。

我国幼儿园课程改革是在我国社会文化、经济、政治等领域变革的大背景下进行的。在当今社会的大背景下,我国幼儿园课程的改革呈现出以下发展趋势。

(一)关注幼儿的发展和需要

在充分研究我国社会背景和知识特点的前提下,我国的幼儿园课程不仅在理念上,而且在实践中越来越多地关注幼儿的自身发展特点和实际需要,将立足点放在幼儿身上,开始尊重幼儿活动的权益,满足幼儿的需要,关注幼儿的活动过程,同时注重运用适合幼儿的教育方式,将社会普遍认同的、有价值的知识和技能传授给幼儿。随着来自国外的理论和教育实践,以及国内的一些研究对幼儿园课程所产生的影响,不仅在理念上对关注幼儿的发展和需要取得了共识,而且已经逐渐地在实践层面上发生了根本的变化。30 多年来,幼儿园课程改革的经验和教训使我国的学前教育工作者逐渐懂得如何摆脱传统教育方式,将理性认识有效地演绎为教育实践。例如,在教育实践中,教育工作者已经开始注重处理好教师预定的目标和幼儿生成活动之间的关系等方面的问题,已经开始关注幼儿的个体差异并在实践中得以实施……

(二)管理多元化、自主化

我国幼儿园课程的管理已经走向多元化和自主化,而且会进一步朝这个方向发展。2001 年教育部颁布的《幼儿园教育指导纲要(试行)》规定了幼儿园教育总的教育目标、教育内容、指导要点和实施原则,同时要求地方政府制定指导意见,而由幼儿园根据自身情况确定本园的课程。这从理论上奠定了幼儿园管理多元化、自主化的基础。在实践中,幼儿园课程管理的多元化、自主化的发展趋势,主要基于以下几个方面的原因:一是全球化趋势和教育的多元化发展,促使幼儿园课程在管理上必须而且应该走向多元化和自主化;二是我国地域广大,经济和文化发展不平衡,教育资源不平衡,比如,幼儿园在办学力量、师资水平、幼儿个体发展水平等方面都存在差异,全国范围内实施统一的标准化的课程不切实际;三是幼儿园课程改革强调满足儿童的兴趣和需要,让每一个儿童在原有水平上得到发展,只有多元化、自主化的课程管理才能让教育的有效性得到基本的保障,保证了课程改革朝此方向发展,为实施差别化的教育提供了可能。

(三)注重 0～6 岁婴幼儿课程一体化

传统幼儿园教育的招收对象以 3～6 岁幼儿为主,幼儿园课程历来被认为是为幼儿园 3～6 岁的幼儿设计的课程。但是随着国际早期教育理念的引入,以及脑科学等相关学科研究的新进展,让人们开始认识到 0～3 岁是人生发展的关键期,是开发人的潜能的最佳时期;同时,随着独生子女政策的影响,我国新生儿出生率逐渐下降,这导致了我国幼儿园 3～6 岁幼儿数量不断减少。在这种背景下,幼儿园为了增加入园幼儿的数量,便开始扩大教育服务功能,一些幼儿园开始招收 3 岁以下的儿童,并以亲子园、家长学校等形式服务于幼儿和家庭。在这些因素的影响下,0～6 岁婴幼儿教育课程一体化日益成为当前幼儿园课程发展的一大趋势。0～6 岁婴幼儿课程一体化,使 0～3 岁和 3～6 岁两个年龄段之间的教育有了自然的衔接和融合,也使原本以养育为主的 0～3 岁婴儿教育模式转化为保教结合的教育模式。

(四)重视与社区教育相融合

我国幼儿园的发展有逐渐依托社区资源的发展趋向。我国社区的服务功能日益加强,社区资源的整合运用日益受到关注。幼儿园依托社区、融入社区,其价值不只限于运用社区资源,更重要的是在更宏观的层面上加强了对学前儿童及其家庭的教育和服务,而这种教育和服务是全方位、多层次和多功能的。幼儿园课程与社区教育相融合,给我国幼儿园课程改革带来新的思路和发展契机。结合国际早期教育发展过程中的成功经验,幼儿园依托社区资源以增强教育的有效性，以融合社区资源来丰富幼儿园课程内容的理念已经为越来越多的有识之士所认可和接纳。幼儿园课程与社区教育相融合所产生的优势互补，将会给我国幼儿园课程改革带来新的发展空间。

(五)关注传承中华民族优秀文化

传承和发扬中华民族的优秀文化，不仅可以实现幼儿教育的社会价值，培养适应中华民族文化的合格公民，还可以从根本上抵御盲目引进外来文化所产生的负面影响。在幼儿园教师对幼儿进行经典文化的教育过程中，使中华优秀文化以喜闻乐见的形式自然渗透到幼儿园课程中来，这样的途径既传承了优秀文化传统，又保证了幼儿园课程内容的广泛性、丰富性，从而取得一举多得的教育效果。

(六)重视教师职业水平的提高

当今，如何提高幼儿园教师的职业水平已经成为政府机构、学术机构和教育机构最为关注的问题之一。幼儿园课程改革所追求的目标是通过教师教育教学活动来实现的，所以，教师职业水平成为影响幼儿园课程改革成败的关键因素。重视提高幼儿园教师职业水平，虽然不是幼儿园课程改革本身的问题，但却是我国幼儿园课程改革所需解决的问题。

我国的幼儿园教师几乎完全是在传统学科教育的模式中培养起来的，大部分教师很难有效、科学地把握幼儿园的活动过程、贯彻课程改革的理念。通过在幼儿园课程改革实践中的不断反思和总结，通过各种形式的培训和研讨，以全新的教育理念熏陶，并通过职后培训的方式对在职的幼儿园教师进行再教育等，幼儿园教师的职业水平一定会得到提高。

(七)课程目标与内容的整合

现代社会的发展需要幼儿认识、了解和学习的知识和能力越来越多，幼儿园生出现许多新的课程目标与课程内容。产生这种现象，主要有以下几个原因：一方面，现代社会是科学化、多变化的社会，新的科技产品出现的周期越来越短，这就要求新的一代人要具有比较高的、多方面的科学素质，包括对科学的兴趣、进行科学研究的能力等；另一方面，现代社会是个多元化的社会，各国之间的交流和合作越来越密切。在这种背景下，就要求幼儿要学会接纳多元文化。此外，现代社会的知识更新速度越来越快，只有具有终身学习的能力才能适应时代发展的步伐……在这种背景下，幼儿教育目标日益丰富，课程内容的范围越来越广泛，包括环境教育、健康教育、安全教育、艺术教育、语言教育、信息技术教育、科学教育等诸多方面。从国际课程变革的发展趋势看，各国都引入了一些富有时代感的综合主题，如价值教育、国际理解教育、信息技术教育等。为了解决课程内容日益增多的需要与避免课程超载的矛盾，最好的方法就是实现课程目标与内容的整合，将新的课程目标与内容整合到原有的课程体系中。

第二节 幼儿园课程改革与教师专业发展

课程改革能否取得效益，最关键的因素是教师。幼儿园课程改革能否完成预期的目标，主要取决于幼儿园教师的专业水平。

一、幼儿园课程改革对教师的要求

（一）树立开放、民主、科学的课程意识

新课程改革赋予教师参与课程开发、管理的权利，教师必须培养和增强自身的课程意识，转变传统的课程观念。从一定意义上来说，课程意识是教师从事教学活动设计与实施的内在力量，直接影响着教师的教育教学行为、决定了教师教育教学的价值取向。具体而言，幼儿园教师要树立开放、民主、科学的课程意识。所谓开放的课程意识，是由幼儿的特点决定的。幼儿的生活是丰富多彩的，影响幼儿发展的因素也是多种多样的，所以幼儿园的课程必须是开放的，课程内容应该源自幼儿的生活、指向幼儿的生活，与幼儿的经验相联系，并且是幼儿能够体验到的。教师要在实践中寻求多样化的教学方式，使教学内容与教学过程走向开放。所谓民主意识，就是幼儿园课程的实施必须是民主的。因为幼儿既是社会的、民族的、幼儿园的、家庭的一员，也是属于他们自己的，他们有自己的权利，教师应该和幼儿一起协商课程的设计和实施方案。课程实施的过程也是师幼对话与合作的过程，是教育主体互动、交流的过程。所谓科学意识，就是幼儿园课程要具有科学性。由于幼儿的发展具有一定的规律性，幼儿园课程的发展也需要遵循一定的规律。

（二）转换角色定位

2001 年 6 月国务院颁布的《关于基础教育改革与发展的决定》进一步明确了要实行国家、地方、学校三级的课程管理。新课程改革课程权利的下放，使教师成为课程的开发者、课程改革的参与者和研究者。因此，幼儿教师也应随之转变自己的角色。教师的角色与他们所在的教育环境有关，随着课程改革的实施，教育观、人才观、儿童观在发生着深刻的变革，这就为教师的角色发展提供了条件，教师的角色只有发生相应的变化才能适应新课程的要求。所以，教师必须认识和分析这些情况，摆脱传统角色定位的羁绊，正确进行角色定位。

（三）支持与引导幼儿

教师是幼儿学习活动的支持者、引导者。在幼儿园的一日生活中，幼儿随时都可能会遇到许多问题，但由于他们的年龄还小，幼儿往往不能解决问题，这时就需要教师及时地介入和引导，使探索深入下去，从而促进幼儿的发展。

幼儿的成长需要成人的支持，这种支持不仅是物质上的，更需要精神上的。教师在活动中对幼儿的支持主要体现在：第一，教师要为幼儿提供适宜的学习、生活环境和丰富的学习、活动材料，为幼儿学习提供各种便利，支持幼儿的学习。第二，教师要支持幼儿的自主权利，支持幼儿自主表达与选择。第三，帮助幼儿发现问题、明确问题，鼓励幼儿自己解决问题。第四，营造一个接纳的、宽容的班级气氛，给幼儿以心理上的支持。同时，幼儿教师还需要在活动中给予幼儿引导。那么，什么时候引导？什么时候支持？常常是难以把握的问题。在教育教学过程中，教师必须学会等待，在对幼儿密切关注情况下进行等待。幼儿需要的是足够的时间，教师应相信幼儿自己的能力，让幼儿自己成为一个发现者。同时，教师还必须注意密切观察孩子，在孩子最困惑、最需要引导的时候给予指点。

（四）树立新的知识观

知识具有个体性与情境性，是由个体基于自己的经验背景而建构生成的，它取决于一个人所在地的社会背景、传统观念、风俗习惯，也取决于一个人所处时代的物质条件、精神风貌、知识水平和心理结构。教师要改变过去强调知识传授的倾向，努力使幼儿形成积极主动的学习态度，使幼儿增长知识和增强技能的过程也成为幼儿学会学习并形成良好的情感与态度的过程，这也是一个新、旧课程与教师教学行为的逐步过渡、渐进与交替的过程。在新课程条件下，知识传授者的作用主要体现在注重差异性教育、注重幼儿的学、注重活动过程、注重教学个性化等方面。

二、幼儿园课程改革与教师专业化

教师专业化是我国教师教育改革的一个重要取向。所谓专业化，就是指一个普通职业群体在一定时期内，逐渐符合专业标准，成为专门职业并获得相应专业地位的过程。[①] 幼儿园教师专业化指幼儿园教师从新手成长为专业人员的发展过程。幼儿园课程改革其实就是幼儿教师专业化发展的过程。幼儿教师在课程改革中要做到如下几点。

---

① 范诗武：《新世纪教师专业能力与教育行动研究》，载《外国教育研究》，2003(5)。

(一)幼儿园教育实践的研究者

幼儿园课程改革对教师提出了新的要求,幼儿教师要努力使自己成为一个有思想、有独立判断能力和决策能力的人,是能主动参与行动的研究者。当她们发现问题、遇到困惑时,能主动去探索问题、解决困惑,提出最贴近实际的改进意见。在教育教学实践中,幼儿教师要搜集教学反馈的信息,对实践进行不断的反思、判断、总结,从而不断地调整教育教学进程,规范自己的教育行为,使自己不断获得专业成长。幼儿园教师还要关注学前教育发展的动态,不断地进行研究,从而提升自我的反思能力,改进教学工作,最终促进自己专业技能的发展。

(二)幼儿园课程资源的开发者

课程资源是课程设计、实施和评价等整个课程编制过程中可以利用的一切人力、物力以及自然资源的总和。课程资源的开发,实质上就是寻求一切可以利用的、能够与教育教学活动联系起来的资源。课程资源开发不仅是使课程有实效的必要环节,也是幼儿教师专业成长的一条理想途径,有助于幼儿教师的专业成长,课程资源的开发过程就是幼儿教师专业技能不断发展的过程。因为教师在参与课程开发的过程中,会面临教学观念和策略的挑战,并尝试应对这些挑战,这个过程有利于教师专业上的进步。通过参与课程编制和课程评价等环节,能加深教师对幼儿教育的理解,增进教师对幼儿园课程及整个幼儿园的归属感,提高教师的工作满足感和责任感,从而使教师更加积极地投入工作。

在新课程理念指导下,教师作为课程开发者走进了新课程,他们不再是课程的忠实执行者,而是课程的创造者。在幼儿园中,教师参与课程开发表现在教师参与幼儿园课程目标、内容的确定,以自己独特的方式设计、实施课程活动,以及与幼儿一起生成课程,其中,最富有创造空间的是活动设计。教师要根据实际条件和幼儿的发展特点,并在实践中不断增强课程资源意识,提高课程开发技能。教师要成为课程实施者,要积极参与到课程开发和实施中去,提高主体意识,真正成为新课程建设的主体。教师要将课程、知识和幼儿联系起来,根据社会、幼儿园和幼儿学习的特点不断改进、丰富和发展课程,使课程改革成为一个动态发展、不断深化的过程,使课程改革成为教师、幼儿园及社会广泛参与的过程,成为一个充满探索、创造和建设的教育改革与实践的过程。

(三)园本课程的建设者

园本课程是以幼儿教师为主体、在具体实施国家和地方课程的前提下,在对本园幼儿需求、特点十分了解的基础上,根据幼儿园的办园思想、理念,充分利用幼儿园的课程资源和当地的社区资源而开发的课程。园本课程的开发不仅给幼儿教师带来了挑战,也给幼儿教师自身的发展带来了机遇,为幼儿教师的专业发展提供了机会。因为幼儿教师在参与园本课程建设的过程中会面临许多新的关于教学观念和策略的挑战,促使幼儿教师要对自己之前的教学进行反思,并提出调整的方法。这有利于幼儿教师研究能力和教学能力的进步。通过参与课程的编制、实施和评价等,能提高幼儿教师的课程意识和课程建设与实施的能力,还能促进幼儿教师认真学习课程理论,阅读大量的资料以丰富自己的知识。同时,这个过程更有利于幼儿教师因材施教,因为园本课程的建设,是建立在对本园、本园幼儿了解的基础上的,所以在建设园本课程的过程中,教师会更加关注本班幼儿,了解他们的方方面面,从而提高因材施教的教育效果。总之,教师参与园本课程建设的过程有助于提高幼儿教师的课程能力、研究能力和教学能力,其过程也就是促进幼儿教师专业化发展的过程。

(四)园本教研的参与者

园本教研是指在幼儿园中,由主管教学的园长、研究者和骨干教师做引领的教研活动,其中有效开展园本教研的基本因素是教师本人的自我反思、教师集体成员的互助、专业研究人员的引领。在园本教研的过程中,能让教师在教育实践中获取处理复杂的、不确定情境的知识和能力,提高教师的专业水平。在课程改革中,幼儿园教师学到了许多新的教育教学理念和方法,但是,教育教学理论和方法等理论层面上的知识,并不会自动转化为教育实践的运用。面对复杂多变的教学情境,要保证教师的教学效果的提升,就必须发挥基于行动的幼儿园园本教研的重要作用。幼儿园教师要以主人翁的角色参与到园本教研中,通过相互观摩、交流、讨论教育问题,分享个人经验等共同促进专业素养的提高,同时教师还可以接受幼教专家在教育、管理等方面的支持与指导。

(五)与时俱进的教育理念

与时俱进的教育理念是教师专业行为的基础性支点。教育理念指教师在对教育本质理解的基础上,形成的对教育工作的观念。是否有自己所从事职业的理念,是专业人员与非专业人员的重要差别,也是新时期教师专业素养区别于以往教师专业素养的重要方面。因此,在教育工作中,教师要有高度的自觉性、责任感,尤其是要具有明确、科学的教育理念。在《幼儿园教育指导纲要(试行)》中蕴含着许多先进的教育理念,如“终身教育”、“以人为本”、“面向世界和科学的幼儿教育”,以及整体观、儿童发展观等。这就需要新时代的幼儿园教师不断地深入学习、探讨,提升自身的教育理念。

（六）良好的教师专业知识素养

新时期幼儿教师所应具备的良好的教师专业知识素养，应包括3个方面的内容：第一，应具备一定水平的普通文化知识。这就要求教师一方面应具有社会科学、自然科学等方面的知识，把这些知识内化为自身的人文素质，成为一个具有崇高的精神境界的教育者；另一方面幼儿教师除了要精通所教学科、领域的知识外，还要有广博的其他学科的知识储备，从而能够满足每个幼儿的探究兴趣和发展的需要，引导幼儿了解丰富多彩的客观世界。第二，所教学科、领域的知识。幼儿教师的劳动是一种创造性的劳动，要想成功地完成教育教学任务、促进幼儿的发展，教师要精通所教学科、领域的知识，是所教学科、领域的专家，并能深入、透彻地了解所教学科、领域的知识。第三，教育教学的学科知识。对一个幼儿园教师来讲，要胜任自己的教育教学任务，重要的是掌握与教育教学相关学科的知识，如学前教育学、幼儿心理学、各领域教学法、幼儿教育科学研究方法、特殊儿童教育学等学科的知识。因此，教师不但应具有全面、科学地促进幼儿发展的能力的知识，而且还要掌握教育法、教学法等基础性知识。教师要深入地了解幼儿这个群体，不仅要了解他们的交往特点、认知特点、学习特点，还应了解每个幼儿各自适应外界环境的方式、独特的学习方式、已有的生活经验等。一个幼儿园的教育教学质量，关键在于幼儿教师能否充分地了解幼儿，是否具有深厚、科学的关于幼儿发展的知识，以及是否具有在教育实践中运用这些知识的能力。所以，加强幼儿教师的专业发展，首要的是加强教师对幼儿发展知识的掌握，具体地说，就是要加强教师的学前心理学、学前教育学以及特殊儿童教育学的学习。

（七）教师专业技能

专业化的教师必须有从事教育教学工作的专业技能。教学技能是指保证教师在教学过程中顺利完成某种教学任务的活动方式。幼儿教师的专业技能，主要包括以下几个方面：第一，设计教育教学活动的能力。设计教育教学活动的能力指教师能够综合运用基本的专业知识和教学技能，根据幼儿园课程的要求设计出适合本园、本班幼儿发展的教育教学计划的能力。具体来说，这方面的能力包括能正确掌握和确立目标、选择教育内容、制定教学计划、撰写教学设计的能力等。第二，组织实施课程的能力。组织实施课程的能力是指教师根据教育教学计划有效地组织课程，并能根据实际情况控制教学情境的能力。组织实施能力主要包括正确选择和运用教学方法、因材施教、组织课堂教学，以及运用多种教学技巧的能力和教学机智等。第三，主动观察、倾听、分析幼儿行为的能力。在教育教学活动中，幼儿是学习、活动的主体，教师要参与到幼儿的主动学习中，观察幼儿的行为，应注意倾听幼儿的话语，敏锐地捕捉蕴含其中的教育信息，并且把倾听和观察到的信息记录下来,从而分析幼儿的兴趣、需要、经验和思维特点,并给予适当地鼓励和引导。教师通过观察、倾听、分析幼儿的行为,能更加了解幼儿的学习方式,从而有效地调整自己的教学方式,这对教师本身的专业化发展是很有好处的。第四,鼓励幼儿用多种方式表达、表现能力。根据幼儿的年龄特点,他们还不能熟练地运用完整、流利的口头语言来表达自己的想法,他们只能通过表情、动作、绘画等方式来表达他们眼中的世界。因此,教师要善于听懂并理解幼儿的各种语言,并做出恰当的反应,从而激发幼儿的好奇心、求知欲,培养他们的自主性和创造力。同时,幼儿教师要善于和幼儿沟通交流,尊重和鼓励幼儿以自己的方式来表达、表现。第五,评价能力。评价能力是指教师根据在教育教学过程中收集的资料,运用适当的评价方法来了解幼儿的学习状况、评判幼儿是否实现了预定的学习目标,以及教师自身的教育教学能力和效果,从而根据评价的结果来改进教育教学工作的能力。比如,评价目标和评价标准、评价方法和工具、收集的评价资料、分析评价资料、解释评价结果、矫正教育教学行为的能力等。第六,教育研究与自我反思的能力。新课程要求幼儿教师深入地了解幼儿的情感、能力、知识、技能等方面的发展,这就要求幼儿教师具有研究课程设计与实施中出现的现象和问题的能力,及时反思自己的教育教学行为,做一名研究型的教师。第七,提升幼儿经验的能力。教师要善于引导幼儿参与到活动中来,善于在活动中观察、分析幼儿,捕捉有价值的信息,从中提取幼儿的关键经验,并通过组织集体教学的形式来丰富幼儿的经验。

【案例分析】

问题解决过程中教师对幼儿的支持、倾听和引导

在操作区,教师为幼儿创设了一个"剪花朵"的自我学习环境。教师用图示法向幼儿展示了把一张正方形的纸剪成一朵花的过程,然后让幼儿自己操作。幼儿1来到操作区,拿起了剪刀开始剪。过了一会儿,教师发现幼儿1显得不耐烦:"烦死了!烦死了!"一边说,一边把剪刀和纸往桌子上扔。教师发现,原来是幼儿1在剪花朵的过程中总是把纸剪破,不能剪成一朵完整的花。教师说:"剪坏了是吗?剪坏了没关系,你可以再试一试。你只剪了4次,上次老师可是剪了6次才成功呢!老师告诉你一个好办法,你仔细看看花朵的剪法,看看它是从哪一边开始剪的。"幼儿1小朋友又开始了第五次尝试,她先是走到教师展示的剪好的花朵边,仔细观察了花朵的图示,然后回到座位上,拿起剪刀开始剪。但几分钟之内,她总是把纸放在手里不停地翻转,好像不确定应该从哪一边开始剪。过了一段时间,她终于开始动手剪了。她从对折纸开口的一边剪的,这也意味着她的花朵不再一分为二了,只是树尖留有一个小缺口。看到自己的进步,她的脸上露出了惊喜的笑容。教师说:"你真棒!只有一个小缺口了,你再试一次,看看

能不能连一个小缺口也没有。""嗯,好!"她非常肯定地回答。尝到成功滋味的幼儿1,心情好了很多。这次,她剪的速度变快了,但就是在即将剪完最后一刀时,她突然意识到手中的花朵又被剪成两半了。这时,老师什么也没说,什么也没做。幼儿1又拿了一张纸重新剪。这次她找准了方位,特别小心地剪下每一刀。结果剪出了一朵完整的花朵。教师:"你真了不起!剪出了一朵完整的花朵。你想不想用一张漂亮的纸来剪呢?"幼儿1兴奋地说:"想!"幼儿1最后用漂亮的彩纸剪出了一朵花。这朵花的外形比她以前剪过的任何一朵都要棒。

思考与分析

教师首先创设了一个帮助幼儿自我学习的环境,这本身就是对幼儿的一种支持。幼儿反复剪了4次都没有成功,在被挫折感困扰时,教师倾听到的不仅是孩子的外部言语,更多的是孩子内心对失败的焦虑和对成功的渴望。教师当时的做法是与幼儿分享自己的想法,用话语鼓励幼儿,引导她发现问题寻求解决问题的办法。教师成为幼儿心理上的支持者和技术上的引导者。当幼儿充满信心地进行又一次的尝试而以失败告终时,教师对幼儿依然是肯定与鼓励,教师通过提醒幼儿观察操作范例,提示幼儿自己解决问题的方法,承担了幼儿的引导者和支持者的角色。幼儿在自己的努力下终于获得了成功。在这个过程中,当幼儿对已经掌握的经验出现反复时,教师没有过多干涉,因为,教师意识到幼儿1已经领悟到这一技能的要领,教师并没有介入,而是让幼儿1自行纠错,教师依然是一个积极的观察者与等待者。最后,幼儿积累了经验,取得了成功,体验着成功的愉悦,这时,教师又以新的鼓励形式,即给幼儿一张彩纸让幼儿剪花朵,从精神和物质上给予幼儿支持,从而激发幼儿进一步探索的欲望。综合分析这位教师在活动中对幼儿的引导和帮助,可以看出,教师是站在心灵的近处和技术上的远处关注着幼儿,是一个成功的观察者、倾听者、引导者和支持者。

▶阅读推荐◀

1. 陈文华. 幼儿园课程论. 北京:科学出版社,2011

2. 朱家雄. 幼儿园课程(第二版). 上海:华东师范大学出版社,2011

3. 朱家雄. 幼儿园课程的理论与实践. 上海:华东师范大学出版社,2010

4. 高敬. 幼儿园课程. 杭州:浙江教育出版社,2010

5. 唐淑,孔起英. 幼儿园课程基本理论和整体改革. 南京:南京师范大学出版社,2009

6. 李志宇. 幼儿园课程改革理论指导. 北京:中国广播电视出版社,2003

7. 教育部基础教育司. 幼儿园教育指导纲要(试行)解读. 南京:江苏教育出版社,2002

▶思考与探索◀

1. 简述中国幼儿园课程改革的历程。
2. 论述我国20世纪二三十年代幼儿园课程改革及其影响。
3. 我国幼儿园课程改革的发展趋势是什么?
4. 幼儿园课程改革对教师专业化发展的要求是什么?
5. 论述我国20世纪五六十年代的幼儿园课程改革及其影响。
6. 论述我国20世纪80年代以来幼儿园课程改革及其影响。

附录 1

幼儿园教育指导纲要（试行）

第一部分　总则

一、为贯彻《中华人民共和国教育法》、《幼儿园管理条例》和《幼儿园工作规程》，指导幼儿园深入实施素质教育，特制定本纲要。

二、幼儿园教育是基础教育的重要组成部分，是我国学校教育和终身教育的奠基阶段。城乡各类幼儿园都应从实际出发，因地制宜地实施素质教育，为幼儿一生的发展打好基础。

三、幼儿园应与家庭、社区密切合作，与小学相互衔接，综合利用各种教育资源，共同为幼儿的发展创造良好的条件。

四、幼儿园应为幼儿提供健康、丰富的生活和活动环境，满足他们多方面发展的需要，使他们在快乐的童年生活中获得有益于身心发展的经验。

五、幼儿园教育应尊重幼儿的人格和权利，尊重幼儿身心发展的规律和学习特点，以游戏为基本活动，保教并重，关注个别差异，促进每个幼儿富有个性的发展。

第二部分　教育内容与要求

幼儿园的教育内容是全面的、启蒙性的，可以相对划分为健康、语言、社会、科学、艺术等五个领域，也可作其他不同的划分。各领域的内容相互渗透，从不同的角度促进幼儿情感、态度、能力、知识、技能等方面的发展。

一、健康

（一）目标

1.身体健康，在集体生活中情绪安定、愉快；

2.生活、卫生习惯良好，有基本的生活自理能力；

3.知道必要的安全保健常识，学习保护自己；

4.喜欢参加体育活动，动作协调、灵活。

（二）内容与要求

1.建立良好的师生、同伴关系，让幼儿在集体生活中感到温暖，心情愉快，形成安全感、信赖感。

2.与家长配合，根据幼儿的需要建立科学的生活常规。培养幼儿良好的饮食、睡眠、盥洗、排泄等生活习惯和生活自理能力。

3.教育幼儿爱清洁、讲卫生，注意保持个人和生活场所的整洁和卫生。

4.密切结合幼儿的生活进行安全、营养和保健教育，提高幼儿的自我保护意识和能力。

5.开展丰富多彩的户外游戏和体育活动，培养幼儿参加体育活动的兴趣和习惯，增强体质，提高对环境的适应能力。

6.用幼儿感兴趣的方式发展基本动作，提高动作的协调性、灵活性。

7.在体育活动中，培养幼儿坚强、勇敢、不怕困难的意志品质和主动、乐观、合作的态度。

（三）指导要点

1.幼儿园必须把保护幼儿的生命和促进幼儿的健康放在工作的首位。树立正确的健康观念，在重视幼儿身体健康的同时，要高度重视幼儿的心理健康。

2.既要高度重视和满足幼儿受保护、受照顾的需要，又要尊重和满足他们不断增长的独立要求，避免过度保护和包办代替，鼓励并指导幼儿自理、自立的尝试。

3.健康领域的活动要充分尊重幼儿生长发育的规律，严禁以任何名义进行有损幼儿健康的比赛、表演或训练等。

4.培养幼儿对体育活动的兴趣是幼儿园体育的重要目标，要根据幼儿的特点组织生动有趣、形式多样的体育活动，吸引幼儿主动参与。

二、语言

（一）目标

1.乐意与人交谈，讲话礼貌；

2.注意倾听对方讲话，能理解日常用语；

3.能清楚地说出自己想说的事；

4.喜欢听故事、看图书；

5.能听懂和会说普通话。

(二)内容与要求

1.创造一个自由、宽松的语言交往环境,支持、鼓励、吸引幼儿与教师、同伴或其他人交谈,体验语言交流的乐趣,学习使用适当的、礼貌的语言交往。

2.养成幼儿注意倾听的习惯,发展语言理解能力。

3.鼓励幼儿大胆、清楚地表达自己的想法和感受,尝试说明、描述简单的事物或过程,发展语言表达能力和思维能力。

4.引导幼儿接触优秀的儿童文学作品,使之感受语言的丰富和优美,并通过多种活动帮助幼儿加深对作品的体验和理解。

5.培养幼儿对生活中常见的简单标记和文字符号的兴趣。

6.利用图书、绘画和其他多种方式,引发幼儿对书籍、阅读和书写的兴趣,培养前阅读和前书写技能。

7.提供普通话的语言环境,帮助幼儿熟悉、听懂并学说普通话。少数民族地区还应帮助幼儿学习本民族语言。

(三)指导要点

1.语言能力是在运用的过程中发展起来的,发展幼儿语言的关键是创设一个能使他们想说、敢说、喜欢说、有机会说并能得到积极应答的环境。

2.幼儿语言的发展与其情感、经验、思维、社会交往能力等其他方面的发展密切相关,因此,发展幼儿语言的重要途径是通过互相渗透的各领域的教育,在丰富多彩的活动中去扩展幼儿的经验,提供促进语言发展的条件。

3.幼儿的语言学习具有个别化的特点,教师与幼儿的个别交流、幼儿之间的自由交谈等,对幼儿语言发展具有特殊意义。

4.对有语言障碍的儿童要给予特别关注,要与家长和有关方面密切配合,积极地帮助他们提高语言能力。

三、社会

(一)目标

1.能主动地参与各项活动,有自信心;

2.乐意与人交往,学习互助、合作和分享,有同情心;

3.理解并遵守日常生活中基本的社会行为规则;

4.能努力做好力所能及的事,不怕困难,有初步的责任感;

5.爱父母长辈、老师和同伴,爱集体、爱家乡、爱祖国。

(二)内容与要求

1.引导幼儿参加各种集体活动,体验与教师、同伴等共同生活的乐趣,帮助他们正确认识自己和他人,养成对他人、社会亲近、合作的态度,学习初步的人际交往技能。

2.为每个幼儿提供表现自己长处和获得成功的机会，增强其自尊心和自信心。

3.提供自由活动的机会，支持幼儿自主地选择、计划活动，鼓励他们通过多方面的努力解决问题，不轻易放弃克服困难的尝试。

4.在共同的生活和活动中，以多种方式引导幼儿认识、体验并理解基本的社会行为规则，学习自律和尊重他人。

5.教育幼儿爱护玩具和其他物品，爱护公物和公共环境。

6.与家庭、社区合作，引导幼儿了解自己的亲人以及与自己生活有关的各行各业人们的劳动，培养其对劳动者的热爱和对劳动成果的尊重。

7.充分利用社会资源，引导幼儿实际感受祖国文化的丰富与优秀，感受家乡的变化和发展，激发幼儿爱家乡、爱祖国的情感。

8.适当向幼儿介绍我国各民族和世界其他国家、民族的文化，使其感知人类文化的多样性和差异性，培养理解、尊重、平等的态度。

（三）指导要点

1.社会领域的教育具有潜移默化的特点。幼儿社会态度和社会情感的培养尤应渗透在多种活动和一日生活的各个环节之中，要创设一个能使幼儿感受到接纳、关爱和支持的良好环境，避免单一呆板的言语说教。

2.幼儿与成人、同伴之间的共同生活、交往、探索、游戏等，是其社会学习的重要途径。应为幼儿提供人际间相互交往和共同活动的机会和条件，并加以指导。

3.社会学习是一个漫长的积累过程，需要幼儿园、家庭和社会密切合作，协调一致，共同促进幼儿良好社会品质的形成。

四、科学

（一）目标

1.对周围的事物、现象感兴趣，有好奇心和求知欲；

2.能运用各种感官，动手动脑，探究问题；

3.能用适当的方式表达、交流探索的过程和结果；

4.能从生活和游戏中感受事物的数量关系并体验到数学的重要和有趣；

5.爱护动植物，关心周围环境，亲近大自然，珍惜自然资源，有初步的环保意识。

（二）内容与要求

1.引导幼儿对身边常见事物和现象的特点、变化规律产生兴趣和探究的欲望。

2.为幼儿的探究活动创造宽松的环境，让每个幼儿都有机会参与尝试，支持、鼓励他们大胆提出问题，发表不同意见，学会尊重别人的观点和经验。

3.提供丰富的可操作的材料,为每个幼儿都能运用多种感官。多种方式进行探索提供活动的条件。

4.通过引导幼儿积极参加小组讨论、探索等方式,培养幼儿合作学习的意识和能力,学习用多种方式表现、交流、分享探索的过程和结果。

5.引导幼儿对周围环境中的数、量、形、时间和空间等现象产生兴趣,建构初步的数的概念,并学习用简单的数学方法解决生活和游戏中某些简单的问题。

6.从生活或媒体中幼儿熟悉的科技成果入手,引导幼儿感受科学技术对生活的影响,培养他们对科学的兴趣和对科学家的崇敬。

7.在幼儿生活经验的基础上,帮助幼儿了解自然、环境与人类生活的关系。从身边的小事入手,培养初步的环保意识和行为。

(三)指导要点

1.幼儿的科学教育是科学启蒙教育,重在激发幼儿的认识兴趣和探究欲望。

2.要尽量创造条件让幼儿实际参加探究活动,使他们感受科学探究的过程和方法,体验发现的乐趣。

3.科学教育应密切联系幼儿的实际生活进行,利用身边的事物与现象作为科学探索的对象。

五、艺术

(一)目标

1.能初步感受并喜爱环境、生活和艺术中的美;

2.喜欢参加艺术活动,并能大胆地表现自己的情感和体验;

3.能用自己喜欢的方式进行艺术表现活动。

(二)内容与要求

1.引导幼儿接触周围环境和生活中美好的人、事、物,丰富他们的感性经验和审美情趣,激发他们表现美、创造美的情趣。

2.在艺术活动中面向全体幼儿,要针对他们的不同特点和需要,让每个幼儿都得到美的熏陶和培养。对有艺术天赋的幼儿要注意发展他们的艺术潜能。

3.提供自由表现的机会,鼓励幼儿用不同艺术形式大胆地表达自己的情感、理解和想象,尊重每个幼儿的想法和创造,肯定和接纳他们独特的审美感受和表现方式,分享他们创造的快乐。

4.在支持、鼓励幼儿积极参加各种艺术活动并大胆表现的同时,帮助他们提高表现的技能和能力。

5.指导幼儿利用身边的物品或废旧材料制作玩具、手工艺品等来美化自己的生活或开展其他活动。

6.为幼儿创设展示自己作品的条件,引导幼儿相互交流、相互欣赏、共同提高。

(三)指导要点

1.艺术是实施美育的主要途径,应充分发挥艺术的情感教育功能,促进幼儿健全人格的形成。要避免仅仅重视表现技能或艺术活动的结果,而忽视幼儿在活动过程中的情感体验和态度的倾向。

2.幼儿的创作过程和作品是他们表达自己的认识和情感的重要方式,应支持幼儿富有个性和创造性的表达,克服过分强调技能技巧和标准化要求的偏向。

3.幼儿艺术活动的能力是在大胆表现的过程中逐渐发展起来的,教师的作用应主要在于激发幼儿感受美、表现美的情趣,丰富他们的审美经验,使之体验自由表达和创造的快乐。在此基础上,根据幼儿的发展状况和需要,对表现方式和技能技巧给予适时、适当的指导。

第三部分　组织与实施

一、幼儿园的教育是为所有在园幼儿的健康成长服务的,要为每一个儿童,包括有特殊需要的儿童提供积极的支持和帮助。

二、幼儿园的教育活动,是教师以多种形式有目的、有计划地引导幼儿生动、活泼、主动活动的教育过程。

三、教育活动的组织与实施过程是教师创造性地开展工作的过程。教师要根据本《纲要》,从本地、本国的条件出发,结合本班幼儿的实际情况,制定切实可行的工作计划并灵活地执行。

四、教育活动目标要以《幼儿园工作规程》和本《纲要》所提出的各领域目标为指导,结合本班幼儿的发展水平、经验和需要来确定。

五、教育活动内容的选择应遵照本《纲要》第二部分的有关条款进行,同时体现以下原则:

(一)既适合幼儿的现有水平,又有一定的挑战性。

(二)既符合幼儿的现实需要,又有利于其长远发展。

(三)既贴近幼儿的生活来选择幼儿感兴趣的事物和问题,又有助于拓展幼儿的经验和视野。

六、教育活动内容的组织应充分考虑幼儿的学习特点和认识规律,各领域的内容要有机联系,相互渗透,注重综合性、趣味性、活动性,寓教育于生活、游戏之中。

七、教育活动的组织形式应根据需要合理安排,因时、因地、因内容、因材料灵活地运用。

八、环境是重要的教育资源,应通过环境的创设和利用,有效地促进幼儿的发展。

(一)幼儿园的空间、设施、活动材料和常规要求等应有利于引发、支持幼儿的游戏和各种探索活动，有利于引发、支持幼儿与周围环境之间积极的相互作用。

（二）幼儿同伴群体及幼儿园教师集体是宝贵的教育资源，应充分发挥这一资源的作用。

（三）教师的态度和管理方式应有助于形成安全、温馨的心理环境；言行举止应成为幼儿学习的良好榜样。

（四）家庭是幼儿园重要的合作伙伴。应本着尊重、平等、合作的原则，争取家长的理解、支持和主动参与，并积极支持、帮助家长提高教育能力。

（五）充分利用自然环境和社区的教育资源，扩展幼儿生活和学习的空间。幼儿园同时应为社区的早期教育提供服务。

九、科学、合理地安排和组织一日生活。

（一）时间安排应有相对的稳定性与灵活性，既有利于形成秩序，又能满足幼儿的合理需要，照顾到个体差异。

（二）教师直接指导的活动和间接指导的活动相结合，保证幼儿每天有适当的自主选择和自由活动时间。教师直接指导的集体活动要能保证幼儿的积极参与，避免时间的隐性浪费。

（三）尽量减少不必要的集体行动和过渡环节，减少和消除消极等待现象。

（四）建立良好的常规，避免不必要的管理行为，逐步引导幼儿学习自我管理。

十、教师应成为幼儿学习活动的支持者、合作者和引导者。

（一）以关怀、接纳、尊重的态度与幼儿交往。耐心倾听，努力理解幼儿的想法与感受，支持、鼓励他们大胆探索与表达。

（二）善于发现幼儿感兴趣的事物、游戏和偶发事件中所隐含的教育价值，把握时机，积极引导。

（三）关注幼儿在活动中的表现和反应，敏感地察觉他们的需要，及时以适当的方式应答，形成合作探究式的师生互动。

（四）尊重幼儿在发展水平、能力、经验、学习方式等方面的个体差异，因人施教，努力使每一个幼儿都能获得满足和成功。

（五）关注幼儿的特殊需要，包括各种发展潜能和不同发展障碍，与家庭密切配合，共同促进幼儿健康成长。

十一、幼儿园教育要与0～3岁儿童的保育教育以及小学教育相互衔接。

第四部分　教育评价

一、教育评价是幼儿园教育工作的重要组成部分，是了解教育的适宜性、有效性，调整和改进工作，促进每一个幼儿发展，提高教育质量的必要手段。

二、管理人员、教师、幼儿及其家长均是幼儿园教育评价工作的参与者。评价过程是各方共同参与、相互支持与合作的过程。

三、评价的过程，是教师运用专业知识审视教育实践，发现、分析、研究和解决问题的过程，也是其自我成长的重要途径。

四、幼儿园教育工作评价实行以教师自评为主，园长以及有关管理人员、其他教师和家长等参与评价的制度。

五、评价应自然地伴随着整个教育过程的进行。综合采用观察、谈话、作品分析等多种方法。

六、幼儿的行为表现和发展变化具有重要的评价意义，教师应视之为重要的评价信息和改进工作的依据。

七、教育工作评价宜重点考察以下几个方面：

（一）教育计划和教育活动的目标是否建立在了解本班幼儿现状的基础上。

（二）教育的内容、方式、策略与环境条件是否能调动幼儿学习的积极性。

（三）教育过程是否能为幼儿提供有益的学习经验，并符合其发展需要。

（四）教育内容、要求能否兼顾群体需要和个体差异，使每个幼儿都能得到发展，都有成功感。

（五）教师的指导是否有利于幼儿主动、有效地学习。

八、对幼儿发展状况的评估，要注意：

（一）明确评价的目的是了解幼儿的发展需要，以便提供更加适宜的帮助和指导。

（二）全面了解幼儿的发展状况，防止片面性，尤其要避免只重知识和技能，忽略情感、社会性和实际能力的倾向。

（三）在日常活动与教育教学过程中应采用自然的方法进行。平时观察所获的具有典型意义的幼儿行为表现和所积累的各种作品等，是评价的重要依据。

（四）承认和关注幼儿的个体差异，避免用统一的标准评价不同的幼儿，在幼儿面前慎用横向的比较。

（五）以发展的眼光看待幼儿，既要了解现有水平，更要关注其发展的速度、特点和倾向等。

附录 2

幼儿园工作规程

第一章 总则

第一条 为了加强幼儿园的科学管理，提高保育和教育的质量，依据《中华人民共和国教育法》制定本规程。

第二条 幼儿园是对三周岁以上的学龄前幼儿实施保育和教育的机构，是基础教育的有机组成部分，是学校教育制度的基础阶段。

第三条 幼儿园的任务是：实行保育与教育相结合的原则，对幼儿实施体、智、德、美诸方面全面发展的教育，促进其身心和谐发展。

幼儿园同时为家长参加工作、学习提供便利条件。

第四条 幼儿园适龄幼儿为三周岁至六周岁(或七周岁)。

幼儿园一般为三年制，亦可设一年制或两年制的幼儿园。

第五条 幼儿园保育和教育的主要目标是：

促进幼儿身体正常发育和机能的协调发展，增强体质，培养良好的生活习惯、卫生习惯和参加体育活动的兴趣。

发展幼儿智力，培养正确运用感官和运用语言交往的基本能力，增进对环境的认识，培养有益的兴趣和求知欲望，培养初步的动手能力。

萌发幼儿爱家乡、爱祖国、爱集体、爱劳动、爱科学的情感，培养诚实、自信、好问、友爱、勇敢、爱护公物、克服困难、讲礼貌、守纪律等良好的品德行为和习惯，以及活泼、开朗的性格。

培养幼儿初步的感受美和表现美的情趣和能力。

第六条　尊重、爱护幼儿，严禁虐待、歧视、体罚和变相体罚、侮辱幼儿人格等损害幼儿身心健康的行为。

第七条　幼儿园可分为全日制、半日制、定时制、季节制和寄宿制等。上述形式可分别设置，也可混合设置。

第二章　幼儿入园和编班

第八条　幼儿园每年秋季招生。平时如有缺额，可随时补招。

幼儿园对烈士子女，家中无人照顾的残疾人子女和单亲子女等入园，应予以照顾。

第九条　企业、事业单位和机关、团体、部队设置的幼儿园，除招收本单位工作人员的子女外，有条件的应向社会开放，招收附近居民的子女入园。

第十条　幼儿入园前，须按照卫生部门制定的卫生保健制度进行体格检查，合格者方可入园。

幼儿入园除进行体格检查外，严禁任何形式的考试或测查。

第十一条　幼儿园规模以有利于幼儿身心健康，便于管理为原则，不宜过大。

幼儿园每班幼儿人数一般为：小班（三至四周岁）二十五人，中班（四至五周岁）三十人，大班（五周岁至六或七周岁）三十五人，混合班三十人，学前幼儿班不超过四十人。

寄宿制幼儿园每班幼儿人数酌减。

幼儿园可按年龄分别编班，也可混合编班。

第三章　幼儿园的卫生保健

第十二条　幼儿园必须切实做好幼儿生理和心理卫生保健工作。

幼儿园应严格执行卫生部颁发的《托儿所、幼儿园卫生保健制度》以及其他有关卫生保健的法规、规章和制度。

第十三条　幼儿园应制定合理的幼儿一日生活作息制度。两餐间隔时间不得少于三小时半。幼儿户外活动时间在正常情况下，每天不得少于两小时，寄宿制幼儿园不得少于三小时，高寒、高温地区可酌情增减。

第十四条　幼儿园应建立幼儿健康检查制度和幼儿健康卡或档案。每年体检一次，每半年测身高、视力一次，每季度量体重一次，并对幼儿的身体健康发展状况定期进行分析、评价。

应注意幼儿口腔卫生，保护视力。

第十五条　幼儿园应建立卫生消毒、病儿隔离制度，认真做好计划免疫和疾病防治工作。

幼儿园内严禁吸烟。

第十六条　幼儿园应建立房屋、设备、消防、交通等安全防护和检查制度；建立食品、药物等管理制度和幼儿接送制度，防止发生各种意外事故。

应加强对幼儿的安全教育。

第十七条　供给膳食的幼儿园应为幼儿提供合理膳食，编制营养平衡的幼儿食谱，定期计算和分析幼儿的进食量和营养素摄取量。

第十八条　幼儿园应保证供给幼儿饮水，为幼儿饮水提供便利条件。

要培养幼儿良好的大、小便习惯，不得限制幼儿便溺的次数、时间等。

第十九条　积极开展适合幼儿的体育活动，每日户外体育活动不得少于一小时。加强冬季锻炼。

要充分利用日光、空气、水等自然因素，以及本地的自然环境，有计划地锻炼幼儿肌体，增强身体的适应和抵抗能力。

对体弱或有残疾的幼儿予以特殊照顾。

第二十条　幼儿园夏季要做好防暑降温工作，冬季要做好防寒保暖工作，防止中暑和冻伤。

第四章　幼儿园的教育

第二十一条　幼儿园教育工作的原则是体、智、德、美诸方面的教育应互相渗透，有机结合。

遵循幼儿身心发展的规律，符合幼儿的年龄特点，注重个体差异，因人施教，引导幼儿个体健康发展。

面向全体幼儿，热爱幼儿，坚持积极鼓励、启发诱导的正面教育。

合理地综合组织各方面的教育内容，并渗透于幼儿一日生活的各项活动中，充分发挥各种教育手段的交互作用。

创设与教育相适应的良好环境，为幼儿提供活动和表现能力的机会与条件。

以游戏为基本活动，寓教育于各项活动之中。

第二十二条　幼儿一日活动的组织应动静交替，注重幼儿的实践活动，保证幼儿愉快的、有益的自由活动。

第二十三条　幼儿园日常生活组织，要从实际出发，建立必要的合理的常规，坚持一贯性、一致性和灵活性的原则，培养幼儿的良好习惯和初步的生活自理能力。

第二十四条　幼儿园的教育活动应是有目的、有计划地引导幼儿运动、活泼、主动活动的多种形式的教育过程。

教育活动的内容应根据教育目的，幼儿的实际水平和兴趣，以循序渐进为原则，有计划地选择和组织。

组织活动应根据不同的教育内容，充分利用周围环境的有利条件，积极发挥幼儿感官作用，灵活地运用集体或个别活动的形式，为幼儿提供充分活动的机会，注重活动的过程，促进每个幼儿在不同水平上的发展。

第二十五条　游戏是对幼儿进行全面发展教育的重要形式。

应根据幼儿的年龄特点选择和指导游戏。

应因地制宜地为幼儿创设游戏条件（时间、空间、材料）。游戏材料应强调多功能性和可变性。

应充分尊重幼儿选择游戏的意愿，鼓励幼儿制作玩具，根据幼儿的实际经验和兴趣，在游戏过程中给予适当指导，保持愉快的情绪，促进幼儿能力和个体的全面发展。

第二十六条　幼儿园的品德教育应以情感教育和培养良好行为习惯为主，注重潜移默化的影响，并贯穿于幼儿生活以及各项活动之中。

第二十七条　幼儿园应在各项活动的过程中，根据幼儿不同的心理发展水平，注重培养幼儿良好的个性心理品质，尤应注意根据幼儿个体差异，研究有效的活动形式和方法，不要强求一律。

第二十八条　幼儿园应当使用全国通用的普通话。招收少数民族幼儿为主的幼儿园，可使用当地少数民族通用的语言。

第二十九条　幼儿园和小学应密切联系，互相配合，注意两个阶段教育的相互衔接。

第五章　幼儿园的园舍、设备

第三十条　幼儿园应设活动室、儿童厕所、盥洗室、保健室、办公用房和厨房。有条件的幼儿园可单独设音乐室、游戏室、体育活动室和家长接待室等。

寄宿制幼儿园应设寝室、隔离室、浴室、洗衣间和教职工值班室等。

第三十一条　幼儿园应有与其规模相适应的户外活动场地，配备必要的游戏和体育活动设施，并创造条件开辟沙地、动物饲养角和植园地。

应根据幼儿园特点，绿化、美化园地。

第三十二条　幼儿园应配备适合幼儿特点的桌椅、玩具架、盥洗卫生用具，以及必要的教具、玩具、图书和乐器等。

寄宿制幼儿园应配备儿童单人床。

幼儿园的教具、玩具应有教育意义并符合安全、卫生的要求。

幼儿园应因地制宜，就地取材，自制教具、玩具。

第三十三条　幼儿园建筑规划面积定额、建筑设计要求和教具玩具的配备，参照国家有关部门的规定执行。

第六章 幼儿园的工作人员

第三十四条 幼儿园按照编制标准设园长、副园长、教师、保育员、医务人员、事务人员、炊事员和其他工作人员。

各省、自治区、直辖市教育行政部门可会同有关部门参照国家教育委员会和原劳动人事部制订的《全日制、寄宿制幼儿园编制标准》,制定具体规定。

第三十五条 幼儿园工作人员应拥护党的基本路线,热爱幼儿教育事业,爱护幼儿,努力学习专业知识和技能,提高文化和专业水平,品德良好,为人师表,忠于职责,身体健康。

第三十六条 幼儿园园长除符合本规程第三十五条要求外,应具备幼儿师范学校(包括职业学校幼儿教育专业)毕业及其以上学历。

幼儿园园长还应有一定的教育工作经验和组织管理能力,并获得幼儿园园长岗位培训合格证书。

幼儿园园长由举办者任命或聘任。非地方人民政府设置的幼儿园园长应报当地教育行政部门备案。

幼儿园园长负责幼儿园的全面工作,其主要职责如下:

(一)贯彻执行国家的有关法律、法规、方针、政策和上级主管部门的规定;

(二)领导教育、卫生保健、安全保卫工作;

(三)负责建立并组织执行各种规章制度;

(四)负责聘任、调配工作人员。指导、检查和评估教师以及其他工作人员的工作,并给予奖惩;

(五)负责工作人员的思想工作,组织文化、业务学习,并为他们的政治和文化、业务进修创造必要的条件;

关心和逐步改善工作人员的生活、工作条件,维护他们的合法权益;

(六)组织管理园舍、设备和经费;

(七)组织和指导家长工作;

(八)负责与社区的联系和合作。

第三十七条 幼儿园教师必须具有《教师资格条例》规定的幼儿园教师资格,并符合本规程第三十五条规定。

幼儿园教师实行聘任制。

幼儿园教师对本班工作全面负责,其主要职责如下:

(一)观察了解幼儿,依据国家规定的幼儿园课程标准,结合本班幼儿的具体情况,制订和执行教育工作计划,完成教育任务;

(二)严格执行幼儿园安全、卫生保健制度,指导并配合保育员管理本班幼儿生活和做好卫生保健工作;

（三）与家长保持经常的联系，了解幼儿家庭的教育环境，商讨符合幼儿特点的教育措施，共同配合完成教育任务；

（四）参加业务学习和幼儿教育研究活动；

（五）定期向园长汇报，接受其检查和指导。

第三十八条　幼儿园保育员除符合本规程第三十五条规定外，还应具备初中毕业以上学历，并受过幼儿保育职业培训。

幼儿园保育员的主要职责如下：

（一）负责本班房舍、设备、环境的清洁卫生工作；

（二）在教师指导下，管理幼儿生活，并配合本班教师组织教育活动；

（三）在医务人员和本班教师指导下，严格执行幼儿园安全、卫生保健制度；

（四）妥善保管幼儿衣物和本班的设备、用具。

第三十九条　幼儿园医务人员除符合本规定第三十五条规定外，医师应按国家有关规定和程序取得医师资格；医士和护士应当具备中等卫生学校毕业学历，或取得卫生行政部门的资格认可；保健员应当具备高中毕业学历，并受过幼儿保健职业培训。

幼儿园医务人员对全国幼儿身体健康负责，其主要职责如下：

（一）协助园长组织实施有关卫生保健方面的法规、规章和制度，并监督执行；

（二）负责指导调配幼儿膳食，检查食品、饮水和环境卫生；

（三）密切与当地卫生保健机构的联系，及时做好计划免疫和疾病防治等工作；

（四）向全国工作人员和家长宣传幼儿卫生保健等常识；

（五）妥善管理医疗器械、消毒用具和药品。

第四十条　幼儿园其他工作人员的资格和职责，参照政府的有关规定执行。

第四十一条　对认真履行职责，成绩优良者，应按有关规定给予奖励。

对不履行职责者，应给予批评教育；情节严重的，应给予行政处分；构成犯罪的，由司法机关依法追究刑事责任。

第七章　幼儿园的经费

第四十二条　幼儿园的经费由举办者依法筹措，保障有必备的办园资金和稳定的经费来源。

第四十三条　幼儿园收费按省、自治区、直辖市或地（市）级教育行政部门会同有关部门制定的收费项目、标准和办法执行。

幼儿园不得以培养幼儿某种专项技能为由，另外收取费用；亦不得以幼儿表演为手段，进行以营利为目的的活动。

第四十四条 省、自治区、直辖市或地(市)级教育行政部门应会同有关部门制定各类幼儿园经费管理办法。

幼儿园的经费应按规定的使用范围合理开支,坚持专款专用,不得挪作他用。

第四十五条 任何组织和个人举办幼儿园不得以营利为目的。举办者筹措的经费,应保证保育和教育的需要,有一定比例用于改善办园条件,并可提留一定比例的幼儿园基金。

第四十六条 幼儿膳食费应实行民主管理制度,保证全部用于幼儿膳食,每月向家长公布账目。

第四十七条 幼儿园应建立经费预算和决算审核制度,严格执行有关财务制度,经费预算和决算,应提交园务委员会或教职工大会审议,并接受财务和审计部门的监督检查。

第八章 幼儿园、家庭和社区

第四十八条 幼儿园应主动与幼儿家庭配合,帮助家长创设良好的家庭教育环境,向家长宣传科学保育、教育幼儿的知识,共同担负教育幼儿的任务。

第四十九条 应建立幼儿园与家长联系的制度。

幼儿园可采取多种形式,指导家长正确了解幼儿园保育和教育的内容、方法,定期召开家长会议,并接待家长的来访和咨询。

幼儿园应认真分析、吸收家长对幼儿园教育与管理工作的意见与建议。

幼儿园可实行对家长开放日的制度。

第五十条 幼儿园应成立家长委员会。

家长委员会的主要任务是:帮助家长了解幼儿园工作计划和要求,协助幼儿园工作;反映家长对幼儿园工作的意见和建议;协助幼儿园组织交流家庭教育的经验。

家长委员会在幼儿园园长指导下工作。

第五十一条 幼儿园应密切同社区的联系与合作。宣传幼儿教育的知识,支持社区开展有益的文化教育活动,争取社区支持和参与幼儿园建设。

第九章 幼儿园的管理

第五十二条 幼儿园实行园长负责制,园长在举办者和教育行政部门领导下,依据本规程负责领导全园工作。

幼儿园可建立园务委员会。园务委员会由保教、医务、财会等人员的代表以及家长的代表组成。园长任园务委员会主任。

园长定期召开园务会议(遇重大问题可临时召集)对全园工作计划,工作总结，人员奖惩，财务预算和决算方案，规章制度的建立、修改、废除，以及其他涉及全园工作的重要问题进行审议。

不设园务委员会的幼儿园，上述重大事项由园长召集全体教职工会议商议。

第五十三条　幼儿园应建立教职工大会制度，或以教师为主体的教职工代表会议制度，加强民主管理和监督。

第五十四条　党在幼儿园的基层组织要发挥政治核心作用。园长要充分发挥共青团、工会等其他组织在幼儿园工作中的作用。

第五十五条　幼儿园应制定年度工作计划，定期部署、总结和报告工作。每学年末应向行政主管部门和教育行政部门报告工作，必要时随时报告。

第五十六条　幼儿园应接受上级教育督导人员的检查、监督和指导。要根据督导的内容和要求，切实报告工作，反映情况。

第五十七条　幼儿园应建立教育研究、业务档案、财务管理、园务会议、人员奖惩、安全管理以及与家庭、小学联系等制度。

幼儿园应建立工作人员名册、幼儿名册和其他统计表册，每年向教育行政部门报送统计表。

第五十八条　幼儿园在当地小学寒、暑假期间，以不影响家长工作为原则，工作人员可轮流休假，具体办法由举办者自定。

第十章　附则

第五十九条　本规程适用于城乡各类幼儿园。

第六十条　各省、自治区、直辖市教育行政部门可根据本规程，制订具体实施办法。

各省、自治区、直辖市教育行政部门，可根据规程对不同地区、不同类别的幼儿园分别提出不同要求，分期分批地有步骤地组织实施。亦可制订本地区不同类型幼儿园的工作规程。

第六十一条　本规程由国家教育委员会负责解释。

第六十二条　本规程自一九九六年六月一日起施行。一九八九年六月五日国家教育委员会第二号令发布的《幼儿园工作规程（试行）》同时废止。

主要参考文献

1. 安徽省教育科学研究所. 幼儿园教师指导用书. 合肥:安徽少年儿童出版,2003

2. [美]艾斯纳著,孙宏等译. 儿童的知觉与视觉的发展. 长沙:湖南美术出版社,1994

3. 陈文华. 幼儿园课程论. 北京:科学出版社,2011

4. 陈桂生. "课程"辩. 课程·教材·教法,1994(1)

5. 陈鹤琴. 陈鹤琴教育文集. 北京:北京出版社,1985

6. [美]杜威著,赵祥麟等译. 学校与社会·明日之学校. 北京:人民教育出版社,1994

7. 范诗武. 新世纪教师专业能力与教育行动研究. 外国教育研究,2003(5)

8. 高敬. 幼儿园课程. 杭州:浙江教育出版社,2010

9. 顾明远. 教育大辞典. 上海:上海教育出版社,1998

10. 黄甫全. 现代课程与教学论学程. 北京:人民教育出版社,2006

11. 黄政杰. 课程评鉴. 台北:台湾师大书苑有限公司,1990

12. 教育大辞典第二卷. 上海:上海教育出版社,1990

13. 教育部基础教育司. 幼儿园教育指导纲要(试行)解读. 南京:江苏教育出版社,2002

14. 吕达. 课程史论. 北京:人民教育出版社,1999

15. 李方. 课程与教学基本理论. 广州:广东高等教育出版社,2002

16. 李方,刘晓玲. 教学中的建构主义:高校教学理念的转换. 高教探索,2003(4)

17. 李雁冰. 课程评价论. 上海:上海教育出版社,2002

18.李雁冰.质性课程评价研究.上海:华东师范大学出版社,2000

19.李志宇.幼儿园课程改革理论指导.北京:中国广播电视出版社,2003

20.林智中,马云鹏.课程评价模式及对课程改革的启示.教育研究,1997(9)

21.[法]卢梭著,李平沤译.爱弥尔(上卷).北京:人民教育出版社,1985

22.[美]麦克尼尔著,施良方等译.课程导论.沈阳:辽宁教育出版社,1990

23.裴新宁,张桂春."多元智力":教育学的关注与理论.全球教育展望,2001(12)

24.邱学青.学前儿童游戏(第四版).南京:江苏教育出版社,2008

25.十二所重点师范大学联合编写.教育学基础.北京:教育科学出版社,2002

26.上海师范大学《教育学》组.教育学.北京:人民教育出版社,1999

27.施良方.课程理论:课程的基础、原理与问题.北京:教育科学出版社,1996

28.[美]泰勒著,施良芳译.课程与教学的基本原理.北京:人民教育出版社,1994

29.唐淑,孔起英.幼儿园课程基本理论和整体改革.南京:南京师范大学出版社,2009

30.田燕.幼儿园课程的要素.早期教育,2000(17)

31.王坚红.学前教育评价.北京:人民教育出版社,1994

32.谢登斌.美国后现代课程理论探析.广西高教研究,2001(5)

33.薛烨,朱家雄等.生态学视野下的学前教育.上海:华东师范大学出版社,2007

34.项宗萍.从"六省市幼教机构教育评价研究"看我国幼教机构教育过程的问题与教育过程的评价取向.学前教育研究,1995(2)

35.虞永平.学前教育学.苏州:苏州大学出版社,2001

36.周兢、余珍有.幼儿语言教育.北京:人民教育出版社,2004

37.张华.课程与教学论.上海:上海教育出版社,2000

38.张晖.新课程的教学改革(基础教育课程改革教师培训教材之二).北京:首都师范大学出版社,2001

39.张沪.张宗麟幼儿教育论集.长沙:湖南教育出版社,1985

40.朱家雄.幼儿园课程(第二版).上海:华东师范大学出版社,2011

41.朱家雄.幼儿园课程的理论与实践.上海:华东师范大学出版社,2010

42.钟启泉,崔允漷,张华.《基础教育课程改革纲要(试行)》解读.上海:华东师范大学出版社,2002

43.钟启泉.课程与教学概论.上海:华东师范大学出版社,2004

44. Barnett, W. S, *Lives in the balance: Age—27 benefit—cost analysis of the High/Scope Perry Preschool program, Monographs of the High/Scope Education Research Foundation*

45. Beek, L. E., *Child Development* (5th *ed.*), Needham Heights, MA: Allyn and Bacon, 2000

46. Brofenbrenner, U., The Ecology of Human Development, 1979

47. Eve — Marie Arce. *Curriculum for young children*. Columbia: Delmar. 2000